CARAMBAIA

ilimitada

J. M. Coetzee

Mecanismos internos
Textos sobre literatura
2000-2005

Tradução
SERGIO FLAKSMAN

7	Apresentação, por Márcio Ferrari
13	Nota sobre a edição

. . .

17	Italo Svevo
35	Robert Walser
55	Robert Musil, *O jovem Törless*
67	Walter Benjamin, *Passagens*
99	Bruno Schulz
117	Joseph Roth, os contos
135	Sándor Márai
159	Paul Celan e seus tradutores
181	Günter Grass e o *Wilhelm Gustloff*
197	W. G. Sebald, *Nach der Natur* [Ao natural]
209	Hugo Claus, poeta

215 Graham Greene, *O condenado*
227 Samuel Beckett, os contos
233 Walt Whitman
251 William Faulkner e seus biógrafos
273 Saul Bellow, os primeiros romances
291 Arthur Miller, *Os desajustados*
297 Philip Roth, *Complô contra a América*
317 Nadine Gordimer
333 Gabriel García Márquez,
    Memórias de minhas putas tristes
351 V. S. Naipaul, *Meia vida*

. . .

375 Sobre os ensaios
376 Índice remissivo de autores e obras

Apresentação
MÁRCIO FERRARI

Aos 80 anos, com um prêmio Nobel de Literatura e dois Booker Prizes na bagagem, J. M. Coetzee se encontra plenamente estabelecido entre os principais ficcionistas do nosso tempo — um mestre na arte de revelar-se e esconder-se em meio às pistas autobiográficas de seus romances. Mas é em outra condição que o escritor sul-africano aparece neste volume. Em 21 ensaios sobre outros escritores, quem fala é o professor de literatura e crítico literário, funções que exerce desde muito jovem. Em contraste com as ambiguidades do Coetzee romancista, o autor aqui assume uma voz inequívoca, sem necessidade nem interesse em referir-se a si mesmo.

Os textos que compõem esta edição foram publicados entre 2000 e 2005, alguns como introduções de livros e a maioria como resenhas na *New York Review of Books*. Dos autores analisados, todos começaram a produzir no século XX, com exceção de Walt Whitman. E sete, como Coetzee, foram premiados com o Nobel de Literatura: William Faulkner, Samuel Beckett, Saul Bellow, Gabriel García Márquez, Nadine Gordimer, Günter Grass e V. S. Naipaul.

Os ensaios de Coetzee não são apresentações, tampouco homenagens. O empenho demonstrado em cada texto para iluminar as obras em questão nunca é menos que rigoroso. Coetzee compara traduções e biografias, passa em revista as referências intelectuais e leituras dos autores analisados, busca paralelos em outras obras e encontra influências insuspeitas. O título *Mecanismos internos* não é casual. Mas também há lugar para alguma especulação extraliterária, como é o caso do texto sobre Whitman, no qual o ensaísta discute uma questão inesperada: teria sido a homossexualidade mais aceita nos tempos do poeta do que viria a ser décadas depois? Nesses textos sóbrios, a admiração às vezes escapa, parcimoniosa — é perceptível, por exemplo, quando Coetzee fala de Beckett, tema de sua tese de doutorado e desde então um autor para o qual ele sempre volta. Por outro lado, a severidade é sempre clara e implacável — e sentida particularmente quando o ensaísta se detém diante da obra do romancista húngaro Sándor Márai e daquilo que considera equívocos conceituais de Walter Benjamin.

Extremamente contido em suas aparições e declarações públicas — a *Enciclopédia Britânica* o descreve como "notoriamente reticente" —, Coetzee não se esquiva de dar opiniões nos ensaios deste livro, criando um impressionante painel de conquistas e frustrações da literatura contemporânea ao testar limites, como ele próprio faz em sua obra mais recente. Os sete primeiros ensaios tratam de escritores com traços históricos comuns: Italo Svevo, Robert Walser, Robert Musil, Walter Benjamin, Bruno Schulz, Joseph Roth e Sándor Márai. Todos nasceram no fim do século XIX e viveram já adultos, ou quase, os anos da Primeira e da Segunda Guerra Mundial, sob a sombra do idioma alemão, da cultura judaica e do nazismo — e, em alguns casos, também da psicanálise. De acordo com Derek Attridge, autor do prefácio da edição publicada pela britânica Penguin, "todos sentiram a necessidade de explorar na ficção a extinção do mundo em que tinham nascido; todos registram as ondas de choque do novo mundo que emergia". Impossível não lembrar que Coetzee, descendente dos holandeses (africâneres) que colonizaram a África do Sul, sentiu como escritor o imperativo moral de se opor às atrocidades cometidas contra a maioria negra pelo regime do apartheid até sua extinção, em 1989.

Sem romper de todo o fio histórico desenrolado nesses primeiros ensaios, segue-se um grupo de escritores que se distancia da experiência direta dos totalitarismos. Entre eles sobressaem três grandes autores norte-americanos, William Faulkner, Saul Bellow e Philip Roth. O quarto, Arthur Miller, comparece não por meio de suas peças teatrais, mas do roteiro do filme *Os desajustados* – um aspecto interessante desse texto é a atenção que Coetzee, ativo defensor dos direitos dos animais e vegetariano, dispensa ao tratamento dado aos cavalos durante as filmagens. Ainda nesse grupo de escritores consagrados antes dos anos 1970 — mais uma vez com exceção de Walt Whitman — encontram-se Paul Celan, Günter Grass, W. G. Sebald, Hugo Claus, Graham Greene e Samuel Beckett. Os três ensaios restantes tratam de escritores que, como Coetzee, não se originam nem da Europa nem dos Estados Unidos: Gabriel García Márquez, V. S. Naipaul e Nadine Gordimer, sul-africana que também escrevia em inglês.

Pode-se dizer que os escritores do primeiro grupo são "escritores de escritores", mais admirados por seus pares do que premiados ou conhecidos do público. A maioria, a rigor, só alcançou fama póstuma. Um exemplo é o suíço Walser, um precursor de Kafka que sofreu o estigma da loucura. Outro é o italiano Svevo, que teve James Joyce como incentivador, mas exerceu a literatura de modo discreto e paralelo à sua carreira no comércio. Escritores ainda pouco conhecidos são desvendados por Coetzee, entre eles o judeu polonês Bruno Schulz, apagado temporariamente da história tanto pelo nazismo como pelo stalinismo, e o austríaco Joseph Roth, um caso inverso, mais célebre em vida do que hoje. No segundo grupo estão lado a lado escritores que desdobraram a narrativa e seus pressupostos filosóficos até a essência (como Sebald e Beckett) e aqueles que "criaram mundos ficcionais suficientemente vívidos e coerentes para rivalizar com o mundo real" (Faulkner, Bellow, Grass). Fora desses dois polos, as sutilezas da poesia modernista são abordadas por Coetzee ao comentar a obra do belga Hugo Claus e a do romeno Paul Celan. Na parte final do livro, o ensaísta aplaude o modo como García Márquez "ingressa num território moralmente perturbador" no romance *Memórias de minhas putas tristes* e visita a abordagem do pós-colonialismo e da reemergência religiosa contemporânea nas visões quase opostas de Gordimer e de Naipaul, escritor de língua inglesa, nascido em Trinidad e Tobago e neto de indianos.

A este volume segue-se outro, com novos textos de Coetzee sobre outros autores, *Ensaios recentes*, reunindo artigos escritos entre 2006 e 2017. Nesse segundo tomo, Coetzee retrocede a autores de épocas mais remotas, como Daniel Defoe, Nathaniel Hawthorne, J. W. Goethe, Gustave Flaubert e Liev Tolstói, e retorna a outros três: Walser, Beckett e Philip Roth.

*

John Maxwell Coetzee — que substituiria o nome do meio por Michael em sua assinatura literária — nasceu em 1940 na Cidade do Cabo, África do Sul, em uma família descendente de bôeres, holandeses que chegaram ao país no século XVII e deram origem ao idioma dos brancos no país, o africâner. O regime de segregação racial foi tema de seus primeiros romances e está, de uma forma ou de outra, inscrito em toda a sua obra.

O pai de Coetzee (pronuncia-se *Kut-sê*) era funcionário público e a mãe, professora. Em casa era falado o inglês, mas usava-se o africâner externamente. Coetzee, que adotaria o inglês como língua literária, passou a maior parte da infância na Cidade do Cabo. Estudou numa escola católica e graduou-se em matemática e língua inglesa na University of Cape Town. Curioso e cerebral, Coetzee não tinha propriamente planos de realização para o futuro, mas percebia que seu interesse principal estava nas possibilidades da razão humana diante dos desafios do cotidiano, sobretudo os éticos.

Depois de um período no Reino Unido, onde trabalhou como programador de computadores na IBM, Coetzee mudou-se para os Estados Unidos para dar aulas de literatura em universidades. Coetzee publicou em 1974 seu primeiro livro, *Terras de sombras*, composto de duas novelas, ambas sobre as engrenagens do colonialismo. Em 1980 seu nome se projetou internacionalmente com o lançamento da distopia *À espera dos bárbaros. Vida e época de Michael K.*, uma alegoria do apartheid, veio em seguida (1983) e lhe deu o primeiro Booker Prize.

Foe (1986) marca a primeira vez, de várias, em que o autor adotou uma voz feminina como narradora, neste caso para uma releitura de *Robinson Crusoé*, de Daniel Defoe. Em 1999, Coetzee publicou seu romance mais conhecido, *Desonra*, livro que lhe valeu o segundo Booker Prize, mas também uma avalanche de críticas. No enredo, a filha do narrador, branca, é estuprada por um grupo de negros. Aclamado no exterior, o livro foi mal recebido na África do Sul. O escritor foi acusado de não contribuir para a pacificação entre brancos e negros depois do fim do apartheid.

Coetzee recuperou parte do prestígio no próprio país quando, em 2003, ganhou o Nobel de Literatura. Ao justificar a distinção, a Academia Sueca elogiou "a composição habilidosa, os diálogos férteis e o brilho analítico" dos romances do escritor. E acrescentou: "Mas ao mesmo tempo ele é um cético escrupuloso, inclemente em suas críticas ao racionalismo cruel e à moralidade cosmética da civilização ocidental. É ao explorar a fraqueza e a derrota que Coetzee captura a centelha divina da humanidade".

Depois da repercussão negativa de *Desonra* na África do Sul, Coetzee mudou-se para a Austrália, onde se naturalizou em 2006. No primeiro romance publicado depois da mudança, *Elizabeth Costello* (2003), a narradora-título é uma intelectual defensora dos direitos dos animais, como Coetzee. A essa altura a obra do autor evoluía para um questionamento sobre os conceitos de autoria e subjetividade, marcadamente em seus romances autobiográficos. Coetzee continua publicando e lecionando regularmente. Durante toda a vida literária, produziu também ensaios e livros de correspondência.

Vida e carreira de Coetzee são marcadas por deslocamentos, e não só no sentido geográfico. Sua definição dos parâmetros filosóficos da obra de Italo Svevo talvez possa ser aplicada aos próprios romances: "Nossa sensação de nunca estarmos à vontade no mundo, sugere ele, resulta de certo inacabamento da evolução humana. Para fugir a essa triste condição, há os que tentam adaptar-se a seu meio. Outros preferem o contrário. De fora, os inadaptados podem parecer formas rejeitadas pela natureza, mas, paradoxalmente, podem mostrar-se mais aptos que seus vizinhos bem-adaptados para enfrentar o que o futuro imprevisível possa nos trazer".

Nota sobre a edição

Ao longo dos ensaios, J. M. Coetzee cita livros de autores de diferentes nacionalidades. Apresentamos os nomes das obras em seus idiomas originais, acompanhados de sua tradução literal em português ou com os títulos que receberam em edições brasileiras (nesse caso, em itálico).

Quando julgamos ser necessária a identificação da edição utilizada por Coetzee em sua análise, mantivemos o título em inglês, mesmo quando a obra original foi escrita em outra língua. Todas as citações feitas pelo autor foram traduzidas do inglês para o português.

Ao final do volume há um índice remissivo que relaciona os escritores e obras citadas nos ensaios a seguir. Os estudos críticos e biográficos referenciados nos textos, assim como o nome de seus autores e tradutores, não estão contemplados ali. Suas referências bibliográficas completas estão nas notas de rodapé inseridas ao longo dos ensaios.

No Índice, os títulos no idioma original, em itálico, referem-se aos livros que não têm edição correspondente no Brasil.

Mecanismos internos
Textos sobre literatura
2000-2005

Italo Svevo

Um homem — um homem imenso ao lado do qual você se sente muito pequeno — decide convidá-lo para conhecer as filhas dele e escolher uma delas para sua esposa. Elas são quatro, todas com os nomes começando com A; o seu nome começa com Z. Você vai visitá-las em casa e tenta travar uma conversa civilizada, mas não consegue evitar que insultos se despejem da sua boca. Você se vê contando piadas indecentes, que são recebidas com um silêncio glacial. No escuro, você murmura palavras sedutoras para a mais bonita das A; quando as luzes se acendem, descobre que quem vinha cortejando era a A estrábica. Você se apoia descuidado em seu guarda-chuva; o guarda-chuva se parte ao meio; todos riem.

Isso tudo parece, se não um pesadelo, um desses sonhos que, nas mãos de um vienense devidamente habilitado para interpretá-los, como Sigmund Freud, acabam revelando muita coisa embaraçosa a seu respeito. Entretanto, não se trata de um sonho, e sim de um dia na vida de Zeno Cosini, herói de *A consciência de Zeno*, romance de Italo Svevo (1861-1928). Se Svevo é de fato um romancista freudiano, será freudiano na medida em que mostra o quanto a vida das pessoas comuns é repleta de lapsos, parapraxias e símbolos, ou na medida em que, usando como fontes *A interpretação dos sonhos, O chiste e sua relação com o inconsciente* e *Sobre a psicopatologia da vida cotidiana*, ele cria um personagem cuja vida interior obedece às linhas descritas pelos manuais freudianos? Ou será ainda que tanto Freud como Svevo pertencem a uma era em que cachimbos, charutos, bolsas e guarda-chuvas pareciam impregnados de significados secretos, enquanto nos dias de hoje um cachimbo é apenas um cachimbo?

"Italo Svevo" (Italo, o Suevo) é obviamente um pseudônimo. O nome original de Svevo era Aron Ettore Schmitz. Seu avô paterno era um judeu vindo da Hungria e estabelecido em Trieste. Seu pai começou a vida como mascate e acabou como um bem-sucedido comerciante de artigos de vidro; sua mãe vinha de uma família judaica de Trieste. Os Schmitz eram judeus praticantes, mas dos muito liberais. Aron Ettore casou-se com uma convertida ao catolicismo e, por pressão dela, acabou se convertendo ele também (um tanto a contragosto, vale dizer). A breve autobiografia publicada sob seu nome num momento posterior da vida, quando Trieste se tornara parte da Itália e a Itália se tornara fascista, é bastante vaga quanto a seus antecedentes judaicos e não italianos. As memórias que sua mulher, Livia, publicou a seu respeito — com uma certa tendência hagiográfica, embora plenamente legíveis — são igualmente discretas na matéria.[1] Em seus escritos, não se encontram personagens ou temas abertamente judaicos.

O pai de Svevo — uma influência dominante em sua vida — mandou os filhos para um colégio interno de comércio na Alemanha, onde em suas horas vagas Svevo mergulhava nos românticos alemães. Não obstante as

---

1 Livia Veneziani Svevo, *A Memoir of Italo Svevo*. Evanston: Northwestern University Press, 2001. [TODAS AS NOTAS SÃO DO AUTOR, EXCETO QUANDO SINALIZADAS DE MODO DIFERENTE.]

vantagens que seu aprendizado alemão podia trazer a seus negócios no Império Austro-Húngaro, acabaram por privá-lo de uma formação literária italiana.

De volta a Trieste, com 17 anos, Svevo matriculou-se no Istituto Superiore Commerciale. Seus sonhos de se tornar ator tiveram fim quando foi recusado num teste devido à sua elocução defeituosa do italiano.

Em 1880, Schmitz pai sofreu reveses financeiros e seu filho precisou interromper os estudos. Conseguiu um emprego na filial em Trieste do Unionbank de Viena e, pelos dezenove anos seguintes, trabalhou no banco. Fora do expediente, lia os clássicos italianos e a vanguarda europeia em geral. Zola tornou-se o seu ídolo. Frequentava *salons* artísticos e escrevia para um jornal simpático ao nacionalismo italiano.

Entre os 30 e os 40 anos, tendo experimentado o sabor de publicar um romance (*Uma vida*, 1892) por conta própria e vê-lo ignorado pelos críticos, e prestes a repetir a experiência com *Senilidade* (1898), Svevo casou-se com uma representante da proeminente família Veneziani, proprietários de um estabelecimento que revestia cascos de navios com uma substância patenteada que retardava a corrosão e impedia o crescimento de cracas. Svevo foi admitido na empresa, onde supervisionava o preparo da tinta a partir de sua fórmula secreta e gerenciava sua força de trabalho.

Os Veneziani já eram contratados por várias forças navais de todo o mundo. Quando a Marinha britânica assinalou seu interesse, apressaram-se em abrir uma representação em Londres, dirigida por Svevo. Para aperfeiçoar seu inglês, Svevo teve aulas com um irlandês chamado James Joyce, que lecionava no curso Berlitz de Trieste. Depois do fracasso de *Senilidade*, desistira de escrever a sério. Agora, porém, encontrou no novo professor alguém que gostava dos seus livros e entendia as suas intenções. Animado, retomou o que chamava de suas garatujas, embora só voltasse a publicar alguma coisa na década de 1920.

Predominantemente italiana em sua cultura, a Trieste dos tempos de Svevo ainda fazia parte do Império Habsburgo. Era uma cidade próspera, o principal porto marítimo de Viena, onde uma classe média esclarecida tocava uma economia baseada na navegação, nos seguros e nas finanças. A imigração levara para lá gregos, alemães e judeus; o trabalho braçal era feito por eslovenos e croatas. Em sua heterogeneidade, Trieste era um microcosmo de um império etnicamente variado no qual eram cada vez maiores as dificuldades para manter sob controle inúmeros ressentimentos interétnicos. Quando esses ódios explodiram em 1914, o império mergulhou na guerra, arrastando a Europa consigo.

Embora acompanhassem Florença nas questões culturais, os intelectuais triestinos tendiam a mostrar-se mais abertos às correntes do norte que seus pares da Itália. No caso de Svevo, primeiro Schopenhauer e Darwin, e mais tarde Freud, destacam-se como as principais influências filosóficas.

Como qualquer bom burguês do seu tempo, Svevo preocupava-se muito com sua saúde: o que constituiria a boa saúde, de que modo podia ser adquirida e como mantê-la? Em sua obra, a saúde acabou assumindo uma ampla gama de sentidos, indo do físico e do psíquico ao social e ético. De onde vem a sensação de insatisfação, própria da humanidade, que nos diz que não estamos bem e de que tanto desejaríamos ver-nos curados? E essa cura, será possível? E se nos obrigar a nos conformar com a maneira como as coisas são, será essa cura necessariamente uma coisa boa?

Aos olhos de Svevo, Schopenhauer foi o primeiro filósofo a tratar as pessoas acometidas do mal do pensamento reflexivo como uma espécie à parte, coexistindo às turras com os tipos saudáveis e irreflexivos, que poderiam ser definidos como os "mais aptos" do jargão darwiniano. Com Darwin — lido através de uma lente schopenhaueriana — Svevo manteve uma teimosa implicância a vida inteira. Seu primeiro romance pretendia trazer no título uma alusão a Darwin: *Un inetto*, "um inepto", ou "mal--adaptado". Mas seu editor foi contrário, e ele acabou escolhendo o muito mais inexpressivo *Una vita*, "Uma vida". Num estilo exemplarmente naturalista, o livro acompanha a história de um jovem bancário que, quando finalmente se vê obrigado a admitir que sua vida é desprovida de qualquer desejo ou ambição, toma a providência correta do ponto de vista evolucionário e se suicida.

Num ensaio posterior, intitulado "O Homem e a teoria darwiniana", Svevo mostra Darwin por um viés mais otimista, que acaba conduzindo às páginas de *Zeno*. Nossa sensação de nunca estarmos à vontade no mundo, sugere ele, resulta de certo inacabamento da evolução humana. Para fugir a essa triste condição, há os que tentam adaptar-se a seu meio. Outros preferem o contrário. De fora, os inadaptados podem parecer formas rejeitadas pela natureza, mas, paradoxalmente, podem mostrar-se mais aptos que seus vizinhos bem-adaptados para enfrentar o que o futuro imprevisível possa nos trazer.

A língua doméstica de Svevo era o triestino, uma variante do dialeto veneziano. Para tornar-se escritor, ele precisava dominar o italiano literário, baseado no dialeto toscano. Mas jamais alcançou o domínio que almejava. E, para aumentar suas dificuldades, tinha pouca sensibilidade para as qualidades estéticas da linguagem, e especialmente nenhum ouvido para a poesia. Com seu amigo, o jovem poeta Eugenio Montale, ele brincava dizendo que lhe parecia um desperdício usar apenas uma parte da página em branco quando pagara por ela inteira. P. N. Furbank, um dos melhores tradutores de Svevo para o inglês, rotula sua prosa de "uma espécie de italiano 'comercial', quase um esperanto — uma linguagem bastarda e desgraciosa, totalmente desprovida de poesia ou ressonância".[2] Logo depois do seu lançamento, *Uma vida* foi muito criticado pelos erros gramaticais, pelo uso indiscriminado do dialeto e pela pobreza geral da sua prosa. E muito foi dito na mesma linha sobre *Senilidade*. Quando ficou famoso e *Senilidade* foi reeditado, Svevo concordou em reler o texto e corrigir o italiano, mas sem aplicar muito esforço à tarefa. De si para si, parecia duvidar que meras alterações editoriais pudessem produzir algum efeito.

Até certo ponto, a controvérsia quanto ao domínio do italiano por Svevo pode ser ignorada como uma questão que só interessa aos italianos, irrelevante para estrangeiros que o leem em tradução. Para o tradutor, porém, o italiano de Svevo impõe uma substancial questão de princípio. Será que seus defeitos, numa gama que vai do uso de preposições erradas ao emprego de um fraseado arcaico ou livresco e a um estilo em geral laborioso, devem ser reproduzidos ou corrigidos em silêncio? Ou, para formular a questão na forma inversa, como é que, sem lançar mão de uma prosa deliberadamente truncada, o tradutor poderá transmitir uma ideia do que Montale

---

2   P. N. Furbank, *Italo Svevo: The Man and the Writer*. Londres: Secker, 1966.

chama de "esclerose" do mundo de Svevo, impregnada em sua própria linguagem?

Svevo não era indiferente ao problema. Sua recomendação ao tradutor de *Zeno* para o alemão foi traduzir seu italiano por um alemão gramaticalmente correto, mas sem embelezar ou melhorar seu texto.

Svevo costumava definir o triestino, em tom de desprezo, como um *dialettaccio*, um dialeto menor, ou uma *linguetta*, uma sublíngua, mas não estava sendo sincero. Muito mais convincente é Zeno quando deplora que os estrangeiros "não sabem o que representa para aqueles de nós que falam dialeto (*il dialetto*) escrever em italiano... Com cada palavra toscana que empregamos, nós mentimos!". Aqui, Svevo trata a passagem de um dialeto a outro, do triestino em que foi alfabetizado ao italiano em que escrevia, como inerentemente traiçoeira (*traditore traduttore*). Só em triestino ele podia dizer a verdade. A questão que tanto os não italianos como os italianos devem ponderar é se existiriam de fato verdades triestinas que Svevo sentia jamais conseguir traçar na página em italiano.

A origem de *Senilidade* foi um caso amoroso que Svevo manteve em 1891-1892 com uma jovem de "profissão indeterminada", como diz delicadamente um dos seus críticos, que mais tarde se transformaria em *equestrienne* de circo. No livro, ela se chama Angiolina. Emilio Brentani, o protagonista, vê Angiolina como uma inocente que ele irá instruir nos aspectos mais sutis da vida, enquanto ela, em contrapartida, irá dedicar-se ao bem-estar dele. Mas é Angiolina quem, na prática, dá as lições; e a iniciação que ela proporciona a Emilio nas evasões e nas baixezas da vida erótica bem valeria o dinheiro que ela o faz gastar a rodo, não estivesse ele envolvido demais no

Italo Svevo 23

autoengano da sua fantasia para absorvê-la devidamente. Anos depois que Angiolina já fugiu com um escriturário de banco, Emilio irá relembrar o tempo que passou com ela através de uma névoa rosada (Joyce sabia de cor as maravilhosas últimas páginas do livro, banhadas em clichês românticos e ironia impiedosa, e chegou a recitá-las de volta para Svevo). A verdade é que esse caso amoroso fora senil desde o início, no sentido único que Svevo dá à palavra: nada tinha de juvenil ou vital, subsistindo, pelo contrário, desde o início graças à mentira egoísta.

Em *Senilidade*, o autoengano é um estado da existência deliberado, mas não reconhecido. A ficção que Emilio constrói para si mesmo quanto a quem é, quanto a quem é Angiolina e quanto ao que os dois fazem juntos é ameaçada pelo fato de Angiolina dormir promiscuamente com outros homens e mostrar-se incompetente, indiferente ou maliciosa demais para escondê-lo. Ao lado de *A sonata a Kreutzer* e de *O caminho de Swann*, *Senilidade* é um dos grandes romances sobre o ciúme sexual masculino, explorando o repertório técnico legado por Flaubert a seus sucessores para entrar e sair da consciência de um personagem com um mínimo de incômodo e emitir juízos sem parecer fazê-lo. A maneira como Svevo mostra as relações entre Emilio e seus rivais é especialmente perceptiva. Emilio quer e ao mesmo tempo não quer que seus amigos cortejem sua amante; quanto mais claramente consegue visualizar Angiolina com outro homem, mais intensamente ele a deseja, a ponto de desejá-la *porque* ela esteve com outro homem. (A presença de correntes homossexuais no triângulo do ciúme foi evidentemente assinalada por Freud, mas só anos depois de Tolstói e Svevo.)

As traduções-padrão para o inglês de *Senilidade* e *Zeno* até hoje são as de Beryl de Zoete, britânica de ascendência holandesa e ligada ao grupo de Bloomsbury, e cuja faceta mais famosa é ter sido uma das pioneiras mundiais no estudo da dança balinesa. Na apresentação da sua nova tradução de *Zeno*, William Weaver discute as soluções de De Zoete e sugere, com a delicadeza possível, que talvez tenha chegado a hora de tirá-las de circulação.

A tradução de *Senilidade* publicada por De Zoete em 1932, com o título *As a Man Grows Older* [Enquanto um homem envelhece], é particularmente datada. *Senilidade* fala basicamente de sexo; o sexo usado como arma na batalha entre os sexos, o sexo como mercadoria negociada. Embora sua linguagem nunca seja exatamente imprópria, Svevo tampouco anda na ponta dos pés em torno da questão. Mas a versão de De Zoete é de um decoro excessivo. Por exemplo, Emilio pensa nos feitos sexuais de Angiolina e imagina que ela deixa a cama do rico, mas repulsivo, Volpini e, a fim de livrar-se da *infamia* (a desonra, mas também o horror) do toque desse homem, mergulha imediatamente na cama com outro. O texto de Svevo quase não é metafórico: com um segundo ato sexual Angiolina tentaria limpar-se (*nettarsi*) dos vestígios que Volpini deixara nela. De Zoete delicadamente passa por cima dessa autolimpeza: Angiolina "busca refugiar-se daquele enlace infame".

Noutros pontos, De Zoete simplesmente elide ou resume trechos que — com ou sem razão — julga não terem contribuição para o sentido do texto, ou serem coloquiais demais para funcionarem em inglês. Também acontece de superinterpretar, acrescentando o que *ela* acha estar acontecendo entre os personagens quando o próprio original se cala. As metáforas comerciais que caracterizam a relação entre Emilio e as mulheres às vezes se perdem. Numa ocasião, De Zoete interpreta o sentido de uma delas de maneira catastroficamente errada, atribuindo a Emilio a decisão de forçar Angiolina a uma relação sexual

Italo Svevo 25

("ele a possui"), quando o protagonista só pretendia esclarecer quem seria seu proprietário ("ele é seu dono").

A nova tradução de *Senilidade*, de Beth Archer Brombert, é um avanço notável. Invariavelmente, recupera as metáforas submersas que De Zoete prefere ignorar. Seu inglês, embora claramente datado do final do século XX, tem uma formalidade que reflete de certa forma uma era anterior. Se alguma crítica pode ser feita, é que, num esforço excessivo para mostrar-se atualizada, ela emprega expressões que tendem a envelhecer em pouco tempo.

Os títulos de Svevo sempre foram uma dor de cabeça para seus tradutores e editores. Como título, *Uma vida* é simplesmente banal. Por recomendação de Joyce, *Senilidade* foi lançado em inglês com o título *As a Man Grows Older*, embora o romance nada tenha a ver com o envelhecimento. Beth Brombert reverte a um título de trabalho anterior, *Emilio's Carnival* [A orgia de Emilio], embora na edição revista em italiano Svevo tenha se recusado a abrir mão de *Senilidade*: "Eu teria a sensação de estar mutilando o livro [...] Este título foi o meu guia, era ele que me orientava".[3]

A carreira literária de Svevo se estende por quatro décadas turbulentas da história de Trieste, mas ainda assim muitíssimo pouco dessa história se reflete, direta ou indiretamente, em sua obra ficcional. A partir do que contam os dois primeiros livros, ambientados na Trieste da década de 1890, jamais se poderia imaginar que àquela época a classe média italiana de Trieste vivia entregue a uma febre típica do *Risorgimento*, reivindicando a união com a pátria-mãe. E, embora as confissões de Zeno

3   Citado em: John Gatt-Rutter, *Italo Svevo*. Oxford: Oxford University Press, 1988.

tenham sido supostamente escritas durante a guerra de 1914-1918, o conflito só vai lançar alguma sombra sobre a obra em suas últimas páginas.

Graças aos contratos com o governo de Viena, a família Veneziani ganhou muito dinheiro com a guerra. Ao mesmo tempo, seus membros apresentavam-se em Trieste como irredentistas apaixonados, partidários da incorporação ao solo italiano de todos os territórios sob domínio estrangeiro. John Gatt-Rutter, biógrafo de Svevo, classifica essa atitude de "farsa hipócrita", e acredita que o próprio Svevo foi no mínimo conivente com a encenação. Gatt-Rutter critica acerbamente as posições políticas de Svevo durante a guerra e depois da tomada do poder pelos fascistas em 1922. Como muitos triestinos da classe alta, os Veneziani apoiaram Mussolini. O próprio Svevo parece ter acatado o novo regime de um modo que Gatt-Rutter define como "de perfeita má-fé", considerando o fascismo um mal menor que o bolchevismo. Em 1925, na pessoa de Ettore Schmitz, ele aceitou uma comenda menor do Estado pelos serviços que prestou à indústria nacional. Embora nunca tenha se tornado um fascista de carteirinha, pertencia como industrial à Confederação Fascista das Indústrias. E sua mulher foi participante ativa do "Fascio das Mulheres".

Se ficou moralmente comprometido devido à sua associação com os Veneziani, Svevo/Schmitz pelo menos não escondia isso de si mesmo, a julgar pelo que escrevia. Basta lembrar do velho do conto *La novella del buon vecchio e della bella fanciulla* [A história do bom velho e da moça bonita], escrito em 1926, mas ambientado durante a Primeira Guerra: "Todos os sinais da guerra lhe lembravam, dolorosamente, que, graças a ela, ele ganhava tanto dinheiro. A guerra lhe trouxera riqueza e humilhação... Já estava acostumado ao remorso causado por seu sucesso nos negócios, e continuava ganhando dinheiro a despeito do seu remorso".[4]

A atmosfera moral desse texto tardio pode ser mais sombria, e a autocrítica, mais corrosiva, do que encontramos no essencialmente cômico *Zeno*, mas isso é apenas uma questão de grau de sombra ou potencial de corrosão. De Sócrates a Freud, a filosofia ética do Ocidente subscreveu ao *Conhece-te a ti mesmo* délfico. No entanto, de que serve conhecer a si mesmo se, seguidor do caminho apontado por Schopenhauer, um indivíduo acredita que o caráter se baseia num substrato de vontade e duvida que a vontade queira mudar?

Zeno Cosini, o herói do terceiro romance de Svevo, sua obra-prima da maturidade, é um homem de meia-idade, confortavelmente casado, próspero, ocioso, vivendo de uma renda que recebe do negócio fundado por seu pai. Por um capricho, a fim de ver se consegue curar-se de seja lá qual for o seu problema, submete-se à psicanálise. Preliminarmente, seu terapeuta, o dr. S., pede-lhe que escreva suas memórias da maneira como lhe ocorrerem. Zeno obedece, produzindo cinco capítulos com a extensão de um conto cada, cujos temas são: o fumo; a morte do pai; seu namoro; um dos seus casos amorosos; uma das suas sociedades comerciais.

Decepcionado com o dr. S., que considera obtuso e dogmático, Zeno para de produzir suas anotações. Visando indenizar-se pelos honorários perdidos, o dr. S. publica o manuscrito de Zeno. E eis o que constitui o livro que temos à nossa frente: as memórias de Zeno

---

4 *The Story of the Nice Old Man and the Pretty Girl*, in: Italo Svevo, *Short Sentimental Journey and Other Stories*. Londres: Secker & Wabrig, 1967, vol. 4.

mais a narrativa que lhe serve de moldura, sobre como elas foram escritas, "uma autobiografia, mas não a minha", como diz Svevo numa carta a Montale. E Svevo ainda explica como sonhava aventuras para Zeno, plantava-as no próprio passado e depois, ignorando deliberadamente a fronteira entre a fantasia e a memória, "lembrava-se delas".[5]

Zeno é um fumante compulsivo que quer parar de fumar, embora sem a força de vontade suficiente para consegui-lo de fato. Não duvida que fumar lhe faça mal, e sonha com os pulmões cheios de ar fresco – as três grandes cenas de morte em Svevo, uma em cada romance, mostram pessoas que morrem arquejando e lutando desesperadas para respirar –, mas ainda assim revolta-se contra a cura. Desistir do cigarro, ele sabe em algum nível instintivo, é reconhecer a primazia de pessoas como a sua mulher e o dr. S., que, com a melhor das intenções, gostariam de transformá-lo num cidadão comum e saudável, subtraindo-lhe assim os poderes que cultiva: o poder de pensar, o poder de escrever. Com um simbolismo tão grosseiro que nem mesmo Zeno consegue deixar de rir, o cigarro, a caneta e o falo acabam representando uns aos outros. O conto *La novella del buon vecchio e della bella fanciulla* termina com o velho morto em sua escrivaninha, uma caneta presa entre os dentes cerrados.

Dizer que Zeno é ambivalente sobre o fumo e, portanto, sobre a possibilidade de cura de sua doença indefinida não passa de um arranhão na superfície do ceticismo corrosivo, ainda que divertido, de Svevo quanto à nossa capacidade de aprimoramento. Zeno tem dúvidas quanto aos poderes terapêuticos da psicanálise, assim como tem dúvidas diante da própria ideia da cura; no entanto, quem

---

5   Citado em: John Gatt-Rutter, *Italo Svevo*.

se atreveria a dizer que o paradoxo que acaba adotando ao fim da sua história — de que a suposta doença é parte da condição humana, de que a verdadeira saúde consiste em aceitar quem você é ("ao contrário das outras moléstias [...] não existe cura para a vida") — não instiga ele próprio uma interrogação cética e zenoniana?[6]

A psicanálise era uma espécie de mania na Trieste da época em que Svevo trabalhava em *Zeno*. Gatt-Rutter cita um professor triestino: "Adeptos fanáticos da psicanálise [...] viviam trocando histórias, interpretações de sonhos e lapsos significativos, produzindo eles próprios seus diagnósticos amadores". Svevo, inclusive, colaborou numa tradução de *A interpretação dos sonhos*, de Freud. Apesar das aparências, não achava que *Zeno* fosse um ataque contra a psicanálise em si, só contra suas pretensões curativas. A seu ver, não era um seguidor de Freud, mas um seu igual, dedicado também por seu lado a investigar o inconsciente e o domínio do inconsciente sobre a vida consciente; considerava seu livro fiel ao espírito cético da psicanálise da maneira como era praticada pelo próprio Freud, embora não por seus discípulos, e chegou a enviar um exemplar a Freud (que entretanto não acusou o recebimento). E de fato, visto de uma perspectiva mais ampla, *Zeno* é mais que uma simples aplicação da psicanálise a uma vida ficcional, ou um mero

---

6   Na tradução de Weaver, o trecho diz: "*Unlike other sicknesses, life* [...] *doesn't tolerate therapies*" [À diferença de outras moléstias, a vida (...) não comporta terapias]. Weaver usa sistematicamente *therapy* [terapia] para o *cure* [cura] do italiano de Svevo, que [como em português] tanto pode se referir ao processo de tratamento como a seu resultado, ficar curado. Mas há muitos casos, como aqui, em que *cure* transmite a intenção de Svevo com mais exatidão do que *therapy*, ou como no trecho em que Zeno promete a si mesmo que irá recuperar-se da "cura" do dr. S.

questionamento cômico da psicanálise. É uma exploração das paixões, inclusive as mais mesquinhas, como a cobiça, a inveja e o ciúme, na tradição do romance europeu, paixões para as quais a psicanálise acaba sendo apenas um guia muito parcial. A doença da qual Zeno quer e não quer ser curado é, no fim das contas, não menos que o *mal du siècle* da própria Europa, uma crise da civilização a que tanto a teoria freudiana como *A consciência de Zeno* procuram responder.

A consciência de Zeno [no original, *La coscienza di Zeno*] é mais um dos títulos difíceis de Svevo. *Coscienza* pode significar o que modernamente se chama de "consciência"; mas também pode significar o que em inglês se chama de *self-consciousness* [a "consciência de si mesmo" ou o "embaraço"], como na frase de Hamlet "*Conscience does make cowards of us all*" [A consciência nos converte todos em covardes]. No livro, Svevo alterna o tempo todo entre os dois significados, de um modo que o inglês moderno não tem como imitar. Evitando o problema, De Zoete deu à sua tradução de 1930 o título de *Confessions of Zeno*. Em sua nova tradução, William Weaver capitula ante a ambiguidade e usa *Zeno's Conscience*.

Weaver publicou traduções, entre outros escritores italianos, de Luigi Pirandello, Carlo Emilio Gadda, Elsa Morante, Italo Calvino e Umberto Eco. Sua tradução de *Zeno* numa prosa inglesa devidamente comedida e discreta é do melhor padrão. Num detalhe, porém, é a própria língua inglesa que trai o seu trabalho. Zeno costuma contrastar muito o *malato immaginario* com o *sano immaginario*, traduzidos por Weaver como *imaginary sick man* e *imaginary healthy man*. No entanto, *immaginario*, aqui, não corresponde estritamente ao inglês *imaginary*, mas a *self-imaginedly*, e um *malato immaginario*

Italo Svevo   31

não é, no sentido próprio, um homem imaginário doente, mas um homem que se imagina doente.

O *malato immaginario* de Zeno vem da mesma origem que o *malade imaginaire* de Molière, e é sem dúvida Molière que a mulher de Zeno tem em mente quando, depois de ouvi-lo falar durante horas sobre seus males, explode numa risada e diz-lhe que ele não passa de um *malato immaginario*. Ao invocar Molière em vez de teóricos da psique mais atualizados, na verdade ela atribui os males do marido a uma predisposição de caráter. E essa sua intervenção leva Zeno e seus amigos a longas conversas de muitas páginas sobre o fenômeno do *malato immaginario* em contraposição ao *malato reale* ou *malato vero*: não pode uma doença provinda da imaginação ser mais grave que uma doença "verdadeira" ou "real", embora não seja genuína? E Zeno leva a interrogação ainda mais além quando pergunta se, em nosso tempo, o mais doente de todos pode não ser o *sano immaginario*, o homem que se imagina são.

Toda a investigação é conduzida com muito mais precisão e humor no italiano de Svevo do que seria possível num inglês circunlocutório. Aqui, De Zoete está um passo à frente de Weaver ao desistir do inglês e recorrer ao francês: *malade imaginaire* para *malato immaginario*.

Publicado à custa do próprio Svevo em 1923, quando estava com 62 anos de idade, *Zeno* foi resenhado em algumas publicações, mas nunca por algum dos líderes da opinião crítica. Um resenhista triestino declarou ter sido pressionado a ignorar o livro, posto que, fosse o que fosse, era um insulto evidente à cidade.

Em nome dos velhos tempos, Svevo enviou um exemplar para Joyce em Paris. Joyce mostrou o livro a Valery Larbaud e outras figuras influentes da cena literária francesa. A reação foi de entusiasmo. Gallimard encomendou uma tradução, com a condição de serem feitos alguns cortes; uma revista literária publicou todo um número sobre Svevo; o PEN clube organizou um banquete em homenagem a Svevo em Paris.

Em Milão, foi publicada uma nova apreciação positiva da obra de Svevo, assinada por Montale. *Senilidade* foi relançado em versão revista. Os italianos começaram a ler amplamente Svevo; uma nova geração de romancistas adotou-o como patrono. A direita reagiu com hostilidade. "Na vida real, Italo Svevo tem um nome semita – Ettore Schmitz", escreveu *La Sera*, e sugeriu que toda aquela onda em torno de Svevo fazia parte de uma vasta conspiração judaica.[7]

Envaidecido com o sucesso inesperado de *Zeno*, exultante com sua nova fama, Svevo pôs-se a trabalhar numa série de textos cujo tema comum era o envelhecimento e os apetites insaciados da velhice. Talvez pretendesse usá-los num quarto romance, uma continuação de *Zeno*. Em inglês, podem ser encontrados, em traduções de P. N. Furbank e outros, nos volumes 4 e 5 da edição uniformizada em cinco volumes das obras de Svevo, publicada na década de 1960 pela University of California Press nos EUA, e por Secker & Warburg na Grã-Bretanha, mas hoje fora de catálogo. Já passa do tempo de uma reedição.

O volume 5 contém ainda uma tradução da peça teatral *Rigenerazione* [Regeneração], obra tardia. Svevo nunca perdeu o interesse pelo teatro e escreveu inúmeras peças ao longo dos anos, mesmo enquanto trabalhava para os Veneziani. Só uma delas, *Terzetto spezzato* [O triângulo partido], foi encenada durante a sua vida.

---

7   Citado em: John Gatt-Rutter, *Italo Svevo*.

Svevo morreu em 1928 de complicações provocadas por um acidente automobilístico leve. Foi enterrado no cemitério católico de Trieste com o nome de Aron Hector Schmitz. Livia Veneziani Svevo, reclassificada como judia, passou os anos da guerra, com a filha do casal e o terceiro filho desta, escondida dos esquadrões de purificação. Este terceiro filho foi morto pelos alemães por ocasião do levante triestino de 1945. A essa altura, seus dois irmãos mais velhos já tinham morrido na frente russa, lutando pela Itália e pelo Eixo.

(2002)

Robert Walser

No dia de Natal de 1956, a polícia da cidade de Herisau, no leste da Suíça, recebeu um telefonema: um grupo de crianças tinha tropeçado no corpo de um homem que morrera congelado num campo de neve. Chegando ao local, primeiro os policiais tiraram algumas fotos e depois removeram o corpo.

O morto logo foi identificado: era Robert Walser, de 78 anos, que desaparecera de um hospital psiquiátrico local. Na juventude, Walser conquistara uma certa reputação, na Suíça e também na Alemanha, como escritor. Alguns de seus livros ainda estavam em catálogo; outro fora publicado a seu respeito, uma biografia. Ao longo de um quarto de século passado de hospício em hospício, entretanto, sua obra acabara secando. Longas caminhadas pelo campo − como aquela em que finalmente faleceu − tinham se transformado na sua principal distração.

As fotografias da polícia mostram um velho de sobretudo e botas estendido na neve, com os olhos muito abertos e o maxilar distendido. Essas fotos foram amplamente (e sem nenhum pudor) reproduzidas na literatura crítica sobre Walser, que vem florescendo desde a década de 1960.[1] A suposta loucura de Walser, sua

---

1 Por exemplo, uma das fotos da polícia é reproduzida em: Elio Fröhlic e Peter Hamm (orgs.), *Robert Walser: Leben und Werk*. Frankfurt: Insel Verlag, 1980.

morte solitária e os escritos secretos encontrados postumamente num esconderijo tornaram-se os pilares sobre os quais se erigiu toda uma lenda que vê em Walser um gênio escandalosamente negligenciado. E o repentino crescimento do interesse por Walser tornou-se também parte do escândalo. "Eu me pergunto", escreveu Elias Canetti em 1973, "se, entre todos os que constroem uma vida acadêmica confortável, segura e regular a partir da existência de um escritor que viveu na miséria e no desespero, existe um único que sinta vergonha de si mesmo".[2]

Robert Walser nasceu em 1878 no cantão de Berna. Foi o sétimo de oito irmãos e irmãs. Seu pai, treinado no ofício de encadernador, mantinha uma papelaria. Aos 14 anos, Robert foi tirado da escola e começou a trabalhar como aprendiz num banco, onde cumpria exemplarmente seus deveres de escriturário até o dia em que sem aviso, dominado pelo sonho de tornar-se ator, abandonou o emprego e fugiu para Stuttgart. Lá fez um teste que resultou num fracasso humilhante: foi reprovado por se mostrar muito rígido e inexpressivo. Abandonando as ambições cênicas, decidiu tornar-se – "com a ajuda de Deus" – poeta.[3] Andou de emprego em emprego, sempre escrevendo poemas, pequenos textos em prosa e pequenas peças teatrais em verso (*dramolets*) para a imprensa periódica, não sem algum sucesso. Logo foi contratado pela Insel Verlag, editora de Rilke e Hofmannsthal, que publicou seu primeiro livro.

2 Citado em: Katharina Kerr (org.), *Über Robert Walser*. Frankfurt: Insel Verlag, 1980.

3 George C. Avery, *Inquiry and Testament*. Filadélfia: University of Pennsylvania Press, 1968.

Em 1905, pensando no progresso de sua carreira literária, acompanhou seu irmão mais velho, ilustrador de livros e cenógrafo teatral de sucesso, numa viagem a Berlim. Por prudência, matriculou-se ao mesmo tempo numa escola de formação de empregados domésticos, e trabalhou por algum tempo como mordomo numa casa de campo, onde usava libré e atendia pelo nome de "Monsieur Robert". Em pouco tempo, todavia, descobriu que poderia sustentar-se com os proventos do que escrevia. Seus textos começaram a aparecer em revistas literárias de prestígio; passou a ser admitido nos círculos artísticos mais sérios. Mas o papel de intelectual da metrópole não lhe era fácil. Algumas doses de bebida e ele tendia a mostrar-se grosseiro e agressivamente provinciano. Aos poucos foi se retirando da sociedade, refugiando-se numa vida solitária e frugal em modestos conjugados. E nesse cenário escreveu quatro romances, dos quais três sobreviveram: *Os irmãos Tanner* (*Geschwister Tanner*, 1907), *Der Gehülfe* [O factótum] (1908) e *Jakob von Gunten* (1909). Em todos eles os temas foram extraídos das experiências do autor; mas no caso de *Jakob von Gunten* – merecidamente o mais conhecido dos três – essas vivências são assombrosamente transmutadas.

"Aqui se aprende muito pouco", observa o jovem Jakob von Gunten ao final do seu primeiro dia no Instituto Benjamenta, onde se matriculou como estudante. Um único livro é usado, *O que pretende o Instituto Benjamenta para Rapazes?*, e uma única matéria é lecionada: "Como um rapaz deve se comportar". Os professores da escola são inertes como mortos. E toda a atividade efetiva de ensino cabe à srta. Lisa Benjamenta, irmã do diretor. O próprio sr. Benjamenta não sai nunca do seu gabinete, onde conta e reconta seu dinheiro como um

Robert Walser 37

ogro de conto de fadas. Na verdade, a escola parece um mero embuste.

Ainda assim, tendo deixado o que define como "uma metrópole muitíssimo pequena" em troca de uma cidade grande — cujo nome não é revelado, mas só pode ser Berlim —, Jakob não tem a menor intenção de recuar. Procura se dar bem com seus colegas; não se incomoda de usar o uniforme do Benjamenta; e, além disso, adora ir ao centro da cidade para andar de elevador, o que o faz sentir-se plenamente um filho da era moderna.

Jakob von Gunten pretende ser um diário mantido por Jakob durante sua permanência no Instituto. Contém principalmente suas reflexões sobre o tipo de formação que recebe ali — uma educação na humildade — e sobre a estranha dupla de irmãos responsável por ela. A humildade lecionada pelos irmãos Benjamenta não é da variedade religiosa. A maioria dos rapazes que se formam na escola aspira ao ofício de criado ou mordomo, e não à santidade. Mas Jakob é um caso à parte, um aluno para quem as lições de humildade adquirem uma ressonância interior suplementar. "Como tenho sorte", escreve ele, "de não ver em mim nada digno de ser respeitado ou observado! Ser pequeno e permanecer pequeno".

Os irmãos Benjamenta são uma dupla misteriosa e, à primeira vista, intimidadora. E Jakob decide assumir a tarefa de desvendar o mistério dos dois. E passa a tratá-los não com respeito, mas com a autossuficiência atrevida das crianças acostumadas a ter suas travessuras perdoadas e julgadas adoráveis. Combina a desfaçatez com uma autodepreciação evidentemente insincera, rindo à socapa dessa insinceridade e confiando que a candura desarmará qualquer crítica, e não se incomodando muito quando isso não acontece. A palavra que desejaria aplicar a si mesmo, a palavra que gostaria que o mundo aplicasse a ele, é *endiabrado*. Um diabrete é um espírito malicioso; e também é um demônio menor.

Logo Jakob começa a ganhar certa ascendência sobre os irmãos Benjamenta. A srta. Benjamenta insinua que se afeiçoou a ele, que em resposta faz de conta que não entendeu. Na verdade, ela acaba revelando que o que sente por ele pode ser mais que simples carinho: talvez seja amor. Jakob responde com um longo discurso evasivo, repleto de sentimentos respeitosos. Rejeitada, a srta. Benjamenta definha e acaba morrendo.

Quanto ao sr. Benjamenta, hostil a Jakob num primeiro momento, logo acaba manipulado a ponto de suplicar ao rapaz que se torne seu amigo, deixando a escola para trás e saindo para correr o mundo em sua companhia. Jakob declina com modos afetados: "Mas como irei comer, sr. diretor? [...] Seu dever é me conseguir um emprego decente. Tudo que quero é um emprego". Ainda assim, na última página do seu diário, Jakob anuncia que mudou de ideia: decidiu abandonar a pena e partir para o desconhecido na companhia do sr. Benjamenta. Ao que o leitor só pode reagir pensando: Com um companheiro desse calibre, Deus proteja o sr. Benjamenta!

Como personagem literário, Jakob von Gunten tem seus precedentes. No prazer que sente em criticar os próprios motivos, lembra o Homem do Subterrâneo de Dostoiévski e, por trás deste, o Jean-Jacques Rousseau das *Confissões*. Mas — como afirma a primeira tradutora de Walser para o francês, Marthe Robert — também há em Jakob algo do herói dos contos tradicionais populares alemães, o rapaz que invade o castelo do gigante e emerge vitorioso. Franz Kafka admirava a obra de Walser (Max Brod registra com que deleite Kafka lia em voz alta as passagens mais engraçadas de Walser). Barnabas e Jeremias, os "assistentes" demoniacamente obstrutivos do agrimensor K. em *O castelo*, têm seu protótipo em Jakob.

Em Kafka também podemos perceber alguns ecos da prosa de Walser, com sua lúcida organização sintática, suas justaposições casuais do elevado com o banal e sua lógica paradoxal assustadoramente convincente. Aqui temos Jakob numa disposição reflexiva:

> Usamos uniformes. Ora, usar um uniforme nos humilha e ao mesmo tempo nos exalta. Parecemos gente sem liberdade, o que é possivelmente uma desgraça, mas também ficamos bem em nossos uniformes, o que nos distingue da desgraça profunda dessas pessoas que andam pelas ruas com as próprias roupas, mas sujas e esfarrapadas. Para mim, por exemplo, usar um uniforme é muito agradável porque eu nunca sabia, antes, que roupa devia usar. Mas nisso, também, permaneço por enquanto um mistério para mim mesmo.

Que mistério em si mesmo ou acerca de si mesmo Jakob acha tão instigante? Num ensaio sobre Walser especialmente notável por basear-se num conhecimento muito incompleto da sua obra, Walter Benjamin sugere que as pessoas mostradas por Walser são como personagens de um conto de fadas que chegou ao fim, personagens que a partir desse momento passam a viver no mundo real. Todas são marcadas por "uma superficialidade sistematicamente dilacerante e desumana", como se, tendo sido resgatadas da loucura (ou de um feitiço), devessem agir com muita cautela por medo de serem novamente engolfadas pelo delírio.[4]

---

4   Walter Benjamin, "Robert Walser", *Selected Writings, vol. 2: 1927--1934*. Cambridge: Harvard University Press, 1999.

Jakob é uma criatura tão estranha, e o ar que respira no Instituto Benjamenta é tão rarefeito, tão próximo da alegoria, que é difícil imaginá-lo como um personagem representativo de qualquer elemento da sociedade. Entretanto, o cinismo de Jakob quanto à civilização e aos valores em geral, seu desprezo pela vida mental, suas convicções simplistas sobre o modo como o mundo realmente funciona (é comandado pelas grandes empresas para explorar o homem comum), sua elevação da obediência à qualidade de mais alta das virtudes, sua determinação de não fazer nada à espera do chamamento do destino, sua alegação de descender de nobres e guerreiros (mesmo que a etimologia indicada por ele mesmo para o nome Von Gunten – *von unten*, "de baixo" – sugira o contrário), bem como o prazer que encontra no ambiente exclusivamente masculino do internato e seu gosto por pregar peças maliciosas nos outros – todos esses traços, vistos em conjunto, apontam para o tipo de pequeno-burguês do sexo masculino que, num tempo de confusão social mais intensa, podia sentir-se atraído pelos camisas-pardas de Hitler.

Walser nunca foi um escritor declaradamente político. Ainda assim, seu envolvimento emocional com a classe de que provinha, a dos pequenos comerciantes, dos funcionários e dos professores primários, era profundo. Berlim lhe acenava com uma oportunidade clara de escapar a suas origens sociais e trasladar-se, como fez seu irmão, para a *intelligentsia* cosmopolita dos *déclassés*. Walser tenta o mesmo caminho, mas fracassa ou desiste, preferindo retornar aos braços da Suíça provinciana. Mas nunca perdeu de vista – na verdade, nunca lhe foi permitido perder de vista – as tendências iliberais e conformistas da sua classe, e a intolerância que esta sempre manifestou diante de pessoas como ele próprio, os sonhadores e vagabundos.

Robert Walser 41

Em 1913 Walser deixou Berlim e voltou para a Suíça como "um escritor ridicularizado e sem sucesso" (em suas palavras autodepreciativas).[5] Alugou um quarto num hotel que não servia bebidas, na cidade industrial de Biel, perto da irmã, e passou os sete anos seguintes vivendo precariamente de escrever textos curtos para suplementos literários. Fora isso, fazia longas caminhadas pelos campos e ainda cumpriu seu serviço na Guarda Nacional. Nas coletâneas de sua poesia e prosa curta que continuavam a ser publicadas, cada vez falava mais da paisagem social e natural da Suíça. Além dos três romances mencionados acima, escreveu ainda mais dois. O manuscrito do primeiro, *Theodor*, foi perdido pelos seus editores; o segundo, *Tobold*, foi destruído pelo próprio Walser.

Depois da Primeira Guerra Mundial, o gosto do público pelo tipo de literatura que respondia pelos rendimentos de Walser, textos descartáveis de caráter extravagante e beletrístico, reduziu-se muito. Ele estava muito distante da sociedade alemã em geral para manter-se a par das novas correntes de pensamento; quanto à Suíça, o público leitor local era pequeno demais para sustentar um corpo significativo de escritores. Embora se orgulhasse da sua frugalidade, Walser acabou precisando fechar o que chamava de "minha pequena oficina de peças em prosa".[6] Seu precário equilíbrio mental começou a falhar. Sentia-se cada vez mais oprimido pelos olhares de censura dos vizinhos, pela exigência de respeitabilidade que o cercava. Deixou Biel, mudando-se para Berna, onde assumiu um cargo no arquivo nacional; mas ao cabo de poucos meses foi demitido por insubordinação. Vivia

5   Citado em: George C. Avery, *Inquiry and Testament*.
6   Citado em: Klaus-Michael e Thomas Horst (orgs.), *Robert Walser*. Frankfurt: Suhrkamp, 1991.

mudando de residência. Bebia muito; sofria de insônia, ouvia vozes imaginárias, tinha pesadelos e ataques de ansiedade. Tentou o suicídio, fracassando porque, como admitiu com desconcertante sinceridade, "nem um laço eu consegui fazer direito".[7]

Ficou claro que não podia mais morar sozinho. Vinha de uma família que, na terminologia da época, era degenerada: sua mãe sofria de depressão crônica; um dos seus irmãos se suicidara; outro morrera num hospício. Pressionaram uma de suas irmãs a recebê-lo em casa, mas ela recusou. De maneira que ele permitiu que o internassem no sanatório de Waldau. "Acentuadamente deprimido e gravemente inibido", afirma seu primeiro relatório médico. "Deu respostas evasivas às perguntas quanto a estar farto da vida."[8]

Em avaliações posteriores, os médicos de Walser discordariam quanto à natureza do seu problema, se é que problema havia, e chegariam mesmo a insistir com ele para que voltasse a viver fora do sanatório. No entanto, a rotina da instituição parece ter-se transformado numa base indispensável para sua vida, e Walser preferiu permanecer internado. Em 1933, sua família o transferiu para o asilo de Herisau, onde ele recebia uma pensão e preenchia seu tempo com tarefas simples como colar sacos de papel e separar feijões. Permanecia em plena posse das suas faculdades; continuava a ler jornais e revistas populares; mas, depois de 1932, não escreveu mais. "Não estou aqui para escrever, estou aqui para ser louco", disse

---

7   Citado em: Werner Morlang, "The Singular Bliss of the Pencil Method", *Review of Contemporary Fiction*, 12ª ed., 1992.

8   Citado em: Mark Harman (org.), *Robert Walser Rediscovered*. Hanover/Londres: University Press of New England, 1985.

Robert Walser   43

ele a um visitante.[9] Além disso, o tempo dos *littérateurs* tinha ficado para trás.

(Anos depois da morte de Walser, um dos funcionários do asilo de Herisau afirmou que via Walser escrevendo sistematicamente durante seus plantões. No entanto, mesmo que isso seja verdade, nenhum manuscrito de data posterior a 1932 chegou aos nossos dias.)

Ser um escritor, uma pessoa que usa as mãos para transformar pensamentos em traços no papel, era difícil para Walser no nível mais elementar. Na juventude, ele tinha uma letra nítida e bem desenhada de que se orgulhava muito. Os manuscritos que conhecemos desses dias — as versões finais de seus textos — são verdadeiros modelos de bela caligrafia. A caligrafia, entretanto, foi uma das primeiras áreas em que as perturbações psíquicas de Walser se manifestaram. Em algum momento entre os 30 e os 40 anos de idade (ele é vago quanto à data), começou a sofrer de cãibras psicossomáticas na mão direita. Atribuía o problema a uma animosidade inconsciente contra a caneta como instrumento de trabalho; e só conseguiu superá-lo quando finalmente abandonou a caneta em favor do lápis.

Escrever a lápis era tão importante que Walser batizou o processo de seu "sistema do lápis" ou "método do lápis".[10] E o método do lápis significava bem mais que o mero uso de um lápis. Quando passou a escrever a lápis, Walser também mudou radicalmente sua caligrafia. Ao morrer, deixou cerca de quinhentas folhas de papel cobertas de fora a fora por linhas de delicados sinais caligráficos diminutos, desenhados a lápis, uma letra tão difícil

---

9 Citado em: Idris Parry, *Hand to Mouth*. Manchester: Carcanet, 1981.

10 Citado em: Peter Utz (org.), *Wärmende Fremde*. Berna: Peter Lang, 1994.

de ler que num primeiro momento seu inventariante julgou ter à sua frente um diário escrito num código secreto. Mas Walser não mantinha um diário, e nem essa escrita é um código. Seus manuscritos tardios foram na verdade compostos em escrita alemã padrão, mas com tantas abreviações idiossincráticas que, mesmo para os editores mais familiarizados com ela, sua decifração inequívoca nem sempre é possível. E foi só em rascunhos produzidos pelo "método do lápis" que as inúmeras obras tardias de Walser, entre elas seu romance *Der Räuber* [O ladrão] (24 folhas de microescrita, correspondentes a cerca de 150 páginas impressas), chegaram até nós.

Mais interessante que decifrar a letra propriamente dita é a questão do que o método do lápis permitia a Walser, que a caneta não era mais capaz de produzir (embora ele ainda fosse capaz de usar a caneta quando apenas transcrevia, ou para escrever cartas). A resposta parece ser que, como um desenhista com um bastão de carvão entre os dedos, Walser precisava desencadear um movimento regular e rítmico da mão antes de conseguir entrar num estado de espírito em que o devaneio, a composição e o fluxo do instrumento de escrita se tornavam uma coisa só. Num texto intitulado "Bleistiftskizze" [Esboço a lápis], datado de 1926-1927, ele menciona a "felicidade singular" que o método do lápis lhe permitia.[11] "Ele me acalma e me anima", disse ele noutra ocasião.[12] Esses textos de Walser avançam não de acordo com a lógica nem acompanhando uma narrativa, mas por meio de mudanças de humor, fantasias e associações: por temperamento, ele é menos um pensador que persegue uma argumentação

11 Citado em: Peter Utz (org.), *Wärmende Fremde*.
12 Citado em: Agnes Cardinal, *The Figure of Paradox in the Work of Robert Walser*. Stuttgart: Heinz, 1982.

ou mesmo um contador de histórias seguindo a linha de uma narrativa que um autêntico beletrista. O lápis e a notação estenográfica inventados por ele lhe permitiam um movimento manual produtivo, ininterrupto, introvertido, movido a sonho, que se tornara indispensável para a sua postura criadora.

A mais longa das obras tardias de Walser é *Der Räuber*, escrita em 1925-1926, mas decifrada e publicada apenas em 1972. A história é tão rala que chega a ser insubstancial. Narra os envolvimentos sentimentais de um homem de meia-idade conhecido simplesmente como o Ladrão, um homem sem ocupação que consegue subsistir à margem da sociedade cultivada de Berna graças a um legado modesto.

Entre as mulheres que o Ladrão persegue com muita reserva, há uma garçonete chamada Edith; entre as mulheres que com reserva pouco menor o perseguem, estão várias proprietárias de imóveis que o querem, seja para as suas filhas, seja para elas mesmas. A ação culmina numa cena em que o Ladrão sobe ao púlpito e, perante uma vasta assembleia, reprova Edith por preferir um rival medíocre a ele. Enfurecida, Edith dispara um revólver contra ele, ferindo-o de raspão. Segue-se uma torrente de comentários animados. Quando a poeira baixa, o Ladrão está colaborando com um escritor profissional para contar o seu lado da história.

Por que ele deu o nome "o Ladrão" [*der Räuber*] a esse conquistador inseguro? A palavra remete, claro, a "Robert", nome do próprio Walser. Um quadro de Karl Walser, irmão de Robert, nos fornece mais uma pista. Na aquarela de Karl, Robert, aos 15 anos, aparece vestido como seu herói predileto, Karl Moor, da peça da juventude de Schiller *Die Räuber* [Os ladrões, 1781]. O Ladrão da história de Walser, entretanto, não é um salteador heroico como o de Schiller, mas um plagiário desonesto, que se limita a roubar o afeto de algumas jovens e as fórmulas da ficção popular.

Por trás do Ladrão, ou Robert/Räuber, assoma uma figura, o autor nominal do livro, que o trata ora como um protegido, ora como um rival, ora como um simples fantoche a ser conduzido de situação em situação. Esse diretor de cena o critica por cuidar mal das suas finanças, por sair com moças da classe operária e, de maneira geral, por comportar-se como um *Tagedieb*, um ocioso ou "ladrão de dias", em vez de proceder como um bom burguês suíço, muito embora, admite ele, precise estar sempre tomando cuidado para não confundir a si próprio com Robert/Räuber. Seu caráter lembra muito o do rival, zombando de si mesmo enquanto cumpre suas rotinas sociais sem sentido. De tempos em tempos sente uma pontada de ansiedade quanto ao livro que está escrevendo debaixo dos nossos olhos — porque a obra progride devagar, porque seu conteúdo é trivial, por causa da vacuidade do seu herói.

Fundamentalmente, *Der Räuber* "trata" apenas da aventura da própria composição. Seu encanto reside nas suas surpreendentes reviravoltas e mudanças de direção, no seu tratamento delicadamente irônico das fórmulas do jogo amoroso e em sua exploração flexível e inventiva dos recursos da língua alemã. A figura do seu autor, alvoroçado diante da multiplicidade de fios narrativos que precisa administrar depois que o lápis em suas mãos entra em movimento, lembra acima de tudo Laurence Sterne, o Sterne tardio, mais suave, livre da malícia e dos duplos sentidos.

Os efeitos de distanciamento produzidos pela identidade de autor que se destaca do personagem de Robert/Räuber, e por um estilo em que o sentimento é admitido desde que coberto por um véu fino de paródia, permitem a Walser momentos em que consegue falar de maneira pungente sobre o próprio desamparo – ou seja, de Robert/ Räuber – às margens da sociedade suíça:

> Ele estava sempre [...] só como um pobre cordeirinho perdido. As pessoas o perseguiam para ajudá-lo a aprender como se vive. Ele dava uma impressão tão vulnerável. Parecia a folha que um menino separa do tronco com um golpe de vara só porque sua singularidade a torna conspícua. Noutras palavras, ele atraía a perseguição.

Como Walser também observa, com igual ironia, mas *in propria persona*, numa carta do mesmo período: "Às vezes me sinto devorado, ou melhor, parcial ou totalmente consumido, pelo amor, pela preocupação e pelo interesse de meus tão excelentes concidadãos".[13]

Der Räuber nunca foi editado. Na verdade, em nenhuma de suas muitas conversas com seu amigo e benfeitor durante seus anos de internação, Carl Seelig, Walser sequer mencionou a existência da obra. Ela se baseia em episódios mal disfarçados da sua vida; ainda assim, precisamos de muita cautela se quisermos considerá-la um texto autobiográfico. Robert/Räuber só encarna um dos aspectos de Walser. Embora haja referências a vozes persecutórias, e embora ele sofra do que, no jargão psiquiátrico e psicanalítico, é chamado de delírio de referência – suspeitando que haja significados ocultos, por exemplo, na maneira como os homens assoam o nariz na sua presença –, o lado mais melancólico e mais autodestrutivo do Walser real mantém-se sistematicamente fora do quadro.

---

13 Citado em: Werner Morlang, "The Singular Bliss of the Pencil Method".

Num episódio crucial, Robert/Räuber procura um médico e, com grande franqueza, lhe descreve seus problemas sexuais. Nunca sentiu o desejo de passar a noite com uma mulher, diz ele, mas acumula "estoques assustadores de potencial amoroso", tanto que "toda vez que saio para a rua, começo imediatamente a me apaixonar". O estratagema que imaginou para alcançar a felicidade é inventar histórias envolvendo o objeto do seu desejo em que ele próprio se transforma no [indivíduo] "subordinado, obediente, sacrificado, dissecado e tutelado". Na verdade, confessa ele, às vezes acha que no fundo é uma garota. Ao mesmo tempo, contudo, também tem um menino dentro de si, um menino que se comporta mal (sombras de *Jakob von Gunten*). A reação do médico é eminentemente sensata. O senhor parece se conhecer muito bem, diz ele – não tente mudar.

Noutra passagem notável Walser simplesmente deixa o lápis correr (deixa o censor dormir) e conduzi-lo, a partir dos prazeres da vivência imaginária de uma vida interior feminina, a uma participação de intenso erotismo na experiência de um casal de amantes operísticos, para os quais a bem-aventurança de externar seu amor na forma de canto e a bem-aventurança do amor propriamente dito são uma coisa só.

Christopher Middleton foi um dos pioneiros do estudo da obra de Walser e um dos grandes mediadores da literatura alemã moderna para o mundo de língua inglesa. Sua exemplar tradução de *Jakob von Gunten* foi lançada em 1969. Em 2000, na tradução de *Der Räuber*, Susan Bernofsky sai-se igualmente bem do desafio da obra posterior de Walser, especialmente no caso dos jogos do autor com as formações derivadas que o alemão permite tão bem.

Robert Walser 49

Num ensaio acerca de alguns dos problemas que Walser apresenta para o tradutor, Bernofsky nos dá como ilustração a seguinte passagem:

> Ele estava sentado no jardim supracitado, entrelaçado de cipós, emborboletado de melodias, e arrebatado pela radicalidade do seu amor pela mais linda jovem aristocrata a jamais baixar dos céus do abrigo paterno para a apreciação do público de modo a, com seus encantos, desferir no peito de um Ladrão uma fatal estocada.[14]

A engenhosidade do neologismo "emborboletado" para *umschmetterlingelt* é admirável, assim como o talento de Bernofsky para adiar o impacto da frase até sua última palavra. Mas a frase também serve para ilustrar um dos problemas mais exasperantes da microescrita de Walser. A palavra aqui traduzida como "jovem aristocrata", *Herrentochter*, é decifrada por outro dos editores do original de Walser como *Saaltochter*, que no alemão da Suíça quer dizer "garçonete". (A mulher em questão, Edith, é sem dúvida uma garçonete, nem de longe uma aristocrata.) Se não podemos ter certeza do texto, será possível confiar na sua tradução?

Aqui e ali, Walser propõe desafios a cuja altura Bernofsky não consegue responder. Não tenho certeza de que a expressão "ziguezagueando em meio aos arcos" evoque exatamente a imagem que Walser pretendia, a de um menino que mata aula. Uma das viúvas com quem Räuber/ Robert flerta é caracterizada como *ein Dummchen*; e pelas duas páginas seguintes Walser opera mudanças em todos os aspectos da palavra *Dummheit*. Bernofsky emprega

14 Susan Bernofsky, "Gelungene Einfälle" in: Karl Utz (org.), *Wärmende Fremde*.

sistematicamente *ninny* para *Dummchen*, e *ninnihood*[15] para *Dummheit*. Mas *ninny* tem conotações claras de incompetência mental e até mesmo de idiotice, ausentes das palavras com *Dumm* — em alemão, e de qualquer modo é vocábulo raro no inglês de hoje. Nem *ninny* nem nenhuma outra palavra única em inglês poderiam ser usadas para traduzir sistematicamente *Dummchen*, que às vezes tem o sentido de *dummy*[16], às vezes de *nitwit*[17] e às vezes de cabeça-oca.

Walser escrevia em alto-alemão (*Hochdeutsch*), a língua que as crianças suíças aprendem na escola. O alto-alemão difere em inúmeros detalhes linguísticos, e ainda no temperamento, do alemão suíço, que é a língua materna de três quartos do povo suíço. Escrever em alto-alemão — a única escolha possível para Walser, se pretendia ganhar alguma coisa com sua pena — acarretava automaticamente uma postura cortês e socialmente refinada, atitude que não o deixava confortável. Embora tivesse pouco tempo para uma literatura regional (*Heimatliteratur*) suíça, dedicada a reproduzir o folclore helvético e a celebrar costumes populares obsolescentes, Walser, depois de sua volta ao país natal, começou a introduzir deliberadamente o alemão suíço em seus textos, e de maneira geral tentava soar distintamente suíço.

A coexistência de duas versões da mesma língua no mesmo espaço social é um fenômeno pouco familiar ao mundo metropolitano de língua inglesa, e cria problemas insolúveis para quem traduz esses textos para o inglês. A resposta de Bernofsky aos usos do dialeto por

---

15 Em português, algo como "patetice". [NOTA DO TRADUTOR]
16 Em português, aproximadamente "imbecil" — sentido mais forte no inglês americano que no britânico. [N. T.]
17 Em português, "bobo". [N. T.]

Robert Walser 51

Walser – que não se limitam à inclusão ocasional de uma palavra ou expressão local, mas produzem todo um colorido suíço de sua linguagem que é difícil atribuir precisamente a um ou outro elemento – é, candidamente, a de ignorá-los, ou pelo menos não fazer nenhum esforço em favor de sua reprodução. Como diz ela com razão, traduzir os momentos em que o alemão de Walser é mais suíço lançando mão de algum dialeto regional ou social do inglês produziria apenas uma falsificação cultural.[18]

Tanto Middleton quanto Bernofsky escrevem apresentações muito instrutivas das suas traduções, embora a esta altura o texto de Middleton esteja desatualizado em relação aos estudos sobre Walser. Nenhum dos dois recorre a notas explicativas. A ausência de notas é sentida especialmente em *The Robber*, salpicado de fartas referências à literatura, inclusive os confins mais obscuros da literatura suíça.

Der Räuber é mais ou menos contemporâneo, em sua composição, de *Ulysses*, de Joyce, e dos derradeiros volumes de *Em busca do tempo perdido*, de Proust. Caso tivesse sido publicado em 1926, poderia ter afetado o curso da moderna literatura alemã, inaugurando e até legitimando como tema as aventuras da identidade que escreve (ou sonha) e da linha de tinta (ou lápis) cheia de meandros que emerge ao correr da mão. Mas não foi assim. Embora um projeto de reunir os textos de Walser tenha sido iniciado antes da sua morte, foi só depois que começaram a aparecer os primeiros volumes de uma edição mais criteriosa de suas obras reunidas em 1966, e depois de ter chamado atenção de leitores na Inglaterra e na França, que Walser atraiu uma ampla atenção na Alemanha.

18 Susan Bernofsky, "Gelungene Einfälle".

Hoje Walser é valorizado principalmente por seus romances, muito embora estes só constituam um quinto da sua produção total e o romance não tenha sido propriamente o seu forte (as quatro obras de ficção mais longas que deixou pertencem na verdade à tradição menos ambiciosa da novela). Walser está mais à vontade em formas mais breves. Contos como *A história de Helbling* (1914) ou *Kleist em Thun* (1913), em que nuances aquareladas de sentimento são esquadrinhadas com a mais ligeira das ironias e a prosa responde a lufadas ocasionais de sentimento com a sensibilidade das asas de uma borboleta, mostram Walser no seu melhor. Seu único tema verdadeiro foi sua vida pouco movimentada, mas, a seu modo, muito pungente. Cada um dos seus textos em prosa, sugeriu ele em retrospecto, pode ser lido como um capítulo de uma "narrativa longa, realista e sem enredo", um "livro recortado ou desmembrado do eu [*Ich-Buch*]".[19]

Mas terá sido Walser um grande escritor? Se no fim das contas ainda hesitamos em qualificá-lo de grande, assinala Canetti, é só porque nada poderia ser-lhe mais estranho que a grandeza.[20] Num poema tardio, Walser escreveu:

> Não desejaria a ninguém que fosse eu.
> Só eu sou capaz de me suportar.
> Saber tanto, ter visto tanto, e
> Não dizer nada, ou quase nada.[21]

(2000)

---

19 Robert Walser, *Gesammelte Werke*. Jochen Greven (org.). Frankfurt: Suhrkamp, 1978, vol. X.

20 Katharina Kerr (org.), *Über Robert Walser*.

21 O original está em: Fröhlich e Hamm (orgs.), *Robert Walser: Leben und Werk*.

Robert Musil, *O jovem Törless*

Robert Musil nasceu em 1880 em Klagenfurt, na província austríaca da Caríntia. Sua mãe, proveniente da alta burguesia, era uma mulher muito nervosa e interessada pelas artes, e seu pai, um engenheiro empregado no governo imperial que, mais adiante, acabaria recompensado por seus serviços com um título menor de nobreza. O casamento era "progressista": Musil pai aceitava sem reclamar uma ligação entre sua mulher e um homem mais jovem, Heinrich Reiter, iniciada logo após o nascimento de seu filho. Reiter acabaria indo morar com o casal Musil, num *ménage à trois* que persistiria por um quarto de século.

O próprio Musil era filho único. Mais jovem e menor que seus colegas de escola, cultivava uma força física que conservaria pela vida inteira. A atmosfera em casa parece ter sido tempestuosa; a pedido da mãe — e, diga-se de passagem, com o consentimento entusiástico do próprio menino — ele foi internado aos 11 anos numa *Unterrealschule* militar nos arredores de Viena. De lá transferiu-se em 1894 para a *Oberrealschule* em Mährisch-Weisskirchen, perto de Brno, capital da Morávia, onde passou três anos. Essa escola tornou-se o modelo para o "W." de *Die Verwirrungen des Zöglings Törless* [traduzido no Brasil como *O jovem Törless*].

Decidido a não seguir a carreira militar, aos 17 anos Musil ingressou na *Technische Hochschule* em Brno, onde se entregou a intensos estudos de engenharia, desdenhando as humanidades e o tipo de estudante atraído por elas. Seus diários da época revelam-no preocupado com o sexo, mas de um modo incomumente consciente. Relutava em aceitar o papel sexual que os costumes da sua classe prescreviam para os rapazes, a saber, que espalhasse a sua semente com prostitutas e jovens trabalhadoras até que chegasse a hora de um casamento adequado. Embarcou numa relação com uma moça tcheca chamada Herma Dietz, que trabalhara na casa da sua avó; enfrentando a resistência da mãe e correndo o risco de perder seus amigos, instalou-se com Herma primeiro em Brno e depois em Berlim.

Ligando-se a Herma, Musil deu um passo importante no sentido de romper o magnetismo erótico que sua mãe exercia sobre ele. Por alguns anos, Herma continuou a ser o foco da sua vida emocional. A relação do casal — mais objetiva da parte de Herma, mais complexa e ambivalente da parte de Robert — seria mais tarde a base para o conto *Tonka*, publicado na coletânea *Três mulheres* (1924).

Quanto ao conteúdo intelectual, a educação que Musil recebeu nas escolas militares foi decididamente inferior à oferecida nos ginásios clássicos. Ainda em Brno, começou a frequentar concertos e conferências sobre literatura. O que começou como um projeto de alcançar seus contemporâneos de melhor formação logo se transformou numa absorvente aventura intelectual. O período de 1898 a 1902 marca uma primeira fase de aprendizado literário. O jovem Musil se identificava especialmente com os escritores e intelectuais da geração que florescera na década de 1890 e tanto contribuíra para o movimento modernista. Encantou-se com Mallarmé e Maeterlinck, rejeitando o credo naturalista segundo o qual a obra de arte precisava refletir fielmente ("objetivamente") a realidade que já existia. Buscou apoio filosófico em Kant, Schopenhauer e (especialmente) Nietzsche. Em seus diários, criou para si mesmo a *persona* artística de *Monsieur le vivisecteur*, um homem dado a explorar os estados de consciência e as relações afetivas com um bisturi intelectual. Praticava imparcialmente suas técnicas de vivissecção tanto em si mesmo como nos seus familiares e amigos.

Apesar de suas emergentes aspirações literárias, Musil continuava a preparar-se para a carreira de engenheiro. Passou com distinção nos exames e mudou-se para Stuttgart como assistente de pesquisa na prestigiosa *Technische Hochschule*. Mas o trabalho científico começou a entediá-lo. Enquanto ainda escrevia artigos técnicos e trabalhava num aparelho que inventara para ser usado em experimentos de óptica (mais tarde patentearia o instrumento, na esperança não muito realista de conseguir viver do que ele rendesse), embarcou num primeiro romance, *O jovem Törless*. Começou também a preparar o terreno para uma guinada acadêmica. Em 1903, abandonou formalmente a engenharia e partiu para Berlim disposto a estudar filosofia e psicologia.

O jovem Törless ficou pronto no início de 1905. Depois de ter sido recusado por três editoras, Musil encaminhou o original para ser comentado pelo respeitado crítico berlinense Alfred Kerr. Kerr deu apoio a Musil, sugeriu revisões e resenhou o livro em termos entusiasmados quando foi lançado em 1906. Apesar do sucesso de *O jovem Törless*, entretanto, e apesar da marca que começava a deixar nos círculos artísticos de Berlim, Musil sentia-se inseguro demais quanto ao seu talento para se comprometer com toda uma vida de produção literária.

Continuou seus estudos de filosofia, obtendo o grau de doutor em 1908.

A essa altura já conhecera Martha Marcovaldi, mulher de origem judaica sete anos mais velha que ele, separada do segundo marido. Com Martha – ela própria artista e intelectual, totalmente *au courant* do feminismo da época – Musil estabeleceu uma relação íntima e eroticamente intensa que durou pelo resto da sua vida. Os dois se casaram em 1911 e foram morar em Viena, onde Musil aceitou a posição de arquivista na *Technische Hochschule*.

No mesmo ano, Musil publicou seu segundo livro, *Uniões*, contendo as novelas *O aperfeiçoamento de um amor* e *A tentação da silenciosa Veronika*. Essas obras foram compostas com uma obsessividade cuja base era obscura para o autor; embora curtas, sua composição e revisão ocuparam Musil, dia e noite, por dois anos e meio.

Na guerra de 1914-1918, Musil serviu com distinção na frente italiana. Depois da guerra, perturbado pela sensação de que os melhores anos da sua vida criativa lhe escapavam, esboçou nada menos do que vinte novas obras, entre elas uma série de romances satíricos. Uma peça teatral, *Die Schwärmer* [Os visionários, 1921], e a coletânea de contos *Três mulheres* conquistaram prêmios. Foi eleito vice-presidente do ramo austríaco da Organização dos Escritores Alemães. Embora não amplamente lido, ingressara no mapa literário.

Em pouco tempo, os romances satíricos que planejara foram abandonados ou absorvidos por um projeto mestre: um romance em que a camada mais alta da sociedade vienense, indiferente às nuvens negras que se acumulavam no horizonte, pondera com todo o vagar sobre a forma que deve assumir sua próxima festa autocongratulatória. O romance tinha a intenção de apresentar uma visão "grotesca" (nas palavras de Musil) da Áustria às vésperas da

Primeira Guerra Mundial.[1] Sustentado financeiramente pelo seu editor e uma confraria de admiradores, Musil dedicou todas as suas energias a *O homem sem qualidades*.

O primeiro volume apareceu em 1930, sendo recebido com tamanho entusiasmo, tanto na Áustria como na Alemanha, que Musil – no geral um homem antes modesto – achou que poderia ganhar o Prêmio Nobel. Já o segundo volume foi mais difícil de escrever. Convencido pelas lisonjas do seu editor, mas cheio de apreensões, permitiu que um fragmento extenso fosse publicado em 1933. Em segredo, começou a temer jamais conseguir chegar ao fim da obra.

O retorno para o ambiente intelectualmente mais animado de Berlim logo foi interrompido pela ascensão dos nazistas ao poder. Musil e a mulher transferiram-se de volta para Viena, onde encontraram uma atmosfera carregada de maus presságios. Musil começou a sofrer de depressão e problemas de saúde generalizados. Em seguida, a Áustria foi absorvida pelo Terceiro Reich em 1938, e os Musil se retiraram para a Suíça, que deveria ser apenas uma escala intermediária a caminho de um refúgio que lhes fora oferecido pela filha de Martha nos Estados Unidos. A entrada dos EUA na guerra, todavia, pôs fim a todo o plano. Juntamente com dezenas de milhares de outros exilados, Musil e a mulher ficaram sem saída.

"A Suíça é famosa pela liberdade que lá se pode ter", observou Bertolt Brecht. "O problema é que para tanto você precisa ser turista." O mito da Suíça como país do asilo foi muito prejudicado pela maneira como o país tratou os refugiados durante a Segunda Guerra Mundial, quando sua prioridade, acima de toda consideração

---

1   Robert Musil, *Diaries 1899-1941*. Mark Mirsky (org.). Nova York: Basic Books, 1998.

humanitária, era evitar qualquer antagonismo com a Alemanha. Assinalando que suas obras tinham sido banidas na Alemanha e na Áustria, Musil pediu asilo argumentando que não havia outro lugar no mundo de língua alemã onde pudesse ganhar a vida como escritor. Embora lhe permitissem que ficasse residindo no país, ele nunca se sentiu em casa na Suíça. Era pouco conhecido no país; não tinha talento para a autopromoção; e era desdenhado pelo mecenato da Suíça. Ele e a mulher sobreviviam graças à generosidade de uns poucos amigos. "Hoje eles nos ignoram. Mas depois que morrermos irão se gabar de ter-nos dado asilo", declarou amargamente Musil a Ignazio Silone. Sentia-se deprimido demais para avançar em seu romance. Em 1942, aos 61 anos de idade, depois de uma sessão de exercícios vigorosos numa cama elástica, teve um derrame e morreu.[2]

"Ele achava que ainda tinha muitos anos pela frente", disse a viúva. "O pior é que um volume inacreditável de material — esboços, anotações, aforismos, capítulos de romance, diários — fica para trás, e só ele poderia organizar esses escritos." Ante a recusa de editoras comerciais, a viúva publicou por sua conta um terceiro volume do romance, constituído de fragmentos numa ordem não muito rigorosa.[3]

Musil pertenceu a uma geração de intelectuais de fala alemã que viveu especialmente de perto as etapas sucessivas do desmoronamento da ordem europeia entre 1890

2 Bertold Brecht, citado em: Werner Mittenzwei, *Exil in der Schweiz*. Leipzig: Reclam, 1978; Robert Musil, citado em: Ignazio Silone, "Begegnungen mit Musil" in: Karl Dinklage (org.), *Robert Musil – Studien zu seinem Werk*. Reinbek: Rowohlt, 1970.

3 Citado em: Karl Dinklage. "Musil's Definition des Mannes ohne Eigenschaften", in: *Robert Musil – Studien zu seinem Werk*.

e 1939: primeiro, a crise premonitória nas artes, encarnada na primeira onda do movimento modernista; em seguida a guerra de 1914-1918 e as revoluções propiciadas pela guerra, destruindo instituições tanto tradicionais como liberais; e finalmente os anos desgovernados do pós-guerra, culminando com a tomada do poder pelo fascismo. *O homem sem qualidades* – um livro até certo ponto ultrapassado pela própria história enquanto era escrito – propunha-se a diagnosticar esse colapso, que Musil cada vez mais julgava ter origem na incapacidade demonstrada pela elite liberal europeia em reconhecer, depois de 1870, que as doutrinas sociais e políticas herdadas do Iluminismo não eram adequadas à nova civilização de massa que vinha crescendo nas cidades.

Para Musil, o traço mais obstinadamente retrógrado da cultura alemã (da qual a cultura austríaca fazia parte – ele não levava a sério a ideia de uma cultura austríaca autônoma) era sua tendência a manter o intelecto e o sentimento em compartimentos separados, para em seguida entregar-se à estupidez irracional das emoções. Encontrava mais claramente essa divisão entre os cientistas com quem trabalhou, homens de intelecto levando uma vida emocional a seu ver rudimentar. A educação dos sentidos por meio de um refinamento da vida erótica lhe parecia conter alguma promessa no sentido de elevar a sociedade a um plano ético mais alto. Ele deplorava os papéis rígidos que se estendiam inclusive ao território da intimidade sexual, impostos tanto às mulheres quanto aos homens pelos costumes burgueses. "Nações inteiras da alma se perderam e naufragaram em consequência disso", escreveu ele.[4]

---

4   Citado em: David S. Luft, *Robert Musil and the Crisis of European Culture 1880-1942*. Berkeley: University of California Press, 1980.

Devido à concentração que exibe em sua obra, a partir de *O jovem Törless*, nos funcionamentos mais obscuros do desejo sexual, Musil costuma ser visto como um freudiano. Mas ele não reconhecia essa dívida. Não gostava da moda da psicanálise, reprovava sua reivindicação de ampla abrangência e seus padrões nada científicos de argumentação e prova. Preferia a psicologia da variedade que, ironicamente, qualificava de "rasa" — ou seja, a psicologia empírica e experimental.

Tanto Musil como Freud na verdade faziam parte de um movimento maior do pensamento europeu. Ambos se mostravam céticos quanto ao poder da razão para servir de guia à conduta humana; ambos formularam diagnósticos sobre a civilização centro-europeia do *fin-de-siècle* e seus males; e ambos decidiram explorar o continente sombrio da psique feminina. Para Musil, Freud era antes um rival que uma referência.

O guia preferido de Musil no território do inconsciente era Nietzsche. Em Nietzsche, Musil encontrava uma abordagem das questões éticas que ia além de uma simples polarização entre o bem e o mal; o reconhecimento de que a arte pode ser ela mesma uma forma de exploração intelectual; e um modo de filosofar, mais aforístico do que sistemático, que convinha perfeitamente ao seu temperamento cético. A tradição do realismo ficcional nunca fora forte na Alemanha; à medida que Musil se desenvolvia como escritor, sua ficção se tornava cada vez mais ensaística na estrutura, fazendo acenos apenas precários na direção da narrativa realista.

Die Verwirrungen des Zöglings Törless[5] (*Verwirrungen* são perplexidades, estados perturbados da mente; *Zögling* é um termo bastante formal, com ressonâncias de classe alta, para designar um aluno de internato) se constrói em torno de uma história de violência sádica numa academia de rapazes da elite. Mais especificamente, é o relato de uma crise que um dos rapazes, Törless (seu primeiro nome jamais é revelado), atravessa em decorrência de ter participado da promoção deliberada e destrutiva do colapso de um colega, Basini, que tem a infelicidade de ser surpreendido no ato de roubar. A exploração da crise interior de Törless, crise moral, psicológica e em última instância epistemológica, apresentada em grande parte a partir da consciência do próprio rapaz, constitui o tema do romance.

No final, Törless tem ele próprio um colapso e é discretamente afastado da escola. Olhando em retrospecto, ele sente que conseguiu resistir à tormenta e sair inteiro. Mas não fica claro até que ponto devemos confiar em sua autoavaliação, pois ela parece basear-se na decisão de que a única maneira de se sair bem no mundo é evitar o exame muito próximo dos abismos que as experiências extremas, especialmente as experiências sexuais, abrem em nós. O único vislumbre que nos é concedido de Törless mais adiante na vida sugere que ele não se transformou necessariamente num homem mais sensato ou melhor, mas apenas num homem mais prudente.

Mais perto do final da sua vida, Musil negava que *O jovem Törless* tratasse de experiências da própria juventude ou mesmo da adolescência em geral. Ainda assim,

---

5   Título original, em alemão, de *O jovem Törless* — que, numa tradução livre, seria algo como "As confusões do aluno [ou interno] Törless". [N. T.]

as figuras em que foram inspirados Basini e seus algozes Beineberg e Reiting podem ser facilmente identificadas em meio aos rapazes que Musil conhecera em Mährisch--Weisskirchen, enquanto uma das confusões mais profundas de Törless — quanto à natureza dos seus sentimentos em relação à própria mãe — é espelhada nos diários da juventude do próprio Musil. A distância entre o *sang-froid* da aparência externa de Törless e as forças que fervilham dentro dele, entre a operação bem calibrada da escola durante o dia e os sinistros flagelos noturnos do sótão, tem seu paralelo na distância entre a fachada burguesa bem arrumada apresentada pelos pais de Törless e o que o filho, consternado, sabe que deve ocorrer em particular.

A metáfora principal que Musil utiliza para capturar essas incomensurabilidades (o que o próprio Törless chama de "incomparabilidades") vem da matemática. Entre os números inteiros e as frações de números inteiros — que reunidos constituem os chamados números racionais — e de algum modo entrelaçados com eles pelas operações do raciocínio matemático, existem os infinitamente mais numerosos números irracionais, que não podem ser representados como números inteiros. Os adultos, tendo à frente os professores de Törless, parecem não ter a menor dificuldade em admitir a coabitação do racional com o irracional, mas para Törless esta última dimensão encontra-se vertiginosamente fora do seu alcance.

Concluindo o seu depoimento no inquérito sobre o caso Basini, Törless afirma ter encontrado uma solução para a sua confusão mental ("Eu sei que na verdade estava enganado") e ter chegado a salvo no início da vida de jovem adulto ("Não tenho mais medo de nada. E sei: as coisas são as coisas, e continuarão a sê-lo para sempre"). Os professores reunidos passam longe de compreender o que ele tenta lhes dizer: ou nunca tiveram experiências como a dele ou então as reprimiram com energia. Törless é fora do comum na meticulosidade com que enfrenta – ou é levado a enfrentar – suas trevas interiores; achemos nós ou não que ele se trai ao adotar mais tarde a pose do esteta absorto em si mesmo, sem dúvida ele encarna, em sua juventude confusa (confusão, *Verwirrung*, é uma palavra que Musil emprega sempre com ironia), a figura do artista dos tempos modernos, visitando os rincões mais distantes da experiência e de lá nos trazendo seu relato.

A despeito do moralismo que faz de *O jovem Törless* um produto evidente da sua época, as questões morais suscitadas por sua história permanecem conosco. Beineberg, o mais inclinado intelectualmente dos colegas de Törless, tem uma justificativa nietzschiana em versão vulgar, protofascista, para o tormento infligido a Basini: eles três pertencem a uma nova geração, a que as regras antigas não se aplicam mais ("a alma está mudada"); quanto à compaixão, ela é um dos impulsos mais rasteiros do homem, e suas imposições precisam ser suplantadas. Törless não é Beineberg. Ainda assim, sua perversidade peculiar – a de fazer Basini falar sobre o que fizeram com ele – não é nada moralmente superior às chibatadas aplicadas pelos outros dois, enquanto no ato homossexual que pratica com Basini ele faz o possível para não demonstrar nenhuma ternura para com o garoto.

Num mundo em que não existem mais regras ditadas por Deus, em que agora é ao filósofo-artista que cabe mostrar-nos o caminho, será que a procura do artista deve incluir dar vazão a seus impulsos mais sombrios, para ver aonde o levam? A arte sempre vale mais que a moral? A obra da juventude de Musil nos propõe essa questão, mas só responde da maneira mais incerta.

Musil nunca chegou a renegar *O jovem Törless*. Ao contrário, continuava olhando para o passado com uma agradável surpresa ao ver o que conseguira realizar, até mesmo no plano técnico, quando ainda era tão jovem. Sua metáfora principal, com sua decorrência de que o nosso mundo real, racional e cotidiano não tem bases reais e racionais, estende-se a *O homem sem qualidades*, em que Musil compara o espírito em que os irmãos Ulrich e Agathe empreendem sua "viagem ao limite do possível", uma arriscada exploração do limite até onde podem ir os sentimentos que se encontra no cerne do livro, à "liberdade com que a matemática às vezes recorre ao absurdo para chegar à verdade".[6] A obra de Musil, do começo ao fim, é contínua: o registro cada vez mais evoluído do confronto entre um homem de sensibilidade sumamente inteligente e a época que o viu nascer, tempos que ele classifica, em tom amargo mas justo, de "malditos".

(2001)

6   Robert Musil, *The Man without Qualities*. Nova York: Knopf, 1996; Londres: Picador, 1997. [Ed. brasileira: *O homem sem qualidades*. Rio de Janeiro: Nova Fronteira, 2019.]

Walter Benjamin, *Passagens*

A história tornou-se tão conhecida que praticamente não precisa ser lembrada. O cenário é a fronteira franco-espanhola, a data, 1940. Walter Benjamin, em fuga da França ocupada, procura a mulher de um certo Fittko, que conhecera num campo de refugiados. Pelo que entendeu, conta ele, a sra. Fittko saberá conduzir a ele e a seus companheiros, através dos Pireneus, até a Espanha neutra. Partindo com o grupo à procura da rota mais adequada, a sra. Fittko percebe que Benjamin carrega consigo uma mala pesada. Será a mala realmente necessária?, pergunta ela. Contém um original, ele responde. "Não posso correr o risco de perdê-lo. *Precisa* ser salvo [...] É bem mais importante do que eu."[1]

No dia seguinte eles atravessam as montanhas. Benjamin, que tem o coração fraco, precisa fazer pausas de poucos em poucos minutos. Na fronteira, são todos detidos. Seus papéis não estão em ordem, diz a polícia espanhola; precisam voltar para a França. Em desespero, Benjamin toma uma dose letal de morfina. A polícia faz uma lista dos pertences do falecido, e essa relação não faz nenhuma referência a um manuscrito.

1   Walter Benjamin. *The Arcades Project*. Cambridge: Harvard University Press, 1999. [Ed. brasileira: *Passagens*. Belo Horizonte: Editora da UFMG, 2018.]

O que estaria na mala, e onde foi parar, só podemos especular. Gershom Sholem, amigo de Benjamin, sugere que a obra perdida era a versão mais recente do ainda inacabado *Passagens* [*Passagen-Werk*]. ("Para os grandes escritores", escreveu Benjamin, "as obras acabadas pesam menos que os fragmentos em que trabalham por toda a vida".) Mas foi devido a seu esforço heroico de salvar seus manuscritos das fogueiras do fascismo e transportá-lo para o que via como a segurança da Espanha e, mais tarde, dos Estados Unidos, que Benjamin se transformou num ícone do intelectual do nosso tempo.[2]

Claro que a história acaba bem. Uma cópia do manuscrito de *Passagens* deixada em Paris fora guardada na Bibliothèque Nationale por Georges Bataille, amigo de Benjamin. Recuperado ao final da guerra, foi publicado em 1982 nas condições em que estava, ou seja, em alemão com grandes trechos em francês. E agora a *magnum opus* de Benjamin nos chega em tradução integral para o inglês, feita por Howard Eiland e Kevin McLaughlin, e estamos finalmente em posição de perguntar: por que tanta preocupação com um tratado sobre o comércio lojista na Paris do século XIX?

Walter Benjamin nasceu em Berlim em 1892, numa família de judeus assimilados. Seu pai era um bem-sucedido leiloeiro de arte com investimentos no mercado de imóveis; os Benjamin eram, se considerados por praticamente qualquer padrão, bastante ricos. Ao final de uma infância doentia e superprotegida, Benjamin foi enviado, aos 13 anos, para um internato progressista no interior,

---

2   Walter Benjamin. *Selected Writings, vol. 1: 1913-1926*. Cambridge: Harvard University Press, 1996. [Ed. brasileira: *Obras escolhidas I*. São Paulo: Brasiliense, 2012.]

onde acabou sob influência de um dos diretores, Gustav Wyneken. Por alguns anos depois de ter saído da escola, ainda permaneceu ativo no movimento juvenil de Wyneken, baseado num credo antiautoritário e de volta à natureza; só romperia com ele em 1914, quando Wyneken declarou seu apoio à guerra.

Em 1912 Benjamin matriculou-se como estudante de filologia na Universidade de Freiburg. No entanto, não achou o ambiente intelectual de lá a seu gosto, e engajou--se na militância em favor de uma reforma educacional. Quando começou a guerra, escapou do serviço militar primeiro simulando problemas médicos e depois mudando-se para a Suíça neutra. Lá permaneceu até 1920, ensinando filosofia e preparando uma dissertação de doutorado para a Universidade de Berna. Sua mulher se queixava da falta de vida social.

Benjamin sentia-se tão apegado às universidades, assinalou seu amigo Theodor Adorno, quanto Kafka às companhias de seguro. Apesar de suas desconfianças, porém, Benjamin cumpriu todos os rituais necessários para obter a *Habilitation* (o doutorado superior) que lhe permitiria tornar-se catedrático, submetendo sua dissertação, sobre o teatro alemão da época barroca, à Universidade de Frankfurt em 1925. Surpreendentemente, a dissertação não foi aceita. Ficou a meio caminho das cadeiras de literatura e de filosofia, e faltou a Benjamin um patrono acadêmico disposto a encaminhar seu caso. (Quando foi publicada em 1928, a dissertação foi tratada com atenção e respeito pela crítica, apesar das queixas de Benjamin afirmando o contrário.)

Com o fracasso dos seus planos acadêmicos, Benjamin encetou uma carreira de tradutor, radialista e jornalista free-lancer. Entre os trabalhos que lhe encomendaram estava uma tradução de *Em busca do tempo perdido*, de Proust; completou três dos sete volumes.

Em 1924 Benjamin visitou Capri, na época a estação de férias preferida dos intelectuais alemães. Lá conheceu Asja Lacis, diretora teatral lituana e comunista militante. O encontro foi marcante. "Toda vez que vivi um grande amor, sofri uma mudança tão fundamental que me vi perplexo", escreveu Benjamin em retrospecto. "Um amor autêntico sempre me fazia ficar parecido com a mulher que eu amava."[3] Nesse caso, a transformação acarretou uma reorientação política. "O rumo das pessoas pensantes e progressistas em pleno uso dos seus sentidos leva a Moscou, não à Palestina", declarou-lhe Asja Lacis em tom peremptório.[4] Todos os vestígios de idealismo em seu pensamento, para não falar do seu flerte com o sionismo, precisavam ser postos de lado. Seu dileto amigo Scholem já tinha emigrado para a Palestina, acreditando que Benjamin viria em seguida. Benjamin arranjou uma desculpa para não ir; e continuou inventando novas desculpas até o fim.

O primeiro fruto da ligação entre Benjamin e Asja Lacis foi um artigo a quatro mãos para o *Frankfurter Zeitung*. Tratando aparentemente da cidade de Nápoles, num nível mais profundo fala de um ambiente urbano de tipo diferente, que o intelectual berlinense explora pela primeira vez: um labirinto de ruas onde as casas não têm número e as fronteiras entre a vida particular e a vida pública são porosas.

---

3 Walter Benjamin. *Selected Writings, vol. 2: 1927-1934*. [Ed. brasileira: *Obras escolhidas II*. São Paulo: Brasiliense, 2013.]

4 Citado em: Susan Buck-Morss, *The Dialectics of Seeing: Walter Benjamin and the Arcades Project*. Cambridge: MIT Press, 1997.

Em 1926, Benjamin viajou até Moscou para um encontro com Asja Lacis, que não o recebeu de muito boa vontade (estava envolvida com outro homem); em seu registro da visita, Benjamin fala de sua infelicidade, além de especular se deveria ou não se filiar ao Partido Comunista e submeter-se à respectiva linha partidária. Dois anos mais tarde, ele e Asja Lacis se reencontraram por algum tempo em Berlim. Moravam juntos, e juntos compareciam às reuniões da Liga dos Escritores Proletários Revolucionários. A ligação entre os dois acabou por precipitar um processo de divórcio em que Benjamin se comportaria com notável crueldade em relação à mulher.

Na viagem a Moscou, Benjamin manteve um diário que mais tarde revisaria para publicação. Benjamin não falava russo. E em vez de recorrer a intérpretes, lançava mão do que mais tarde chamaria de seu "método fisionômico", lendo Moscou de fora para dentro, evitando qualquer abstração ou juízo, apresentando a cidade de tal maneira que "toda a factualidade já é teoria" (a frase vem de Goethe).[5]

Algumas das afirmações de Benjamin sobre a experiência "mundialmente histórica" que viu em curso na URSS — por exemplo, sua ideia de que com uma penada o partido tinha de fato rompido a ligação entre o dinheiro e o poder — hoje soam ingênuas. Ainda assim, seu olhar permanece aguçado. Muitos dos novos moscovitas ainda eram camponeses, observa ele, levando uma vida de aldeia subordinada a um ritmo de aldeia; as distinções de classe podem ter sido abolidas, mas no interior do partido desenvolvia-se um novo sistema de castas. Uma cena de um mercado de rua captura a posição da religião,

5 Carta a Martin Buber, *Correspondence 1910-1940*. Chicago: University of Chicago Press, 1994.

Walter Benjamin 71

reduzida à humildade: um ícone posto à venda ladeado por dois retratos de Lênin, "como um prisioneiro entre dois policiais".

Embora Asja Lacis seja uma presença constante de retaguarda no *Diário de Moscou*, e embora Benjamin sugira que as relações sexuais entre eles eram problemáticas, quase não conseguimos formar uma ideia da presença física da mulher. Como escritor, Benjamin não tinha talento para descrever as outras pessoas. Nos escritos da própria Asja Lacis encontramos uma impressão muito mais nítida de Benjamin: seus óculos comparados a pequenos refletores, suas mãos desajeitadas.

Pelo resto da vida, Benjamin se diria comunista ou simpatizante. Mas o quanto terá sido profunda sua relação amorosa com o comunismo?

Por muitos anos depois de ter conhecido Asja Lacis, Benjamin ainda repetia as verdades comunistas — "a burguesia [...] está condenada ao declínio devido às suas contradições internas, que se tornarão fatais com o desenvolvimento" — sem na verdade jamais ter lido Marx.[6] "Burguês" era a ofensa que reservava a um determinado tipo de espírito — materialista, desprovido de curiosidade, egoísta, puritano e, acima de tudo, conformado na satisfação consigo mesmo —, que lhe despertava uma hostilidade visceral. Proclamar-se comunista era escolher um lado, moral e historicamente, contra a burguesia e as suas origens burguesas. "Uma coisa [...] nunca pode ser plenamente resgatada: termos negligenciado o ato de fugir de nossos pais", escreve ele em *Rua de mão única*, a coletânea de anotações de diários, sonhos, aforismos, miniensaios e fragmentos satíricos, inclusive

6 Citado em: Susan Buck-Morss, *The Dialectics of Seeing*.

observações corrosivas sobre a Alemanha de Weimar, com que se proclamou um intelectual independente em 1928. Não ter saído a tempo da casa paterna significava uma condenação a passar o resto da vida fugindo de Emil e Paula Benjamin: sua reação à ansiedade dos pais em se assimilarem à classe média alemã lembra a de muitos outros judeus de fala alemã de sua geração, entre eles Franz Kafka. O que incomodava os amigos de Walter Benjamin em seu marxismo era que parecia haver nele algo de forçado, de puramente reativo.

Os primeiros textos de Benjamin marcados pelo discurso de esquerda são uma leitura deprimente. Há uma derivação para o que só pode ser definido como estupidez deliberada ao longo das rapsódias que compõe sobre Lênin (cujas cartas teriam "a doçura de uma grande epopeia", diz Benjamin num texto que não foi republicado pelos editores de Harvard), ou então a repetição dos terríveis eufemismos do partido: "O comunismo não é radical. Por isso, não tem a intenção de simplesmente abolir as relações familiares. Limita-se a submetê-las à prova a fim de determinar o quanto podem ser transformadas. E especula: há um modo de desmontar a família, de maneira que seus componentes possam ser socialmente reaproveitados?".[7]

Essas palavras saíram da crítica a uma peça de Bertolt Brecht, que Benjamin conheceu por meio de Asja Lacis e cujo "pensamento bruto", um pensamento despojado dos ornamentos burgueses, atraiu Benjamin por algum tempo. "Essa rua se chama Asja Lacis por causa daquela que, como uma engenheira, abriu-a através do autor",

---

7   Walter Benjamin, *Gesammelte Schriften*. Frankfurt: Suhrkamp, 1972-89. [Ed. brasileira: *Rua de mão única*. Belo Horizonte: Autêntica, 2013.]

Walter Benjamin   73

diz a dedicatória de *Rua de mão única*. A comparação pretende funcionar como um elogio. O engenheiro é o homem ou a mulher do futuro, aquele que, impaciente diante da parolagem excessiva, armado do conhecimento prático, age de maneira decisiva transformando a paisagem. (Stálin também admirava os engenheiros. E acreditava que os escritores deviam ser engenheiros da alma humana, encarregados de "reciclar" a humanidade de dentro para fora.)

Dos escritos mais conhecidos de Benjamin, *O autor como produtor*, composto em 1934 como discurso para o Instituto de Estudos sobre o Fascismo em Paris, mostra mais claramente a influência de Brecht. Em questão, a surrada discussão da estética marxista: o que é mais importante, a forma ou o conteúdo? Benjamin propõe que uma obra literária só pode ser "politicamente correta" caso também seja "literariamente correta". "Politicamente correto" é, claro, um mero chavão; na prática, significava que estava de acordo com a linha do partido. *O autor como produtor* é uma defesa da ala esquerda da vanguarda modernista, tipificada para Benjamin pelos surrealistas, contrários à linha literária do partido, com sua preferência por histórias realistas de compreensão fácil, impregnadas de enfática mensagem progressista. Para defender sua visão, Benjamin se sente obrigado a apontar o hoje esquecido romancista soviético Serguei Tretiakov como um exemplo da convergência da "tendência política correta" com o "progressismo" da técnica, e apelar mais uma vez à evocação dos encantos da engenharia: o escritor, tanto quanto o engenheiro, é um especialista técnico e assim precisa ser ouvido nas questões técnico-literárias.

Uma argumentação rudimentar a esse ponto não era fácil para Benjamin. Será que sua decisão de seguir a linha do partido não lhe causava um certo desconforto, na mesma época em que a perseguição de Stálin aos artistas estava no auge? (A própria Asja Lacis se tornaria uma das vítimas de Stálin, passando anos da sua vida num campo de trabalho.) Um texto curto escrito no mesmo ano, 1934, pode nos dar uma pista. Aqui Benjamin escarnece dos intelectuais que "transformam em ponto de honra permanecerem eles próprios, até o fim, em todas as questões", recusando-se a entender que, a fim de obterem sucesso, precisam apresentar rostos diferentes a diferentes públicos. Eles são, compara ele, como um açougueiro que se recusasse a desmanchar uma carcaça, fazendo questão de só vendê-la numa única peça.

Como devemos entender esse texto? Estará Benjamin louvando em tom irônico uma integridade intelectual antiquada? Estará apresentando uma confissão velada de que ele próprio, Walter Benjamin, não é quem parece? Estará examinando a questão prática, embora amarga, das pressões vividas pelo escritor? Uma carta a Scholem (a quem nem sempre, entretanto, costuma contar toda a verdade) sugere a última leitura. Aqui Benjamin defende seu comunismo como "a tentativa óbvia e deliberada de um homem que se vê completamente ou quase completamente privado de qualquer meio de produção, de proclamar seus direitos a ele". Noutras palavras, ele adere ao partido pelo mesmo motivo que deve impelir qualquer proletário: porque o gesto atende a seus interesses materiais.

No momento em que os nazistas chegam ao poder, muitos dos companheiros de Benjamin, entre eles Brecht, já tinham interpretado corretamente os sinais e deixado a Alemanha. Benjamin, que já se sentia de todo modo deslocado na Alemanha havia muitos anos, e que viajava para passar um bom tempo na França ou em Ibiza sempre que podia, logo partiu também. (Seu irmão mais moço, Georg, foi menos prudente: preso por atividades políticas em 1934, morreu em Mauthausen em 1942.) Instalou-se em Paris, onde levava uma existência precária contribuindo para jornais alemães sob uma série de pseudônimos alemães de aparência ariana (Detlef Holz, K. A. Stempflinger), ou então vivendo de favores. Com o início da guerra, foi detido como estrangeiro inimigo. Libertado graças aos esforços do PEN Clube da França, fez arranjos imediatos para partir para os Estados Unidos, e em seguida empreendeu sua viagem fatal rumo à fronteira espanhola.

As ideias mais aguçadas de Benjamin sobre o fascismo, o inimigo que o privou de sua casa, da carreira e em última instância da própria vida, tratam do meio usado pelo movimento para convencer o povo alemão: converter-se em teatro. Essas ideias aparecem com mais plenitude em *A obra de arte na era de sua reprodutibilidade técnica* (1936), mas já eram anunciadas desde 1930, na resenha de um livro organizado por Ernst Jünger.

É lugar-comum observar que os grandes comícios de Hitler em Nuremberg, com sua mescla de declamação, música hipnótica, coreografia de massas e iluminação dramática, tinham como modelo as montagens de Wagner em Bayreuth. O que é original nos textos de Benjamin é sua afirmação de que a política apresentada como um teatro grandioso, e não como discurso e debate, não se limitava a explicar o fascínio do fascismo, mas era o fascismo em essência.

Tanto nos filmes de Leni Riefenstahl como nos cinejornais exibidos em todos os cinemas do país, as massas alemãs podiam contemplar aquelas imagens em que elas próprias figuravam como seus líderes a instavam a ser. O fascismo combinava a força da grande arte do passado – o que Benjamin chama de "arte aurática" – com o poder multiplicador dos novos meios de comunicação "pós-auráticos", acima de tudo o cinema, para criar os seus novos cidadãos fascistas. Para os alemães comuns, a única identidade disponível, aquela com que se deparavam com insistência nas telas, era uma identidade fascista, com figurinos fascistas e posturas fascistas de dominação ou obediência.

A análise que Benjamin nos apresenta, do fascismo como teatro, suscita várias questões. Estará de fato a política enquanto espetáculo no cerne do fascismo alemão, em lugar do ressentimento e dos sonhos de revanche histórica? Se Nuremberg era a política esteticizada, não seriam os grandes desfiles de Primeiro de Maio e outras tentativas de espetáculo organizadas por Stálin formas equivalentes de esteticização da política? Se a genialidade do fascismo estava em apagar a linha que separa a política dos meios de comunicação, onde estará o elemento fascista na política conduzida pelos meios de comunicação de massa das democracias ocidentais? Não existem variedades diferentes de política estética?

Menos questionável que a sua análise do fascismo é o que Benjamin tem a dizer sobre o cinema. Sua avaliação de que o cinema tem um potencial de ampliar a experiência é profética: "O cinema [...] derrubou as paredes do [nosso] mundo-presídio com a dinamite do décimo de segundo, e agora, em meio a seus escombros e ruínas espalhados por uma vasta área, podemos viajar calma e aventurosamente".[8] E essa visão é surpreendente por-

---

8   Walter Benjamin, *The Work of Art in the Age of Mechanical Reproduction*, in: *Illuminations*. Nova York: Schocken, 1969. [Ed. brasileira: *A obra de arte na era da reprodutibilidade técnica*. São Paulo: Brasiliense, 1996.]

que, já em 1936, sua teoria do cinema estava ultrapassada. Ele atribuía um valor excessivo à montagem, no que concordava com Serguei Eisenstein (e só com ele), subestimando a rapidez com que as plateias do cinema passariam a dominar uma gramática mais extensa da narrativa cinematográfica. E nem fazia nenhuma menção ao prazer visual: para ele, o cinema consistia em assistir a montagens surpreendentes que, pelo impacto, despertariam novas maneiras de ver as coisas (e aqui, novamente, pode-se perceber claramente a influência de Brecht).

O conceito-chave de Benjamin (embora ele sugira em seu diário que tenha sido criado na verdade pela livreira e editora Adrienne Monnier) para descrever o que sucede com a obra de arte na era de sua reprodutibilidade técnica (principalmente a era da câmera – Benjamin pouco fala da imprensa) é a *"perda da aura"*. Até meados do século XIX, diz ele, entre a obra de arte e seu espectador persistia uma relação intersubjetiva de um certo tipo: o espectador olhava e a obra de arte, por assim dizer, devolvia o seu olhar. E era essa reciprocidade que definia a aura: "Perceber a aura de um fenômeno [significa] atribuir-lhe a capacidade de, por sua vez, olhar para nós".[9] Em torno da aura existe, assim, algo de mágico, derivado de laços antigos, hoje em vias de desaparecimento, entre a arte e o ritual religioso.

Benjamin fala pela primeira vez de aura em sua *Breve história da fotografia* (1931), na qual tenta explicar por que (a seu ver) os primeiros retratos fotográficos que conhecemos – os incunábulos da fotografia, por assim dizer – são dotados de uma aura, que já se perdeu nas fotografias

9   Walter Benjamin, *On Some Motifs in Baudelaire*, in: *Illuminations*. [Ed. brasileira: *Sobre alguns temas em Baudelaire*, in: *Obras escolhidas III*. São Paulo: Brasiliense, 2004.]

da geração seguinte. Uma explicação que propõe para isso é a de que, à medida que as emulsões fotográficas foram sendo aperfeiçoadas e os tempos de exposição, reduzidos, o que se capturava nos negativos deixou de ser a interioridade de um indivíduo que se preparava para ser retratado, mas um instante isolado da vida corrente do fotografado. Outra sugestão que ele faz é de que a primeira geração de fotógrafos tinha uma formação em artes plásticas, enquanto os das gerações seguintes eram meros artesãos. Outra ainda é de que alguma coisa teria acontecido com os retratados entre as décadas de 1840 e 1880, algo que teria a ver com o processo de endurecimento da burguesia.

Em *A obra de arte...*, a ideia de aura é estendida, de maneira bastante descuidada, das antigas fotografias às obras de arte em geral. O fim da aura, diz Benjamin, será mais que compensado pelo potencial emancipatório das novas tecnologias de reprodução. É o cinema quem irá substituir a "arte aurática".

Mesmo os amigos de Benjamin acharam a ideia da aura difícil de aceitar em sua versão ampliada. Brecht, para quem Benjamin explicou o conceito durante longas visitas à casa do dramaturgo na Dinamarca, escreve o seguinte no seu diário: "[Benjamin] diz: quando você sente o olhar de alguém pousado em você, mesmo que seja nas suas costas, você responde (!), e a expectativa de que tudo que você contempla também olha para você cria a aura [...] tudo muito místico, apesar das suas atitudes antimísticas. E é assim que a abordagem materialista é adaptada! É assustador".[10] Outros amigos não se mostraram mais entusiasmados.

10 Citado em: Momme Brodersen, *Walter Benjamin: A Biography*. Londres/Nova York: Verso, 1996.

Ao longo da década de 1930, Benjamin esforça-se para desenvolver uma definição devidamente materialista da aura e da perda da aura. O filme é "pós-aurático", diz ele, porque a câmera, sendo um aparelho, não enxerga. (Uma afirmação questionável: não há dúvida de que os atores reagem à câmera como se ela olhasse para eles.) Numa revisão posterior, Benjamin sugere que o fim da aura pode ser situado no momento da história em que as massas urbanas se tornaram tão numerosas que as pessoas — os *passantes* — pararam de trocar olhares. Em *Passagens*, ele vai além e transforma a perda da aura em parte de um desenvolvimento histórico mais amplo: a percepção desencantada de que a singularidade, inclusive a singularidade da obra de arte tradicional, transformou-se em mercadoria como outra qualquer. A indústria da moda, dedicada à fabricação de produtos artesanais únicos — que chama de "criações" — destinados a serem copiados e reproduzidos numa escala maciça, é que mostra aqui esse novo caminho.

Em pouco tempo, Benjamin moderaria seu otimismo quanto ao potencial libertador da tecnologia. Em 1939, já comparava o ritmo do projetor de cinema ao ritmo da correia transportadora de uma fábrica. Mesmo o seu ensaio de 1936, *O narrador*, já mostra uma mudança na sua atitude. A memória é a principal responsável pela preservação da tradição, diz ele, e a narração de histórias é sua principal forma de transmissão; mas o processo de privatização da vida que caracteriza a cultura moderna tende a mostrar-se fatal para as histórias assim contadas. Contar histórias teria sido artificialmente confinado aos romances, uma criação da tecnologia da impressão e da burguesia.

Benjamin não se interessava especialmente pelo romance enquanto gênero. A julgar por sua ficção publicada nas *Obras escolhidas* de Harvard, não tinha um grande talento de narrador. Seus textos autobiográficos trazem momentos intensos e descontínuos. Seus dois ensaios sobre Kafka, que podem ser proveitosamente complementados pela longa carta escrita a Scholem em 12 de junho de 1938, tratam Kafka antes como professor e autor de parábolas do que como propriamente um romancista. Mas a hostilidade mais persistente de Benjamin reserva-se à história narrativa. "A história se decompõe em imagens, e não em narrativas", escreveu ele. "A história narrativa nos impõe a causalidade e a motivação externa; devia-se dar às coisas a oportunidade de falarem por si mesmas."[11]

Uma infância em Berlim em torno de 1900, o texto autobiográfico mais interessante de Benjamin, permaneceu inédito durante a sua vida. Apesar do título, a *Berliner Chronik* [Crônica berlinense] que ele escrevera antes não se construía cronologicamente, mas como uma montagem de fragmentos, entremeados de reflexões acerca da natureza da autobiografia, e no final trata mais das vicissitudes da memória — é forte a presença de Proust — que de fatos concretos ocorridos na infância de Benjamin. Ele recorre a uma metáfora arqueológica para explicar por que se opõe à autobiografia como a narrativa de uma vida. O autobiógrafo deve olhar para si mesmo como um arqueólogo, diz ele, cavando cada vez mais fundo nos mesmos poucos lugares, à procura dos restos sepultados do passado.

Ao lado do *Diário de Moscou* e de *Berliner Chronik*, os volumes 1 e 2 contêm vários outros textos curtos autobiográficos: uma narrativa bastante literária de como ele foi abandonado por uma amante; registros de suas experiências com o haxixe; a transcrição de sonhos; fragmentos de diários (Benjamin se preocupava com o suicídio em 1931

---

11 Citado em: Susan Buck-Morss, *The Dialectics of Seeing*.

e 1932); e um diário de Paris, trabalhado para publicação, incluindo a visita a um bordel masculino frequentado por Proust. Entre as revelações mais surpreendentes: uma admiração por Hemingway ("que nos ensina como pensar direito por meio da escrita correta") e uma antipatia por Flaubert (que acha "arquitetônico demais").

Os fundamentos da filosofia da linguagem de Benjamin foram lançados ainda no início de sua carreira. Embora suas ideias sobre a linguagem tenham permanecido notavelmente estáveis, o interesse arrefeceu durante sua fase mais política, tornando a emergir apenas no final da década de 1930, quando voltou a explorar o pensamento místico judaico. Seu ensaio fundamental na área, *Sobre a linguagem enquanto tal e a linguagem do homem*, data de 1916. Aqui, acompanhando Schlegel e Novalis, bem como o que aprendera com Scholem sobre misticismo judaico, Benjamin afirma que a palavra não é um signo, um substituto para outra coisa, mas o nome de uma Ideia. Em *A tarefa do tradutor* (1921), ele tenta dar corpo à sua noção da Ideia, apelando para o exemplo de Mallarmé e de uma linguagem poética liberada da sua função comunicativa.

Não fica claro como essa concepção simbolista da linguagem pode reconciliar-se com o materialismo histórico posterior de Benjamin, mas ele sempre afirmava que uma ponte podia ser construída entre os dois, por mais "tensa e problemática" que pudesse ser.[12] Em seus ensaios literários da década de 1930, ele sugere que aparência essa ponte poderia ter. Em Proust, em Kafka e nos surrealistas, diz ele, o mundo deixa de ter uma significação no sentido

---

12 Carta de 1931, citada em: Gerhard Richter, *Walter Benjamin and the Corpus of Autobiography*. Detroit: Wayne State University Press, 2000.

"burguês" e recupera seu poder elementar e gestual. O mundo como gesto é "a forma suprema em que a verdade pode apresentar-se a nós numa época desprovida de doutrina teológica".[13]

Nos tempos de Adão, a palavra e o gesto de nomear eram uma coisa só. De lá para cá, a linguagem teria sido submetida a uma queda duradoura, de que Babel foi apenas o primeiro estágio. A tarefa da teologia é recuperar as palavras, em seu poder mimético original, dos textos sagrados em que foram preservadas. A tarefa da crítica é substancialmente similar, pois as linguagens decaídas ainda podem, na totalidade de suas intenções, indicar-nos de que lado se encontra a linguagem pura. Daí o paradoxo da "função do tradutor": que uma tradução possa transformar-se em algo mais elevado do que seu original, na medida em que aponta para a linguagem anterior a Babel.

Benjamin escreveu ainda vários textos sobre astrologia, essenciais para seus escritos sobre a filosofia da linguagem. A ciência astrológica que temos hoje, diz ele, é uma versão degenerada de um antigo corpo de conhecimentos oriundo de tempos em que a faculdade mimética, muito mais forte do que hoje, permitia haver correspondências reais e imitativas entre as vidas dos seres humanos e os movimentos das estrelas. Hoje são só as crianças que preservam um poder mimético comparável, e respondem ao mundo de acordo com ele. À medida que essa faculdade mimética foi-se deteriorando ao longo da história, a linguagem escrita transformou-se no seu mais importante repositório. Daí o interesse constante de Benjamin pela grafologia, o estudo da caligrafia como "movimento expressivo" do caráter.

---

13 Citado em: Rainer Rochlitz, *The Disenchantment of Art: The Philosophy of Walter Benjamin*. Nova York: Guilford Press, 1996.

Em ensaios escritos em datas posteriores a 1933, Benjamin esboça uma teoria da linguagem baseada na mimese. A linguagem adâmica era onomatopaica, diz ele; os sinônimos em diferentes línguas, embora possam não soar parecidos nem ter uma aparência semelhante (a teoria pretende funcionar tanto para a linguagem falada como para a escrita), teriam semelhanças "assensoriais" com aquilo que significam, como as teorias "místicas" ou "teológicas" da linguagem sempre reconheceram. Assim, as palavras *pain*, *Brot* e *xleb*, embora diferentes na superfície, assemelham-se num nível mais profundo, na medida em que corporificam a Ideia de pão. (Convencer-nos de que essa sua afirmativa é profunda, e não uma simples inanidade, demanda o máximo dos poderes de Benjamin.) A linguagem, o desenvolvimento supremo da faculdade mimética, traria em si um arquivo dessas semelhanças assensoriais. E a leitura teria o potencial de se transformar numa espécie de experiência onírica, que nos dá acesso a um inconsciente humano comum, o lugar da linguagem e das Ideias.

A maneira como Benjamin aborda a linguagem diverge inteiramente do entendimento da ciência linguística do século XX, mas lhe confere um acesso privilegiado ao mundo do mito e da fábula, especialmente ao "mundo lamacento" de Kafka, que, a seu ver, é primevo e quase pré-humano. Uma leitura intensiva de Kafka deixaria marcas indeléveis nos últimos escritos, pessimistas, do próprio Benjamin.

A história de *Passagens* é, *grosso modo*, a seguinte.

No final da década de 1920, Benjamin imaginou uma obra inspirada pelas antigas galerias de Paris. Ela teria a ver com a experiência urbana; seria uma versão da história da Bela Adormecida, um conto de fadas dialético

84

narrado de maneira surrealista por meio da montagem de textos fragmentários. Como o beijo do príncipe, destinava-se a despertar as massas europeias para a verdade da sua vida sob o capitalismo. Teria cerca de cinquenta páginas; nos preparativos para escrevê-la, Benjamin começou a copiar citações de suas leituras sob títulos como "Tédio", "Moda", "Poeira". À medida que alinhavava o texto, porém, ele não parava de aumentá-lo com novas citações e notas. Benjamin discutiu seus problemas com Adorno e Max Horkheimer, que o convenceram de que não poderia escrever sobre o capitalismo sem um melhor conhecimento de Marx. A ideia da Bela Adormecida perdeu o seu brilho.

Em 1934, Benjamin formulou um novo plano, mais ambicioso do ponto de vista filosófico: usando o mesmo método de montagem, iria reconstituir a superestrutura cultural da França do século XIX, a partir das mercadorias e do seu poder de se transformar em fetiches, do qual adquirira consciência com a leitura de *História e consciência de classe*, de Georg Lukács. À medida que suas notas se tornavam mais volumosas, ele as organizava de acordo com um elaborado sistema de arquivamento baseado em 36 "convolutas" (do alemão *Konvolut*: pilha, arquivo) com palavras-chave e referências cruzadas. Com o título de *Paris, capital do século XIX*, escreveu um resumo do material que reunira até então e apresentou tudo a Adorno (na ocasião, Benjamin estava em alguma medida ligado ao Instituto de Pesquisa Social, que fora transferido por Adorno e Horkheimer de Frankfurt para Nova York, e lhe pagava um estipêndio).

De Adorno, Benjamin recebeu críticas tão severas que decidiu deixar o projeto temporariamente de lado e extrair da massa de material que acumulara até então um livro sobre Baudelaire. Parte desse livro saiu em 1938 como

Walter Benjamin 85

A Paris do Segundo Império em Baudelaire, ainda composto segundo o método da montagem. Novamente, Adorno mostrou-se crítico: os fatos eram apresentados para falar por si mesmos, disse ele; não havia teoria suficiente. Benjamin produziu uma nova revisão, *Sobre alguns temas em Baudelaire* (1939), que teve recepção mais calorosa.

Baudelaire era central em *Passagens* porque, na visão de Benjamin, foi Baudelaire, em *As flores do mal*, o primeiro a revelar a cidade moderna como tema para a poesia. (Benjamin parece não ter lido Wordsworth, que, cinquenta anos antes de Baudelaire, escrevera sobre o sentimento de fazer parte da massa de transeuntes numa rua de Londres, bombardeado de todos os lados por olhares, atordoado pelos cartazes publicitários.)

Ainda assim, Baudelaire expressava sua experiência da cidade sob a forma de alegoria, um modo literário fora de moda desde o barroco. Em "O cisne", por exemplo, alegorizava o poeta como uma nobre ave que caminha a passos grotescos pelo calçamento do mercado, incapaz de abrir as asas e alçar voo.

Por que Baudelaire usa a alegoria? E Benjamin recorre a *O capital*, de Marx, para responder a essa pergunta. A transformação do valor de mercado em única medida do valor, diz Marx, reduz toda mercadoria a um simples signo — o signo do preço pelo qual é vendida. Sob o império do mercado, as coisas se relacionam ao seu valor efetivo tão arbitrariamente quanto, por exemplo, na emblemática barroca uma caveira tem a ver com a submissão do homem ao tempo. Os emblemas retornam assim inesperadamente ao palco histórico na forma de mercadorias, que sob o capitalismo deixam de ser o que parecem, mas, como advertiu Marx, começam a apresentar "[inúmeras] sutilezas metafísicas e nuances teológicas". A alegoria, afirma Benjamin, é exatamente o modo de expressão correto para uma era das mercadorias.

Enquanto trabalhava no livro sobre Baudelaire (que nunca ficou pronto — o manuscrito seria publicado postumamente como *Charles Baudelaire: um lírico no auge do capitalismo*), Benjamin continuava a tomar notas para *Passagens* e a acumular novas convolutas. O que foi recuperado depois da guerra no esconderijo da Bibliothèque Nationale foram cerca de novecentas páginas de textos copiados, especialmente de escritores do século XIX, mas também de contemporâneos de Benjamin, reunidos sob vários títulos, com comentários entremeados, além de uma grande variedade de planos e sinopses. Esses materiais foram publicados em 1982, editados por Rolf Tiedemann, com o título de *Passagen-Werk*. O *The Arcades Project* de Harvard usa o texto de Tiedemann, omitindo, entretanto, boa parte de seu material de apoio e aparato editorial. Traduz todas as passagens em francês para o inglês e acrescenta notas muito úteis, bem como uma fartura de ilustrações. É um belo volume: a maneira como lida com os complexos mecanismos de remissão de Benjamin é um verdadeiro triunfo de engenhosidade tipográfica.

A história de *Passagens*, uma história de procrastinação e começos em falso, de peregrinações por labirínticos meandros de arquivos em busca de uma exaustividade típica do temperamento de colecionador, de um terreno teórico cambiante, de críticas que provocaram respostas rápidas demais e, de maneira geral, do quanto Benjamin não sabia muito bem o que pensava, significa que o livro que chegou até nós é radicalmente incompleto: incompleto na sua concepção e nem sequer escrito no sentido convencional. Tiedemann o compara aos materiais de construção de uma casa. Na casa hipoteticamente

Walter Benjamin 87

construída, esses materiais seriam organizados pelo pensamento de Benjamin. Temos acesso a boa parte desse pensamento, na forma das interpolações de Benjamin, mas nem sempre conseguimos ver como o pensamento encaixaria ou abordaria esses seus materiais.

Numa situação assim, diz Tiedemann, poderia parecer melhor publicar apenas as palavras do próprio Benjamin, deixando de fora as citações. Mas a intenção de Benjamin, por mais utópica que fosse, era de, em algum ponto do processo, remover discretamente os seus comentários do todo, deixando que o material citado arcasse sozinho com o peso integral da estrutura.

As passagens de Paris, diz um guia de viagem de 1852, são "bulevares internos [...] cobertos de vidro, corredores revestidos de mármore que se estendem por vários quarteirões de edifícios [...] Dos dois lados [...] encontramos as lojas mais elegantes, de maneira que cada uma dessas galerias é uma verdadeira cidade, um mundo em miniatura". Essa arquitetura arejada de vidro e aço logo foi imitada em outras cidades do Ocidente. E o apogeu das galerias se sustentaria até o fim do século, quando acabaram eclipsadas pelas lojas de departamentos. Para Benjamin, esse declínio fez parte da lógica implacável da economia capitalista; ele não antevia seu retorno, em fins do século XX, na forma dos shopping centers urbanos.

O livro das *Passagens* nunca pretendeu ser uma história econômica (embora parte da sua ambição fosse ter o efeito de um corretivo para toda a disciplina da história econômica). Um dos primeiros esboços sugere algo que lembra muito mais *Uma infância em Berlim*:

Sabemos de lugares na Grécia Antiga onde havia caminhos que desciam ao submundo. Nossa existência consciente também é uma terra que, em certos pontos ocultos, tem passagens que descem para o mundo inferior – uma terra repleta de lugares inconspícuos de onde emergem os sonhos. Durante o dia todo, sem suspeitarmos de nada, passamos por esses pontos sem nos darmos conta, mas assim que o sono chega logo enveredamos de volta, às apalpadelas, para tornarmos a nos perder em seus escuros corredores. Durante o dia, o labirinto de habitações urbanas lembra a consciência; as passagens [...] desembocam despercebidas nas ruas. À noite, porém, por baixo da massa tenebrosa das casas, sua escuridão ainda mais densa se destaca como uma ameaça, e o caminhante noturno passa às pressas por elas – a menos, porém, que o tenhamos encorajado a enveredar pela alameda estreita.

Dois livros serviram de modelo a Benjamin: *Le Paysan de Paris* [O camponês de Paris], de Louis Aragon, com seu afetuoso tributo à Passage de l'Opéra, e *Spazieren in Berlin* [Passear em Berlim], de Franz Hessel, que concentra o foco na Kaisergalerie e no poder que esta tem de evocar uma era passada. Sua obra seria informada pela teoria da memória involuntária de Proust, mas o sonho e o devaneio seriam mais historicamente específicos que em Proust. Pretendia capturar a experiência "fantasmagórica" dos passeios parisienses em meio às mercadorias em exibição, uma experiência ainda mais fácil de recuperar em seu tempo, quando "as galerias se espalham pela paisagem metropolitana como cavernas em que se abrigam os restos fósseis de um monstro extinto: o consumidor da era pré-imperialista do capitalismo, o último dinossauro da Europa".

A grande inovação de *Passagens* seria a sua forma. Como o ensaio sobre Nápoles e o *Diário de Moscou*, o livro funcionaria com base no princípio da montagem,

Walter Benjamin   89

justapondo fragmentos textuais do passado e do presente na expectativa de que arrancassem faíscas uns dos outros e se iluminassem mutuamente. Assim, por exemplo, se o item 2.1 da Convoluta L, sobre a abertura de um museu de arte no palácio de Versalhes em 1837, fosse lido em conjunção com o item 2.4 da Convoluta A, que acompanha a transformação das galerias cobertas em lojas de departamentos, idealmente a analogia "o museu está para a loja de departamentos como a obra de arte para a mercadoria" iria acender-se na mente do leitor.

Segundo Max Weber, o que distingue os tempos modernos é a perda da fé e o desencanto. Benjamin tem uma visão diferente: acredita que o capitalismo adormeceu as pessoas e que elas só irão despertar de seu feitiço coletivo quando conseguirem fazê-las entender o que lhes aconteceu. A inscrição da Convoluta N vem de Marx: "A reforma da consciência consiste *apenas* em [...] despertar do mundo de seu sonho acerca de si mesmo".

Os sonhos da era capitalista estão encarnados em mercadorias. Em seu conjunto, constituem uma fantasmagoria, que muda constantemente de forma de acordo com as marés da moda e é exibida a multidões de adoradores enfeitiçados como a concretização dos seus desejos mais profundos. E a fantasmagoria sempre esconde a sua origem (que residiria no trabalho alienado). A fantasmagoria em Benjamin é, portanto, um pouco como a ideologia em Marx — uma trama de mentiras públicas sustentada pelo poder do capital —, porém mais parecida com um mundo dos sonhos de Freud operando num nível coletivo e social.

"Não preciso *dizer* nada. Basta mostrar", diz Benjamin; e noutro ponto: "As ideias estão para os objetos como as constelações para as estrelas". Se o mosaico de citações for construído da maneira correta, um padrão deverá emergir, um padrão que é mais do que a soma das suas partes, mas não tem existência independente delas: eis a essência da nova forma de literatura histórico-materialista que Benjamin julgava estar praticando.[14]

O que contrariava Adorno no projeto em 1935 era o quanto Benjamin se mostrava convicto de que uma simples colagem de objetos (no caso, citações fora de contexto) fosse capaz de sustentar-se por conta própria. Benjamin, escreveu ele, encontrava-se "na encruzilhada entre a mágica e o positivismo". Em 1948, Adorno teve a oportunidade de ver todo o corpo de *Passagens* e tornou a manifestar suas reservas diante da precariedade da teorização da obra.[15]

A resposta de Benjamin a esse tipo de crítica baseava-se na noção de imagem dialética, que ele buscava na emblemática do barroco — ideias representadas por imagens — e na alegoria baudelairiana, em que a interação de ideias era substituída pela interação de objetos emblemáticos. A alegoria, sugeriu ele, podia assumir o papel do pensamento abstrato. Os objetos e as figuras que povoam as galerias — jogadores, prostitutas, espelhos, poeira, estátuas de cera, bonecos mecânicos — são (para Benjamin) emblemas, e as interações entre eles geram significados, significados alegóricos que prescindem da intrusão da teoria. Ainda na mesma linha, fragmentos de texto colhidos no passado e dispostos no campo carregado do presente histórico conseguem comportar-se como os elementos que compõem uma imagem surrealista, interagindo espontaneamente com o resultado

14 Walter Benjamin, *Passagens*; *The Origin of German Tragic Drama*. Londres: New Left Books, 1998. [Ed. brasileira: *As origens do drama barroco alemão*. São Paulo: Brasiliense, 1984.]
15 Citado em: Susan Buck-Morss, *The Dialectics of Seeing*.

Walter Benjamin 91

de produzir energia política. ("Os acontecimentos que cercam o historiador e dos quais ele participa", escreveu Benjamin, "estarão presentes na sua apresentação como um texto escrito em tinta invisível".)[16] E no processo os fragmentos constituem a imagem dialética, o movimento dialético congelado por um instante, aberto para exame, "a dialética imobilizada". "Só as imagens dialéticas são imagens genuínas."

E não passa daí a teoria, embora engenhosa, a que apela o livro profundamente antiteórico de Benjamin. Para o leitor ainda não convencido pela teoria, entretanto, o leitor para quem as imagens dialéticas nunca chegam a adquirir toda a vida que deveriam assumir, o leitor talvez incólume à narrativa grandiosa do longo sono do capitalismo seguido pelo raiar do socialismo, o que *Passagens* tem a oferecer?

A mais sumária das listas conteria o seguinte:

(1) Um tesouro de informações curiosas sobre a Paris do início do século XIX (por exemplo, homens sem nada de melhor a fazer costumavam ir ao necrotério contemplar corpos nus).

(2) Citações instigantes, colhidas por um espírito perspicaz e idiossincrático, que percorreu milhares de livros no decorrer de muitos anos (Tiedemann relaciona cerca de 850 títulos que são concretamente citados), alguns deles de autoria de escritores que julgamos conhecer bem (Marx, Victor Hugo), outros de escritores menos conhecidos que, a julgar pelo que se apresenta aqui, mereceriam voltar à cena – por exemplo, Hermann Lotze, autor de *Mikrokosmos* (1864).

(3) Uma infinidade de observações sucintas, lustradas até adquirir um intenso fulgor aforístico, sobre

16 Citado em: Susan Buck-Morss, *The Dialectics of Seeing*.

uma variedade dos assuntos favoritos de Benjamin. "A prostituição pode reivindicar ser vista como um 'trabalho' no momento em que o trabalho se transforma em prostituição." "O que torna as primeiras fotografias tão incomparáveis talvez seja o fato de elas apresentarem a imagem mais antiga que se conhece do encontro entre a máquina e o homem."

(4) A oportunidade de vislumbrar as experiências de Benjamin com um novo modo de ver a si mesmo: como um colecionador de "palavras-chave num dicionário secreto", compilador de uma "enciclopédia mágica". De uma hora para outra Benjamin, leitor esotérico de uma cidade alegórica, apresenta uma proximidade do seu contemporâneo Jorge Luis Borges, fabulista de um universo reescrito. O que os aproxima é, obviamente, a cabala, sobre a qual Borges se debruçou por longo tempo e para a qual Benjamin volta sua atenção à medida que se enfraquece a sua fé na revolução proletária.

A certa distância, a *magnum opus* de Benjamin lembra curiosamente outra imponente ruína da literatura do século XX, *Os cantos*, de Ezra Pound. As duas obras resultam de anos de leituras profusas. Ambas se compõem de fragmentos e citações, e aderem à estética alto-modernista da imagem e da montagem. Ambas têm veleidades econômicas, e economistas como figuras inspiradoras (Marx num caso, Gesell e Douglas no outro). Os dois autores investem em corpos arcaicos de conhecimento, cuja relevância para o tempo em que vivem tendem a superestimar. Nenhum dos dois sabe a hora de parar. E ambos foram finalmente consumidos pelo monstro do fascismo, Benjamin tragicamente, Pound de maneira vergonhosa.

Foi o destino de *Os cantos* ter enxertados vários dos textos de antologia, e o resto (Van Buren, os Malatestas,

Confúcio etc.) discretamente abandonado. E o destino de *Passagens* pode ser comparável. Pode-se antever uma edição condensada para estudantes, retirada principalmente das Convolutas B ("Moda"), H ("O colecionador"), I ("O interior"), J ("Baudelaire"), K ("Cidade dos sonhos"), N ("Sobre a teoria do conhecimento") e Y ("Fotografia"), em que as citações seriam reduzidas a um mínimo e a maior parte do texto sobrevivente seria do próprio Benjamin. O que não seria uma coisa de todo má.

Mesmo no terreno que ele próprio escolhe, há muitos motivos para se condenar Benjamin. Para uma pessoa que, embora não fosse exatamente historiador da economia, passou anos da sua vida lendo sobre a história econômica, ele era notavelmente ignorante quanto àquelas partes do mundo onde o capitalismo do século XIX mais floresceu, especialmente a Grã-Bretanha e os Estados Unidos. Em sua discussão sobre a loja de departamentos, ele deixa de perceber uma diferença crucial entre os *grands magasins* de Paris e as lojas de departamentos de Nova York e Chicago: enquanto os primeiros erguiam barreiras contra uma clientela de massas, as últimas julgavam ser seu papel educar os fregueses da classe trabalhadora nos hábitos de consumo da classe média. Também não dá a devida importância ao fato de tanto as passagens como as lojas de departamentos preocuparem-se acima de tudo em atender aos desejos das mulheres, ao mesmo tempo que faziam o possível para dar forma a esses desejos e até criar outros novos.

A gama de interesses representados nos primeiros dois volumes das *Obras escolhidas* de Benjamin é vasta. Junto aos textos examinados neste ensaio, encontramos ainda uma seleção de seus textos mais antigos, de um idealismo bastante declarado, sobre a educação; vários ensaios de crítica literária, entre eles dois longos textos sobre Goethe: o primeiro uma interpretação de *As afinidades eletivas*, o outro uma revisão magistral da carreira de Goethe; incursões sobre vários tópicos filosóficos (lógica, metafísica, estética, filosofia da linguagem, filosofia da história); ensaios sobre pedagogia, sobre livros infantis, sobre brinquedos; um envolvente texto pessoal sobre colecionar livros e uma variedade de textos de viagem e tentativas ficcionais. O ensaio sobre *As afinidades eletivas* destaca-se como um desempenho particularmente estranho: uma extensa ária, em prosa muito sutil, quase mandarim, sobre o amor e a beleza, o mito e o destino, que adquire uma alta intensidade pelas semelhanças secretas que Benjamin via entre o enredo do romance e um tragicômico quadrilátero amoroso erótico em que ele e sua mulher se viram envolvidos.

O terceiro e o quarto volumes das *Obras escolhidas* contêm os resumos de 1935, 1938 e 1939 de *Passagens*; *A obra de arte...* em duas versões; *O narrador*; *Uma Infância em Berlim*; as *Teses sobre o conceito de história*; e uma série de cartas fundamentais para e de Adorno e Scholem, entre elas a importante carta de 1938 sobre Kafka.

As traduções, feitas por várias pessoas, são excelentes de fora a fora. Se algum dos tradutores merece ser destacado, é Rodney Livingstone por sua eficiência discreta em dar conta das mudanças bruscas de estilo e tom que marcam o desenvolvimento de Benjamin como escritor. As notas explicativas são quase do mesmo alto padrão, mas não chegam a tanto. As informações sobre as figuras referidas por Benjamin são às vezes anacrônicas (Robert Walser) ou incorretas: as datas de nascimento e morte de Karl Korsch, em quem Benjamin se apoiava muito para sua interpretação de Marx (Korsch foi expulso do Partido Comunista Alemão por suas opiniões independentes),

Walter Benjamin 95

são apresentadas como 1892 e 1939, quando são na verdade 1886 e 1961. Há erros de grego e de latim, e o francês é às vezes maltratado: chamar um bando de padres de *soutane* de "corvos civilizados" passa ao largo da intenção do autor – melhor seria dizer "corvos domesticados". Afirmativas misteriosas – por exemplo, sobre a "difusão sinistra do culto aos andarilhos" na Alemanha da década de 1920 – são deixadas sem explicação.

Algumas práticas gerais observadas por editores e tradutores também são questionáveis. Benjamin tinha o hábito de escrever parágrafos imensos, com páginas de extensão: o tradutor deveria certamente sentir-se autorizado a dividi-los em partes menores. Às vezes duas versões preliminares do mesmo texto são incluídas no livro, por motivos que não ficam claros. Traduções existentes de textos alemães citados por Benjamin são usadas, embora sejam traduções claramente abaixo do padrão.

O que foi Walter Benjamin: um filósofo? Um crítico? Um historiador? Um mero "escritor"? A melhor resposta talvez seja a de Hannah Arendt: ele foi "um dos inclassificáveis [...] cuja obra nem se enquadra na ordem existente nem cria um gênero novo".[17]

Sua abordagem típica – em que sempre começa a falar de seu tema não diretamente, mas de viés, avançando passo a passo, de argumento em argumento, todos formulados com perfeição – é tão reconhecível à primeira vista quanto inimitável, dependendo de uma agudeza intelectual, de uma erudição apresentada com leveza e de um estilo de prosa que, depois que ele desistiu de se ver como professor doutor Benjamin, tornou-se uma verdadeira maravilha de precisão e concisão. Subjacente

17 Prefácio de Hannah Arendt para: Walter Benjamin, *Illuminations*.

a seu projeto de chegar à verdade do nosso tempo está o ideal de Goethe, de apresentar os fatos de tal maneira que os fatos se constituam na própria teoria. *Passagens*, qualquer que seja nosso veredito a seu respeito — ruínas, fracasso, projeto impossível —, sugere um modo novo de escrever sobre uma civilização, usando como material seus restos, em vez de suas obras de arte: a história vista de baixo para cima, e não de cima para baixo. E seu apelo (nas "Teses") por uma história que se centralize no sofrimento dos vencidos, em vez de focar as conquistas dos vencedores, prenuncia profeticamente a maneira como a historiografia começou a ver a si mesma em nosso tempo.

(2001)

Bruno Schulz

Numa das suas memórias de infância mais remotas, o jovem Bruno Schulz está sentado no chão, cercado pela admiração de vários membros de sua família, enquanto rabisca um "desenho" atrás do outro em velhas folhas de jornal. Entregue a seu arrebatamento criador, a criança ainda vive uma "era da genialidade", ainda tem um acesso desprovido de censura ao domínio do mito. Ou pelo menos é isso que pensaria o homem em que essa criança se tornou; todo o seu esforço da maturidade seria no sentido de recuperar o contato com esses seus poderes iniciais, e "amadurecer infância adentro".[1]

Esses esforços resultariam em dois corpos de obras: gravuras e desenhos que hoje provavelmente não teriam muito interesse caso seu criador não tivesse se tornado famoso por outros caminhos; e dois livros curtos, coletâneas de contos e flagrantes sobre a vida interior de um menino no interior da Galícia, na Europa Central, que o elevou ao primeiro plano da literatura polonesa dos anos do entreguerras. Ricos em fantasia, sensuais em sua apreensão do mundo vivo, elegantes no estilo,

---

1 Bruno Schulz, carta a Andrzej Pleśniewicz. Citado em: Czeslaw Z. Prokopczyk (org.), *Bruno Schulz: New Documents and Interpretations*. Nova York: Peter Lang, 1999.

espirituosos, marcados por uma estética mística mas coerentemente idealista, *As lojas de canela* (1934) e *Sanatório* (1937) são obras únicas e surpreendentes que parecem ter surgido do nada.

Bruno Schulz nasceu em 1892, terceiro filho de pais judeus da classe mercantil, e recebeu o nome do santo católico do dia. Sua cidade natal, Drohobycz, era um centro industrial menor numa província do Império Austro-Húngaro que, depois da Primeira Guerra Mundial, voltaria a fazer parte da Polônia.

Embora houvesse uma escola judaica em Drohobycz, Schulz foi mandado para o *Gymnasium* polonês (Joseph Roth, em Brody, cidade próxima, estudou num *Gymnasium* alemão.) As línguas que usava eram o polonês e o alemão; não falava o ídiche das ruas. No colégio, destacava-se nas artes, mas sua família o dissuadiu de seguir a profissão de artista. Matriculou-se para estudar arquitetura na Escola Politécnica de Lwow, mas em 1914, quando a guerra foi declarada, precisou interromper os estudos. Devido a um problema cardíaco não foi convocado para o exército. De volta a Drohobycz, iniciou um programa autodidata intensivo, lendo e aperfeiçoando sua habilidade de desenhista. Reuniu uma série de obras com temas eróticos intitulada *O livro da idolatria* e tentou vender cópias, com alguma insegurança e sem muito sucesso.

Incapaz de ganhar a vida como artista e, depois da morte do pai, encarregado de sustentar uma família inteira com problemas de saúde, aceitou o cargo de professor de arte numa escola local, emprego em que permaneceria até 1941. Embora respeitado pelos alunos, achava a vida escolar estupidificante e escrevia uma carta atrás da outra implorando às autoridades que lhe concedessem licenças para se dedicar à sua obra artística, súplicas que, a bem da justiça, nem sempre foram recebidas com ouvidos moucos.

Apesar de seu isolamento na província, Schulz conseguia expor suas obras nos centros urbanos e travar correspondência com espíritos afins. Em suas milhares de cartas, cerca de 156 das quais sobreviveram, ele despejava boa parte de sua energia criadora. Jerzy Ficowski, biógrafo de Schulz, define-o como o último expoente notável da arte epistolar na Polônia.[2] Todos os indícios sugerem que os textos que compõem *As lojas de canela* vieram à luz em cartas à poeta Debora Vogel.

As lojas de canela foi recebido com entusiasmo pela *intelligentsia* polonesa. Em visitas a Varsóvia, Schulz era celebrado nos salões artísticos e convidado a escrever para revistas literárias; em sua escola, recebeu o título de "Professor". Ficou noivo de Józefina Szelińska, judia convertida ao catolicismo, e, embora ele próprio não tenha se convertido, retirou-se formalmente da comunidade religiosa judaica de Drohobycz. Sobre a noiva, escreveu: "[Ela] constitui a minha participação na vida. Através dela sou uma pessoa e não apenas uma aparição ou um gnomo [...] Ela é a pessoa que me é mais próxima na terra". Ainda assim, o noivado terminou depois de dois anos.

A primeira tradução para o polonês de *O processo*, de Kafka, foi publicada em 1936 com o nome de Schulz, mas o verdadeiro trabalho de tradução fora feito de fato por Szelińska.

Sanatório, o segundo livro de Schulz, foi em sua maior parte reunido a partir de textos anteriores, alguns deles ainda hesitantes e amadorísticos. Schulz tendia a falar

---

2 Jerzy Ficowski, *Regions of the Great Heresy: Bruno Schulz, A Biographical Portrait*. Nova York: W. W. Norton, 2002.

mal do livro, embora na verdade uma parte de seus contos esteja à altura do padrão de *As lojas de canela*.

Sobrecarregado com suas aulas e responsabilidades familiares, ansioso com os desdobramentos políticos na Europa, no fim da década de 1930 Schulz sucumbia a um estado de depressão que lhe impunha dificuldades para escrever. Nem ter sido premiado com os Lauréis de Ouro da Academia Polonesa de Literatura o deixou animado. E nem mesmo uma viagem de três semanas a Paris, sua única excursão substancial para além da terra em que nasceu. Partiu para a cidade, que em retrospecto definiria como "a mais exclusiva, autossuficiente e exibicionista cidade do mundo", na esperança dúbia de conseguir organizar ali uma exposição de suas obras de arte, mas só fez poucos contatos e acabou voltando de mãos vazias.[3]

Em 1939, nos termos do acordo de partilha da Polônia entre nazistas e soviéticos, Drohobycz foi absorvida pela Ucrânia soviética. Sob o domínio dos sovietes não havia oportunidades para Schulz como escritor ("Não precisamos de Prousts", disseram-lhe sem rodeios). No entanto, encomendaram-lhe a produção de quadros de propaganda política. Ele continuou lecionando até que, no verão de 1941, a Ucrânia foi invadida pelos alemães e todas as escolas foram fechadas. As execuções de judeus começaram de imediato e, em 1942, as deportações em massa.

Por algum tempo, Schulz conseguiu escapar do pior. Teve a sorte de ser adotado por um oficial da Gestapo com pretensões artísticas, adquirindo assim a posição de "judeu necessário" e a preciosa faixa para o braço que o protegia cada vez que os judeus eram reunidos para deportação. Pela decoração das paredes da residência

---

3   Bruno Schulz, Carta a Romana Halpern, agosto de 1938, *Collected Works of Bruno Schultz*. Londres: Picador, 1998.

do seu patrono e do cassino dos oficiais, ele era pago em rações de alimentos. Enquanto isso, empacotou seus quadros e manuscritos em fardos e os entregou aos cuidados de amigos não judeus. Benfeitores de Varsóvia lhe contrabandearam dinheiro e conseguiram papéis falsos, mas antes que ele conseguisse reunir coragem para deixar Drohobycz estava morto, cercado e fuzilado na rua durante um dia de anarquia promovido pela Gestapo.

Em 1943, não restava mais nenhum judeu em Drohobycz.

No final da década de 1980, à medida que a União Soviética se desfazia, chegou ao acadêmico polonês Jerzy Ficowski a notícia de que uma pessoa anônima com acesso aos arquivos da KGB encontrara um dos pacotes de Schulz e se dispunha a entregá-lo a ele por um certo preço. Embora a informação não desse em nada, serviu de base para a insistente esperança de Ficowski de que escritos perdidos de Schulz ainda pudessem ser recuperados. Entre esses textos estão um romance inacabado, *Messias*, de que temos notícia porque Schulz chegou a ler trechos para alguns amigos, e as anotações que vinha escrevendo na época da morte, memorandos de conversas com judeus que tinham visto em primeira mão as operações dos esquadrões de fuzilamento e de transportes, que pretendia usar como base para um livro sobre as perseguições. (Um livro do tipo exato que Schulz planejava foi publicado em 1977 por Henryk Grynberg.[4] O próprio Schulz figura como personagem secundário no primeiro dos relatos de Grynberg.)

4 Henryk Grynberg, *Drohobycz, Drohobycz and Other Stories*. Nova York: Penguin, 2002.

Na Polônia, Jerzy Ficowski (falecido em 2006) era conhecido como poeta e estudioso da vida dos ciganos. Sua reputação deve-se acima de tudo, porém, à sua obra sobre Bruno Schulz. Desde a década de 1940, Ficowski revirou incansavelmente toda a Polônia, a Ucrânia e outras partes do mundo, contra todos os obstáculos, burocráticos e materiais, à procura do que restava de Schulz. Sua tradutora, Theodosia Robertson, o define como um arqueólogo, o principal arqueólogo dos restos artísticos de Schulz. *Regions of the Great Heresy* [Regiões da grande heresia] é a tradução que Theodosia Robertson fez da terceira edição revista (1992) da biografia de Ficowski, a que ele próprio acrescentou dois capítulos — um sobre o romance perdido *Messias* e outro sobre o destino dos murais que Schulz pintou em Drohobycz no seu último ano de vida — e mais uma cronologia detalhada e uma seleta das cartas de Schulz que chegaram até nós.

Ao longo de sua tradução, Theodosia Robertson decidiu retraduzir todos os trechos citados da obra de Schulz. Isso porque, concordando com outros estudiosos da literatura polonesa sediados nos EUA, tem reservas quanto às traduções existentes de Schulz para o inglês, assinadas por Celina Wieniewska e publicadas em 1963; foi por meio delas, sob o título coletivo de *The Street of Crocodiles* [A rua dos crocodilos], que Schulz passou a ser conhecido no mundo de língua inglesa.[5] As traduções de Celina Wieniewska merecem críticas por vários motivos. Primeiro, baseiam-se em textos imprecisos: uma edição confiável e bem estudada dos escritos de Schulz só seria publicada em 1989. Segundo, há ocasiões em que a tradutora emenda em silêncio o texto de Schulz. No texto

5   *The Street of Crocodiles*. Tradução de Celina Wieniewska. Prefácio de Jerzy Ficowski. Nova York: Penguin, 1977.

A Second Autumn [Um segundo outono], por exemplo, Schulz decide dizer que a cidade onde vive Robinson Crusoé é Bolechow, uma cidade próxima de Drohobycz. Quaisquer que tenham sido os motivos de Schulz para não indicar a própria cidade, cabe à sua tradutora respeitá-los. Mas Celina Wieniewska troca "Bolechow" por "Drohobycz". Terceiro, e mais sério de todos: há vários momentos em que Celina Wieniewska faz cortes na prosa de Schulz para torná-la menos prolixa ou adornada, ou universaliza alusões especificamente judaicas.

A favor de Celina Wieniewska deve-se dizer que suas traduções são boas de ler. Sua prosa tem uma riqueza, uma elegância e uma unidade de estilo raras. Quem se dedicar à tarefa de retraduzir Schulz irá achar difícil escapar da sua sombra.

Como guia a *As lojas de canela*, não podemos fazer melhor do que recorrermos à sinopse escrita pelo próprio Schulz quando tentava despertar o interesse de uma editora italiana pelo livro. (Seus planos não deram em nada, assim como os planos de traduzi-lo para o francês e o alemão.)

As lojas de canela, diz ele, é a história de uma família contada não no modo biográfico ou psicológico, mas no modo do mito. Assim, pode-se dizer que o livro tem uma concepção pagã: como entre os antigos, o tempo histórico do clã se perde no tempo mitológico dos ancestrais. Mas nesse livro os mitos não provêm do coletivo. Emergem das névoas da infância remota, das esperanças e dos medos, das fantasias e premonições – o que em outro ponto ele define como "os balbucios do delírio mitológico" – que formam a sementeira do pensamento mítico.

No centro da família em questão está Jacob, comerciante de profissão, mas preocupado com a redenção do mundo, missão a que se dedica por meio de experiências de hipnose, galvanismo, psicanálise e outras artes mais ocultas, oriundas do que chama de Regiões da Grande Heresia. Jacob vive cercado de gente estúpida, que não tem a menor compreensão de seus empreendimentos metafísicos, comandada por sua arqui-inimiga, a criada Adela.

Em seu sótão, Jacob cria, a partir de ovos que importa dos quatro cantos do mundo, esquadrões de aves mensageiras — condores, águias, pavões, faisões, pelicanos —, cuja existência física ele às vezes parece à beira de compartilhar. Com suas vassouras, porém, Adela espalha suas aves aos quatro ventos. Derrotado, amargurado, Jacob começa a encolher e a secar, metamorfoseando-se finalmente numa barata. De vez em quando ele reassume sua forma original a fim de fazer sermões a seu filho sobre temas como fantoches, manequins de alfaiate e o poder, detido pelo heresiarca, de trazer o lixo à vida.

Este sumário não foi o fim dos esforços de Schulz para explicar o que pretendia com *As lojas de canela*. Para os olhos de um amigo, o escritor e pintor Stanislaw Witkiewicz, Schulz ampliou seu relato, produzindo um texto de análise introspectiva de força e acuidade notáveis que resultou num credo poético.

Começa rememorando imagens da sua "era da genialidade", sua infância mitologizada, "quando tudo resplandecia com cores divinas". Duas dessas imagens continuam a dominar sua imaginação: uma carruagem que emerge com as lanternas acesas de uma floresta escura; e um pai que caminha pela escuridão, dizendo palavras reconfortantes para a criança encolhida em seus braços, embora a criança só consiga escutar os sons sinistros da noite. A origem dessa primeira imagem, diz ele, lhe é obscura; a segunda vem da balada de Goethe *Der Erlkönig* [O rei dos elfos], que o afetou até o fundo da alma quando sua mãe a leu para ele aos 8 anos de idade.

Imagens como essas, continua ele, sempre nos são apresentadas no início da vida. E constituem "uma capital eterna do espírito". Para o artista, demarcam os limites dos seus poderes de criação: todo o resto da sua vida consiste em explorá-las, interpretá-las e tentar dominá-las. Depois da infância ninguém descobre nada de novo, só dá voltas e mais voltas pelo mesmo terreno num esforço sem possibilidade de desenlace. "O nó em que a alma se vê atada não é um nó falso que se desfaça quando suas pontas são puxadas. Pelo contrário, ele aperta cada vez mais." E da nossa contenda com esse nó emerge a arte.

Quanto ao significado mais profundo de *As lojas de canela*, diz Schulz, normalmente não é de bom alvitre para um escritor submeter sua obra a um excesso de análise racional. Seria o mesmo que pedir a um ator que abandonasse a sua máscara: o que poria fim à peça. "Numa obra de arte, o cordão umbilical que a liga à totalidade dos nossos pensamentos ainda não foi cortado, o sangue do mistério ainda circula; as extremidades dos vasos sanguíneos desaparecem na noite circundante e dela retornam repletos de um fluido escuro."

Ainda assim, se instado a fornecer uma explicação, ele diria que o livro apresenta uma certa visão primitiva e vitalista do mundo, em que matéria se encontra num estado de fermentação e germinação permanentes. Não existe matéria morta, e nem a matéria jamais permanece numa forma fixa. "A realidade só assume certas formas por uma questão de aparência, como piada ou uma forma de brincadeira. Uma pessoa é humana e outra é uma barata, mas a forma não penetra na essência, é apenas um papel que o personagem adota naquele momento, uma pele exterior que logo adiante descarta. [...] A migração das formas é a essência da vida." E vem daí a "aura invariável de ironia" que se encontra neste mundo:

"o simples fato de uma existência individual isolada tem a sua ironia, é uma peça que nos pregam".

Para essa visão de mundo Schulz não se sente obrigado a apresentar uma justificação ética. *As lojas de canela*, especialmente, opera em uma profundidade "pré-moral". "O papel da arte é ser uma sonda que mergulha no que não tem nome. O artista é um aparelho destinado a registrar os processos que ocorrem naquele estrato profundo em que os valores se formam." No nível pessoal, porém, ele admite que suas histórias representam e emergem de "meu modo de viver, meu destino pessoal", um destino marcado por "uma solidão profunda, um isolamento da substância da vida cotidiana".

O ensaio *A mitificação da realidade*, escrito um ano mais tarde, em 1936, apresenta de maneira sucinta o pensamento de Schulz sobre a tarefa do poeta, pensamento, por sua vez, antes mítico que sistemático em seu modo de operação. A procura do conhecimento, diz Schulz, é no fundo uma jornada em que se tenta recuperar um estado original, unitário, do ser, um estado do qual sofremos uma espécie de queda, resultando fragmentados. O método de atuação da ciência é — com paciência, método e usando a indução — procurar reunir novamente esses fragmentos. A poesia tem a mesma finalidade, mas atua "de maneira intuitiva, dedutiva, por atalhos ousados e grandes aproximações". O poeta — ele próprio uma criatura mítica envolvida numa busca mítica — trabalha no nível mais básico, o nível da palavra. A vida interior da palavra consiste em "contorcer-se e estender-se para formar mil conexões, como a cobra cortada da lenda cujos pedaços procuram uns pelos outros no escuro". O pensamento sistemático, devido à sua natureza, mantém os pedaços da cobra separados a fim de examiná-los; o poeta, com seu acesso à "semântica arcaica", permite que as partes das palavras tornem a encontrar seu lugar nos mitos de que se constitui todo conhecimento.

Com base em duas obras ficcionais, ambas preocupadas com a experiência do mundo de uma criança, Schulz muitas vezes é visto como um escritor *naïf*, uma espécie de artista popular urbano. Como suas cartas e ensaios demonstram, porém, era um pensador original com poderes notáveis de autoanálise, um intelectual sofisticado que, a despeito das suas origens provincianas, conseguia cruzar espadas em termos de igualdade com confrades como Witkiewicz e Witold Gombrowicz.

Numa dessas trocas, Gombrowicz conta a Schulz uma conversa com uma desconhecida, a mulher de um médico, que lhe diz que, na sua opinião, o escritor Bruno Schulz é "ou um maníaco pervertido ou um *poseur*, mais provavelmente um *poseur*". Gombrowicz desafia Schulz a se defender por escrito, acrescentando que devia ver nesse desafio um caráter tanto substantivo como estético: para sua resposta, precisava encontrar um tom que não fosse nem arrogante nem desafiador, nem elaborado nem solene.

Em sua resposta, Schulz ignora a tarefa que Gombrowicz lhe propõe, preferindo abordar a questão de maneira oblíqua. O que, pergunta-se ele, faz com que Gombrowicz e os artistas em geral, concentrem-se tanto, e até encontrem tanto prazer, nas expressões mais hipócritas e estúpidas da opinião pública? (Por que, por exemplo, Gustave Flaubert passou meses e anos colecionando *bêtises*, asneiras, e as publicou no *Dicionário das ideias feitas*?) "Você não fica admirado", perguntou ele a Gombrowicz, "diante da [sua] simpatia e solidariedade involuntárias para com algo que, no fundo, é estranho e hostil a você?".

Bruno Schulz 109

A simpatia inconfessa com a opinião popular desajuizada, sugere Schulz, vem de modos atávicos de pensar, que são impostos a todos nós. Quando algum desconhecido prefere achar que ele, Schulz, é um *poseur* sem importância, "uma verdadeira multidão sombria e desarticulada ergue-se em você [Gombrowicz], como um urso treinado ao som da flauta de um cigano". E isso por causa da maneira como a própria psique é organizada: como uma multidão de subsistemas superpostos, alguns mais racionais, outros menos. Daí a "natureza confusa, múltipla" do nosso pensamento em geral.

Schulz também é comumente visto como um discípulo, ou epígono, ou mesmo um imitador do seu contemporâneo mais velho Franz Kafka. As semelhanças entre sua história pessoal e a de Kafka são de fato notáveis. Ambos nasceram durante o reinado do imperador Francisco José I, em famílias de judeus da classe mercantil; ambos eram doentes e tinham dificuldades com as relações sexuais; ambos trabalhavam com dedicação em empregos regulares, eram ambos assombrados pelas figuras paternas; os dois tiveram morte prematura, deixando complicados e problemáticos legados literários. Além disso, acredita-se (erroneamente) que Schulz foi tradutor de Kafka. Por fim, Kafka escreveu uma novela em que um homem se transforma num inseto, enquanto Schulz escreveu relatos em que um homem se transforma não só num inseto depois do outro, mas também em um caranguejo. (O avatar crustáceo de Jacob, o pai, é atirado na água fervente por uma cozinheira, mas depois disso ninguém consegue comer a massa gelatinosa em que ele se transforma.)

Os comentários de Schulz sobre sua obra literária deviam deixar claro como esses paralelos são superficiais. Sua meta é a recriação, ou talvez a fabulação, de uma consciência infantil, povoada de terror, obsessão e glória enlouquecida; sua metafísica é a metafísica da matéria. Nada de semelhante se encontra em Kafka.

Para a tradução de *O processo* feita por Józefina Szelińska, Schulz escreveu um posfácio notável por sua sensibilidade e seu poder aforístico, mas ainda mais impressionante por sua tentativa de atrair Kafka para a órbita schulziana e transformar Kafka num Schulz *avant la lettre*.

"O método de Kafka, o da criação de uma realidade *doppelgänger*, ou substituta, era virtualmente sem precedente", escreve Schulz. "Kafka enxerga a superfície realista da existência com uma precisão incomum, e conhece de cor, como se fosse um código de gestos, toda a mecânica exterior dos acontecimentos e situações, de que maneira eles se encaixam e se entrelaçam, mas para ele isso tudo não passa de uma epiderme solta sem raízes, que ele desprega como uma membrana delicada e usa para recobrir seu mundo transcendental, enxertando-a na sua realidade."

Embora o processo que Schulz descreve aqui não chegue ao fundo do que faz Kafka, o seu limite está admiravelmente definido. Mas Schulz ainda continua: "A atitude [de Kafka] diante da realidade é radicalmente irônica, traiçoeira e profundamente mal-intencionada – a relação de um prestidigitador com o seu material bruto. Ele só simula a atenção com o detalhe, a seriedade e a precisão elaborada da sua realidade a fim de comprometê-la ainda mais integralmente". De certo ponto em diante, Schulz deixa o verdadeiro Kafka para trás e começa a descrever outro tipo de artista, o artista que ele próprio é ou gostaria de ser aos olhos dos outros. E é sintomático da confiança de Schulz na própria força o fato de ele ter pretendido remoldar Kafka à sua imagem.

Bruno Schulz 111

O mundo que Schulz cria em seus dois livros é notavelmente impermeável à história. A Grande Guerra e as convulsões que a sucederam não lançam nenhuma sombra sobre ele; não há sinal, por exemplo, de que os filhos do camponês descalço que, no conto *Estação morta*, é escarnecido pelos caixeiros judeus, décadas mais tarde possam voltar à mesma loja, saqueá-la e surrar os filhos e as filhas dos caixeiros.

Há sinais de que Schulz sabia não ser possível viver para sempre apenas com o capital acumulado na infância. Descrevendo seu estado de espírito numa carta de 1937, ele diz ter a impressão de estar sendo puxado para fora de um sono pesado. "A peculiaridade e a natureza incomum dos meus processos interiores me fecharam hermeticamente, tornaram-me insensível, incólume às incursões do mundo. Agora estou me abrindo para o mundo [...] Tudo ficaria bem não fossem o terror e o encolhimento interno, como que diante de uma missão arriscada que pode levar sabe Deus até onde."

O conto em que ele mais claramente se volta para o mundo mais amplo e o tempo histórico é *A primavera*. O jovem narrador encontra seu primeiro álbum de selos, e nesse álbum em chamas, no desfile de imagens de terras de cuja existência ele jamais suspeitara — Hyderabad, Tasmânia, Nicarágua, Abracadabra — a ardente beleza de um mundo para além de Drohobycz de repente se revela. Em meio a essa plenitude mágica ele encontra os selos da Áustria dominados pela efígie de Francisco José, imperador da prosa (aqui a voz do narrador não consegue mais fingir que seja de uma criança), um homem ressecado e tedioso acostumado à atmosfera das chancelarias e das delegacias de polícia. Que ignomínia ser de um país com um governante como aquele! Como seria melhor ser súdito do fogoso arquiduque Maximiliano!

A primavera é o conto mais longo de Schulz, aquele em que se percebe seu esforço mais intenso para desenvolver uma linha narrativa — noutras palavras, para se transformar num narrador de tipo mais convencional. Sua base é a história de uma procura; o jovem herói empreende a busca de sua amada Bianca (Bianca das pernas nuas e finas) num mundo inspirado pelo álbum de selos. Como narrativa, o conto é previsível; depois de algum tempo, declina e se transforma num pastiche de drama de costumes e em seguida perde o interesse.

Mas a meio caminho, assim que começa a perder o interesse pela história que está inventando, Schulz volta o olhar para dentro e se lança numa densa meditação de quatro páginas sobre seus processos de composição literária que só se pode imaginar escrita num transe, uma rapsódia especulativa que desenvolve pela última vez a imagem da sementeira subterrânea da qual o mito deriva seus poderes sagrados. Venha comigo para debaixo da terra, diz ele, até o lugar das raízes, onde as palavras se decompõem e retornam às suas etimologias, o lugar da anamnese. E depois viaje ainda mais para dentro, até o fundo, até "as bases obscuras, em meio às Mães", o reino das histórias que ainda não nasceram.

Nessas profundezas distantes, qual é a primeira narrativa que desdobra suas asas quando deixa o casulo do sono? Descobrimos que é um dos dois mitos fundadores da existência espiritual do próprio Schulz: a história do rei elfo, a história da criança cujo pai não tem o poder de defender dos encantadores perigos das trevas — noutras palavras, a história que, ouvida da boca da mãe, anunciou ao jovem Bruno que seu destino o obrigaria a abandonar o seio dos progenitores e ingressar nos domínios da noite.

Schulz era incomparavelmente talentoso como explorador da sua vida interior, tanto a vida interior recuperada

Bruno Schulz 113

da sua infância como do próprio funcionamento criativo. Da primeira vêm o encanto e o frescor das suas histórias, do segundo, o seu vigor intelectual. Mas ele tinha razão quando sentia que não poderia viver para sempre com o que tirava desse poço. De algum lugar ele precisaria renovar as fontes da sua inspiração: a depressão e a esterilidade do final da década de 1930 podem ter vindo precisamente da conclusão de que seu capital se esgotava. Nos quatro contos que temos e foram escritos depois de *Sanatório*, um deles escrito não em polonês, mas em alemão, não há sinal de que essa renovação já tivesse ocorrido. Se, para o seu *Messias*, ele tinha conseguido encontrar novas fontes, é algo que provavelmente — malgrado a insistente esperança de Ficowski — nunca viremos a saber.

Schulz era um artista plástico de algum talento nos limites de uma certa faixa técnica e emocional. A série de *O livro da idolatria*, em particular, registra uma obsessão masoquista: homens curvados e nanicos, entre os quais o próprio Schulz é reconhecível, rastejam aos pés de mulheres imperiosas, com pernas longas e nuas.

Por trás do desafio narcisista das moças de Schulz, pode-se detectar a *Maja despida*, de Goya. A influência do expressionismo também é forte, sobretudo de Edvard Munch. Há sinais do belga Félicien Rops. Curiosamente, em vista da importância dos sonhos para a obra ficcional de Schulz, os surrealistas não deixaram nenhuma marca em seus desenhos. Em vez disso, à medida que ele amadureceu, um elemento de comédia sardônica tornou-se cada vez mais forte.

As moças dos desenhos de Schulz são coerentes com Adela, a criada que governa a casa de *As lojas de canela* e reduz o pai do narrador à infantilidade, ao estender-lhe uma das pernas e apresentar-lhe o pé para ser adorado.

A ficção e a criação pictórica pertencem ao mesmo universo; alguns dos desenhos destinavam-se a ilustrar essas histórias. Mas Schulz nunca afirmou que sua produção visual, com suas ambições limitadas, estivesse à altura do que escrevia.

O livro de Ficowski traz uma seleção dos desenhos e obras gráficas de Schulz. Seleção mais rica pode ser encontrada na edição de suas obras reunidas. Todos os desenhos sobreviventes de Schulz estão disponíveis em reprodução num belo volume bilíngue publicado pelo Adam Mickiewicz Museum.[6]

(2003)

---

6   Bruno Schulz, *Drawings and Documents from the Collection of the Adam Mickiewicz Library Museum*. Varsóvia: MLAM, 1992.

Joseph Roth, os contos

No apogeu de um reinado que começou em 1848 e durou até 1916, Francisco José, imperador da Áustria e rei da Hungria, reinou sobre cerca de 50 milhões de súditos. Desses, menos de um quarto tinha o alemão como língua materna. Mesmo no território austríaco propriamente dito, metade dos habitantes tinha origem eslava de algum tipo — fossem tchecos, poloneses, ucranianos, sérvios, croatas ou eslovenos. Cada uma dessas nacionalidades étnicas aspirava a se transformar num Estado-nação independente, com todos os deveres e privilégios que acompanham essa posição, inclusive uma língua e uma literatura nacionais.

O erro do governo imperial, hoje vemos em retrospecto, foi encarar com excesso de ligeireza essas aspirações e crer que os benefícios da filiação a um Estado esclarecido, próspero, pacífico e multiétnico acabariam superando o impulso do separatismo e a pressão dos preconceitos antigermânicos (ou, no caso dos eslovacos, antimagiares). Quando a guerra — precipitada por um espetacular ato terrorista perpetrado por nacionalistas étnicos — irrompeu em 1914, o Império viu que era fraco demais para resistir aos exércitos da Rússia, da Sérvia e da Itália nas suas fronteiras e fez-se em pedaços.

"A Austro-Hungria não existe mais", escreveu Sigmund Freud para si mesmo no Dia do Armistício, em 1918. "Não quero viver em nenhum outro lugar [...] Vou continuar vivendo apenas com o torso, fazendo de conta que é o corpo inteiro."[1] Freud falava por muitos judeus de cultura austro-germânica. O desmembramento do velho Império e a redefinição do mapa da Europa Oriental para criar novas pátrias baseadas na etnicidade quase sempre operaram principalmente em detrimento dos judeus, pois não havia território que eles pudessem indicar como ancestralmente próprio. O antigo Estado imperial supranacional lhes era conveniente; a divisão do pós-guerra foi para eles uma calamidade. Os primeiros anos do novo Estado austríaco, destituído e praticamente inviável, com crises de escassez de alimentos seguidas por níveis de inflação que consumiram toda a poupança da classe média, além da violência nas ruas entre as forças paramilitares da esquerda e da direita, só intensificaram seu desconforto. Houve quem começasse a encarar a Palestina como um lar nacional; outros se voltaram para o credo supranacional do comunismo.

A nostalgia diante de um passado perdido e a ansiedade perante um futuro sem abrigo estão no cerne da obra da maturidade do romancista austríaco Joseph Roth (1894-1939). Roth se lembrava com carinho da monarquia austro-húngara como a única pátria que jamais tivera. "Eu amava essa nação", escreveu ele em um prefácio para *Marcha de Radetzky*. "Ela me permitia ser patriota e cidadão do mundo ao mesmo tempo, e, entre todos os povos da Áustria, também um alemão. Eu amava as

---

1 Citado em: William M. Johnston, *The Austrian Mind: An Intellectual and Social History, 1848-1938*. Berkeley/Los Angeles: University of California Press, 1972.

virtudes e os méritos dessa pátria, e hoje que ela desapareceu amo inclusive seus defeitos e fraquezas."[2] *Marcha de Radetzky* é a obra-prima de Roth, um grande poema de elegia à Áustria dos Habsburgo, criado por um súdito de um território distante do Império; uma grande contribuição à literatura em língua alemã de um escritor que mal fazia parte da comunidade das letras alemãs.

Moses Joseph Roth nasceu em 1894 em Brody, cidade de porte médio a poucos quilômetros da fronteira russa, no território imperial da Galícia. A Galícia tornara-se parte do Império Austríaco em 1772, depois do desmembramento da Polônia; era uma região pobre densamente habitada por ucranianos (conhecidos na Áustria como rutênios), poloneses e judeus. A cidade de Brody fora um dos centros da Haskalah, o iluminismo judaico. Na década de 1890, dois terços de sua população eram judeus.

Nas partes do Império onde se falava alemão, os judeus da Galícia eram relativamente malvistos. Ainda jovem, enquanto começava a vida em Viena, Roth tendia a camuflar suas origens, alegando ter nascido em Schwabendorf, uma cidade de maioria alemã da região (invenção que aparece inclusive em seus papéis oficiais). Seu pai, segundo ele, seria (conforme o caso) dono de fábrica, oficial do exército, alto funcionário do governo, pintor ou ainda um aristocrata polonês. Na verdade, porém, Nahum Roth trabalhava em Brody como agente para uma firma de comerciantes alemães de cereais. Moses Joseph nunca chegou a conhecê-lo: em 1893, pouco depois de ter-se casado, Nahum sofreu algum tipo de colapso mental numa viagem de trem para Hamburgo.

2 Citado em: Sidney Rosenfeld, *Joseph Roth*. Columbia: University of South Carolina Press, 2001.

Joseph Roth 119

Foi levado para um sanatório e de lá passou às mãos de um rabino milagreiro. Nunca mais se recuperou, e nunca retornou a Brody.

Moses Joseph foi criado pela mãe na casa dos pais dela, judeus prósperos e assimilados. Frequentou uma escola da comunidade judaica onde a língua de instrução era o alemão e depois entrou para o *Gymnasium* alemão de Brody. Metade de seus colegas eram judeus: para jovens judeus do Leste, uma educação alemã abria as portas do comércio e da cultura dominante.

Em 1914, Roth se matriculou na Universidade de Viena. A capital austríaca, a essa altura, abrigava a maior comunidade judaica da Europa central, cerca de 200 mil almas reunidas no que consistia, na verdade, numa espécie de gueto voluntário. "Já é difícil ser um *ostjude*", um judeu do Leste, conta Roth; mas "não existe destino pior que o de um *ostjude* perdido em Viena". Os *ostjuden*, além do antissemitismo, precisavam enfrentar ainda a distância com que eram tratados pelos judeus ocidentais.[3]

Roth era um excelente aluno, especialmente de literatura alemã, embora menosprezasse quase todos os professores, que achava pedantes e servis. Esse desdém se reflete em seus primeiros escritos, que descrevem o sistema educacional público como o domínio de carreiristas ou então de pessoas pouco inteligentes, modestas e sem inspiração.

Como trabalho de meio expediente, dava aulas particulares para os filhos de uma condessa, e no processo adquiriu maneirismos de dândi, como beijar as mãos das senhoras, portar bengala e usar monóculo. Começou a publicar poemas.

---

3 Citado em: Helmuth Nürnberger, *Joseph Roth*. Hamburgo: Rowohlt, 1981.

Sua formação, que parecia destiná-lo a uma carreira acadêmica, foi infelizmente interrompida pela guerra. Superando suas inclinações pacifistas, alistou-se em 1916, abandonando ao mesmo tempo o nome Moses. As tensões étnicas eram tão fortes no exército imperial que foi transferido de sua unidade de língua alemã; passou 1917-1918 numa unidade de língua polonesa na Galícia. Seu período de serviço militar permitiu novos acréscimos fantasiosos à sua biografia, entre eles histórias de que chegara ao oficialato e fora prisioneiro de guerra na Rússia. Anos mais tarde, ainda temperava suas conversas com palavras do jargão militar.

Depois da guerra, Roth começou a escrever para a imprensa e logo conquistou admiradores entre os vienenses. Antes da guerra, Viena era a capital de um grande império; agora, era uma cidade empobrecida, com 2 milhões de habitantes, num país que mal chegava aos 7 milhões. À procura de melhores oportunidades, Roth e a mulher com quem acabara de se casar, Friederike, mudaram-se para Berlim. Lá ele escrevia para jornais liberais, mas também para o esquerdista *Vorwärts*, assinando seus textos como *Der rote Joseph* [Joseph, o Vermelho]. Logo lançou o primeiro de seus *Zeitungromane*, "romances de jornal", assim chamados não só porque tinham os mesmos temas de suas matérias jornalísticas como também porque o texto era dividido em partes curtas e ágeis. *A teia de aranha* (1923) trata, profeticamente, da ameaça moral e espiritual da direita fascista. Foi publicado três dias antes do primeiro *putsch* de Hitler.

Em 1925, Roth foi nomeado correspondente em Paris do *Frankfurter Zeitung*, o mais importante jornal liberal da época, com um salário que fez dele um dos jornalistas mais bem pagos da Alemanha. Mudara-se para Berlim disposto a uma carreira de escritor alemão, mas na

França descobriu que no fundo era francês — "um francês do Leste". Ficou maravilhado com o que definia como a qualidade sedosa das mulheres francesas, especialmente as mulheres que viu na Provence.

Mesmo na juventude, Roth já dominava um francês lúcido e flexível. Agora, usando Stendhal e Flaubert — especialmente o Flaubert de *Um coração simples* — como modelos, aperfeiçoou seu estilo da maturidade, de uma exatidão característica. (Falando de *Marcha de Radetzky*, Roth observou: *"Der Leutnant Trotta, der bin ich"*, ecoando conscientemente as palavras de Flaubert, *"Madame Bovary, c'est moi"*.) Chegou a cogitar de se instalar na França e começar a escrever em francês.

Ao final de um ano, porém, o *Frankfurter Zeitung* decidiu substituí-lo em seu escritório parisiense. Decepcionado, candidatou-se a uma viagem à Rússia. Seu hábito de (nas suas palavras) "tratar de maneira irônica certas instituições, certos hábitos morais e certos costumes do mundo burguês" não devia, alegava ele, ser usado para desqualificar sua capacidade de escrever sobre a Rússia e as "duvidosas consequências" da Revolução Russa. Sua série de despachos fez grande sucesso; seguiram-se reportagens sobre a Albânia, a Polônia e a Itália. Ele se orgulhava da sua obra jornalística. "Não me limito a escrever os chamados comentários espirituosos. *Eu rascunho os grandes traços da época* [...] Sou um jornalista, não um repórter; sou um escritor, não um mero autor de artigos segundo as fórmulas correntes."

O tempo todo ele continuava a escrever ficção. Em 1930, publicou seu nono romance, *Jó: romance de um homem simples*. A despeito — ou talvez por causa — do seu final sentimental, digno de um conto de fadas — um envelhecido Mendel Singer, esgotado pelos golpes da má sorte e imerso na penúria dos cortiços de Nova York, acaba resgatado pelo filho idiota que abandonara no Velho Mundo, um filho que, sem ele saber, transformara-se num músico de fama mundial — *Jó* transformou-se num sucesso internacional. (Roth confessaria que não teria conseguido escrever o final sem recorrer à bebida.) Depurando o livro dos seus elementos judaicos, Hollywood transformou-o em filme com o título de *Sins of Man* [Pecados do homem]. Dois anos mais tarde, seguiu-se o livro mais ambicioso de Roth, *Marcha de Radetzky*. E publicaria ainda mais seis romances durante sua vida, todos de escala menor, além de inúmeros contos.

Marcha de Radetzky, sem dúvida o mais importante dos romances de Roth e o único em que trabalhou sem muita pressa, acompanha o destino de três gerações da família Trotta, todos servidores da Coroa: o primeiro Trotta é um simples soldado elevado à nobreza menor por um ato de heroísmo; o segundo é um alto administrador de província, e o terceiro, um oficial do exército cuja vida se desperdiça em futilidades à medida que a mística dos Habsburgo perde a força sobre ele, que acaba morrendo na Grande Guerra sem deixar descendentes.

A trajetória dos Trotta reflete a história do Império. O ideal do serviço desinteressado, encarnado no Trotta intermediário, deixa de manifestar-se em seu filho não porque o Império tenha fracassado em alguma instância objetiva, mas devido à mudança geral de atmosfera que torna insustentável o antigo idealismo (a mesma mudança de ares que é o ponto de partida para a dissecção da antiga Áustria em *O homem sem qualidades*, de Robert Musil). O mais jovem dos Trotta, nascido na década de 1890, pode ser o representante da geração de Roth e Musil (*"Der Leutnant Trotta, der bin ich"*), mas é seu pai, obrigado no fim na vida não só a engolir a vergonha dos fracassos do filho como ainda a descobrir — com uma humildade comovente – que as crenças a que sempre foi devotado saíram de moda, a figura mais trágica do livro, mostrando o quanto Roth é mais complexo como artista crítico do que como o apologista dos Habsburgo em que mais tarde iria se transformar.

Nos livros de Roth, é entre os súditos mais marginais que o Império encontra seus mais fiéis seguidores. Os Trotta, austro-húngaros exemplares, não são alemães, mas eslovenos na origem. Tendo declarado extinta uma linhagem do clã, Roth decide inventar um distante primo Trotta por meio do qual pode empreender, em *A cripta dos capuchinhos* (1938), uma continuação bastante inferior de *Marcha de Radetzky*, sua história ficcional da decadência do ideal imperial, transformado no cinismo e na decadência da Viena do pós-guerra.

Enquanto isso, Friederike Roth sucumbiu à doença mental e foi hospitalizada. Passou a década de 1930 internada em asilos na Alemanha e na Áustria; quando os nazistas assumiram o controle, seria uma das escolhidas para ser submetida à eutanásia.

Em 1933, Roth deixa a Alemanha de uma vez por todas e, depois de passar algum tempo vagando pela Europa, torna a instalar-se em Paris. Traduções da sua obra vinham sendo publicadas em uma dúzia de línguas; segundo praticamente qualquer critério, tornara-se um escritor de sucesso. No entanto, sua vida financeira era um caos. Além disso, já fazia algum tempo que bebia muito e, em meados da década de 1930, se tornara alcoólatra. Em Paris, montou sua base num pequeno quarto de hotel e passava os dias no café do térreo, escrevendo, bebendo e conversando com amigos.

Hostil tanto ao fascismo como ao comunismo, Roth proclamou-se católico e envolveu-se em intrigas políticas monarquistas, mais especificamente em esforços para restaurar Otto von Habsburg, sobrinho-neto do último imperador, no trono austro-húngaro. Em 1938, diante da ameaça de anexação pela Alemanha, viajou para a Áustria como representante dos monarquistas com a missão de tentar convencer o governo a entregar a chancelaria a Otto. Foi obrigado a bater em retirada ignominiosa, sem sequer ter obtido uma audiência. De volta a Paris, passou a defender a criação de uma Legião Austríaca para libertar a Áustria pela força.

Surgiram oportunidades de se mudar para os Estados Unidos, mas ele as deixou passar. "Por que você bebe tanto?", perguntou-lhe um amigo preocupado. "E você, acha que vai escapar? Você também vai ser exterminado", respondeu-lhe Roth. Morreu num hospital parisiense em 1939, ao cabo de vários dias de *delirium tremens*. Tinha 44 anos.

Embora Roth tenha feito experiências intermitentes no gênero do conto, sua reputação no mundo de língua inglesa devia-se até há pouco aos seus romances, sobretudo *Marcha de Radetzky*. Então, em 2001, seus contos foram publicados numa tradução de Michael Hofmann, com uma apresentação em que Hofmann afirma que Roth, nos seus melhores textos, é um contista tão grande quanto Anton Tchekhov.[4]

O título *The Collected Stories of Joseph Roth* parece conter uma promessa, e nada ambígua: que nos está sendo apresentada a totalidade dos contos de Roth. Mas o que são exatamente contos? Em vez de tentar estabelecer critérios formais — uma tarefa condenada ao fracasso —, Hofmann, com muita sensatez, toma como

---

4 *The Collected Stories of Joseph Roth*. Nova York: W. W. Norton, 2001.

sua província toda a prosa ficcional de Roth para além dos seus romances. Nos tomos relevantes dos canônicos *Werke*, em alemão em seis volumes, organizados por Fritz Hackert, encontramos dezoito textos ficcionais não rotulados de *Roman*. As *Collected Stories* reúnem dezessete desses dezoito textos; e não leva em conta que alguns desses dezoito nem sequer são contos acabados com começo, meio e fim, mas fragmentos de projetos maiores abandonados no meio do caminho; ou nem que quatro deles foram publicados, durante a vida de Roth ou postumamente, como livros independentes: *Abril: história de um amor* (1925); *O espelho cego* (1925); *A lenda do santo beberrão* (1939) e *O Leviatã* (impresso em 1940, mas distribuído apenas em 1945).

O 18º texto, omitido da coletânea, é *A lenda do santo beberrão*, corretamente classificado por Hackert como uma *Novelle*, uma novela ou conto longo, e não um *Roman*. O motivo para a sua ausência nas *Collected Stories*, mencionado de passagem na apresentação, é que já havia uma tradução sua (do próprio Hofmann) disponível no mercado. As *Collected Stories*, portanto, não são os contos reunidos em sentido estrito: precisam ser complementadas seja por *A lenda do santo beberrão* ou pelo volume misto *Right and Left* [do original *Rechts und links*]/*The Legend of the Holy Drinker*.

A primeira evidente obra-prima da coletânea é *O chefe de estação Fallmerayer*, de 1933. Fallmerayer é um homem tranquilo e autossuficiente, tipo que encontramos com frequência na obra de Roth, cumprindo fielmente, mas sem muito sentimento, os deveres do amor, do casamento e da paternidade. E aí intervém o destino. Um acidente de trem ocorre perto da cidade do interior da Áustria onde ele é chefe de estação. Uma das passageiras, a condessa Walewska, uma russa (e um traço irritante dessas traduções é o uso das convenções alemãs na transliteração dos nomes russos), é levada para a sua casa a fim de se recobrar do choque. Depois de sua partida, Fallmerayer reconhece que se apaixonou por ela.

Dali a poucos meses — o ano é 1914 — a Áustria e a Rússia entram em guerra. Fallmerayer combate no front oriental, sobrevivendo apenas graças à força de sua decisão de tornar a ver a condessa. Nas horas vagas, aprende russo por conta própria. E, claro, um dia descobre que se encontra nas proximidades da propriedade Walewski. Anuncia-se; ele e a condessa tornam-se amantes.

O idílio entre os dois é interrompido pela Revolução Bolchevique. Fallmerayer salva a condessa dos comunistas, acompanhando-a por mar até a segurança da propriedade da família em Monte Carlo. Mas justo quando a felicidade dos dois parece garantida, o conde Walewski, que todos julgavam morto, reaparece. Velho e alquebrado, demanda cuidados, e sua mulher não tem como recusar. Fallmerayer avalia a situação e, sem uma palavra, vai embora. "E nunca mais se ouviu nada a seu respeito."

A intuição de Roth acerca do que pode e não pode ser alcançado na forma do conto é segura. Aos olhos de um romancista — Tolstói, por exemplo, cuja influência pode ser claramente detectada não apenas nesse conto, mas no então recém-escrito *Marcha de Radetzky* —, a sequência de acontecimentos que leva do primeiro encontro entre o chefe de estação e a condessa até a chegada do conde pode parecer limitar-se a criar o pano de fundo para a questão que de fato interessa: o que poderá fazer da vida um austríaco de meia-idade que abandona a família e seu país para seguir uma mulher, e agora se vê à deriva na Europa do pós-guerra? Mas Roth nem sequer aborda a questão. Sem negar o poder que o amor, mesmo o *amour fou*, tem de nos transformar em seres humanos mais plenos, ele conduz Fallmerayer até o limiar do *e agora?*, e então o deixa lá.

O busto do imperador (1935) pertence claramente à fase ultraconservadora de Roth. Passado na Galícia imediatamente depois da Grande Guerra, fala do quixotesco conde Franz Xavier Morstin, cujas propriedades então se encontram em território polonês, mas que ainda assim mantém um busto do imperador Francisco José diante da sua residência e costuma ostentar o uniforme de oficial da cavalaria austríaca. A história é contada por um narrador sem nome, para o qual esse protesto obscuro e discreto contra o curso da história parece merecer todo o louvor.

O narrador não perde seu tempo em nos externar sua opinião sobre os tempos modernos. Ao longo do século XIX, observa ele em tom cáustico, concluíra-se que "cada indivíduo precisa ser membro de uma determinada raça ou nação". E então todas essas pessoas que nunca tinham sido outra coisa senão austríacos... começaram, obedecendo a essa "ordem do dia", a ver-se como membros das "nações" polonesa, tcheca, ucraniana, alemã, romena, eslovena, croata. Entre os poucos que continuam a ver-se "para além da nacionalidade" estava o conde Morstin.

Antes da guerra, o conde costumava exercer um papel social e funcionar como uma espécie de mediador entre o povo e a burocracia do Estado. Mas agora perdeu o poder e a influência. Ainda assim, os aldeões — judeus, polacos, rutênios — continuam a respeitá-lo. E essas pessoas merecem respeito, comenta o narrador, por resistirem assim "aos caprichos incompreensíveis da história mundial". "O vasto mundo não é tão diferente da pequena aldeia de Lopatyny quanto os governantes e os demagogos gostariam de fazer-nos acreditar", acrescenta ele em tom sombrio.

Quando as novas autoridades polonesas ordenam que ele retire o busto do imperador, Morstin supervisiona um enterro solene da estátua. Em seguida, refugia-se no sul da França para terminar seus dias e escrever suas memórias. "Meu antigo lar, a monarquia [...] era uma morada com muitas portas e muitos quartos para muitos tipos diferentes de pessoas", escreve ele. "Mas a morada foi dividida, esfacelada, arruinada. Nada tenho a ver com o que existe hoje em seu lugar. Estou acostumado a viver numa casa, e não em cabanas."

Obras como *O busto do imperador* e *A cripta dos capuchinhos* são conservadoras não apenas na postura política, mas também na técnica literária. Roth não é modernista. Parte do motivo é ideológica, parte uma questão de temperamento e parte, para falarmos com franqueza, o fato de ele não ter acompanhado os desenvolvimentos no mundo literário. Roth não lia muito; gostava de citar Karl Kraus: "Um escritor que passa o tempo lendo é como um garçom que passa o tempo todo comendo".[5]

O Leviatã é uma narrativa de tipo totalmente diverso. A reticência de Roth em relação às suas origens de *ostjude* desaparece por completo. Passado não na Galícia, mas na região vizinha da Volínia, no Império Russo, é um conto expansivo, lírico no tom, folclórico no estilo. Em seu centro se encontra o judeu Nissen Piczenik, que, embora ganhe a vida vendendo contas de coral a camponesas ucranianas, nunca viu o mar. No oceano da sua imaginação, todos os seres vivos, inclusive os corais, vivem sob os cuidados de um animal fabuloso, o Leviatã da Sagrada Escritura.

Piczenik fica amigo de um jovem marinheiro, em cuja companhia começa a frequentar tavernas e faltar às orações. Abandona a família para ir até Odessa com o novo amigo e fica semanas por lá, fascinado com a vida do porto.

---

5   Citado em: David Bronstein (org.), *Joseph Roth und die Tradition*. Frankfurt: Agora Verlag, 1975.

De volta à sua terra, descobre que está perdendo a freguesia para um rival que vende contas novinhas de celuloide. Cedendo à tentação, começa a misturar contas de celuloide às de coral. Mas nem assim recupera a boa sorte. E decide emigrar. A caminho do Canadá, seu navio naufraga. "Que descanse em paz ao lado do Leviatã até a vinda do Messias" são as últimas palavras deste que é o mais ostensivamente judaico dos contos de Roth.

O chefe de estação Fallmerayer, *O busto do imperador* e *O Leviatã* são obras da maturidade de Roth. Os contos mais antigos das *Collected Stories* são muito desiguais, incluindo inexpressivos textos naturalistas, experiências frustradas e fragmentos abandonados. Entre os contos completos dessa fase anterior, dois se destacam. *O aluno brilhante* (1916) é uma estreia de notável segurança. Passado numa pequena cidade da Áustria alemã, acompanha com um olhar satírico a ascensão de Anton Wanzl, o aluno brilhante do título, zeloso, disciplinado, obsequioso, astuto — uma criatura perfeitamente adaptada ao progresso na burocracia educacional. Como muitos dos contos iniciais, porém, esse também começa cheio de ideias e de energia, depois perde o vigor e acaba mal.

O personagem de Wanzl é recuperado e retrabalhado cerca de quinze anos mais tarde, numa narrativa de primeira pessoa intitulada *Juventude*. O narrador se apresenta como um homem frio e cínico, sensual, mas impiedoso com as próprias emoções, destacando-se em estudos literários, mas estranho às paixões que animam a grande literatura. *Juventude* mal se esforça para passar por ficção: temos a impressão de estarmos diante de uma autoanálise do próprio Joseph Roth, implacável e muito precariamente velada.

O espelho cego (1925) é a história de uma jovem comum, sonhadora, submissa e sexualmente inocente da classe operária, Fini — uma *süße Mädel* ("jovem ingênua"), no jargão vienense. Aqui Roth se entrega a um pastiche do estilo da noveleta, mitigando o sentimentalismo xaroposo com toques irônicos e alguns rasgos poéticos em tom sombrio. Fini trabalha num escritório do centro e vive numa casa pequena com a mãe perseguidora e um pai reformado do exército por invalidez. Seduzida por um homem mais velho, ela logo descobre como é escasso o prazer na vida quase marital com um amante que nunca toma banho, anda de chinelo pela casa e costuma esquecer de abotoar a braguilha. "Uma vez por semana, ou talvez duas, os dois mantinham congresso no sofá do gabinete, uma entrega infeliz, silenciosa e acompanhada por lágrimas silenciosas, como a comemoração desesperada de aniversário de um paciente terminal."

Tardiamente, Fini encontra o verdadeiro amor nos braços de um intrépido revolucionário. Quando seu amante desaparece, ela se suicida por afogamento. Sua história — uma desconfortável mescla de paródia, sentimentalismo e realismo urbano — acaba com seu cadáver estendido na mesa de dissecção de uma escola de medicina.

Em suas cartas da década de 1920, Roth faz menções repetidas a um grande romance em que vinha trabalhando. O romance nunca chegou a ser concluído; e só restaram dois fragmentos — fieiras de anedotas, de caráter fantástico e pontilhadas de imagens notáveis, baseadas nos seus anos de juventude na Galícia. Mais tarde, Roth transporia esse material num tom mais sombrio e o usaria num vigoroso romance curto, *Das falsche Gewicht* [O peso falso], outra obra em que um homem só encontra o amor tarde demais na vida e não tem como viver seus prazeres.

Michael Hofmann já traduziu Roth antes, e foi premiado por suas traduções. O inglês de Hofmann é expressivo, contido e preciso como o alemão de Roth no que tem de melhor. Entretanto, nem sempre Roth escreveu tão bem quanto podia, e o que Hofmann faz quando Roth não está no auge da forma é causa para alguma preocupação.

Em *O Leviatã*, por exemplo, Roth descreve no original os trajes noturnos da mulher do vendedor de coral Piczenik como "uma camisola comprida, salpicada de uma série de manchas irregulares e pretas, indícios da presença de pulgas". Hofmann condensa isso em "uma comprida camisola manchada de pulgas". No mesmo conto, Piczenik é saudado por suas freguesas, no texto de Roth, "com abraços e beijos, rindo e chorando, como se nele elas recuperassem um amigo que não viam havia décadas, e cuja falta sentiram por muito tempo". Na versão de Hofmann, ele é recebido "com abraços e beijos, como um amigo perdido". Nos dois casos, Hofmann parece ter decidido transmitir melhor o que Roth pretendia reformando ou condensando o original, em vez de traduzir cada palavra do texto. Mas será mesmo parte do trabalho do tradutor tentar dar lições de economia ao autor que traduz?

Há casos em que Hofmann melhora o texto de Roth a ponto de na verdade reescrevê-lo. Em Hofmann, encontramos um par de samovares de cobre "brunidos pelo sol poente". Brunir um metal é o mesmo que lustrá-lo, fazê-lo brilhar. Mas dentro da palavra inglesa *burnish*, por um feliz acidente linguístico, encontra-se a palavra *burn* – e assim o cobre é levado a reluzir pelo ardor [*burning*] da luz do sol, por assim dizer. Qualquer objeção que nos lembre que o inglês *burnish* deriva do francês *brunir*, "lustrar", que nada tem a ver com o calor ou queima, pode ser posta de lado, pois ocorre que todas as palavras começadas por *brun*- e *burn*- têm suas raízes emaranhadas no passado indo-europeu. O único problema é que nenhuma parte desse engenho verbal se encontra em Roth, em cujo alemão o sol se limita a "refletir-se" [*spiegelte sich*] no par de samovares.

Às vezes Hofmann dá a impressão de empurrar Roth numa direção em que o original não estava indo: a pressão dos dedos de um homem no braço de uma jovem torna-se "insistente" quando no original era apenas "suave". Às vezes, por outro lado, ele deixa passar uma ênfase significativa. Para o narrador de *O busto do imperador*, a geração que herdou o poder na Europa depois de 1918 já era ruim, mas não tanto quanto (na versão de Hofmann) "os herdeiros ainda mais progressistas e assassinos" que a sucederam — uma clara alusão a Mussolini, Hitler e suas hordas. Mas como alguém poderia chamar os fascistas de "progressistas"? No alemão, a palavra é *moderneren* [mais modernos]: para Roth em sua fase tardia, é a linha de pensamento *moderno* que dá origem ao Estado-nação europeu, que também sanciona os ódios étnicos que haveriam de levar a Europa à catástrofe.

Hofmann é inglês, e vez por outra emprega locuções de uso britânico cujo significado pode escapar ao leitor americano. Um rapaz planeja *to see off* [afugentar] um rival pelo afeto de uma jovem. Uma garota pergunta a outra se ela já *has been poorly* [menstruou]. Alguém *havers* [hesita] à porta de um hospital. Assim como se pode defender a tradução para o dialeto do inglês que o tradutor domina com mais clareza, também se pode defender, ao contrário, que deve usar o dialeto mais linguisticamente neutro que puder.

(2002)

Sándor Márai

Estamos com o velho general, Henrik, em seu castelo na Hungria. O ano é 1940. Vinte anos se passaram desde a queda da monarquia dos Habsburgo, sem que o general aparecesse em público. Agora ele espera um visitante, seu outrora grande amigo Konrad.

O general contempla os retratos dos progenitores: seu pai, oficial da Guarda, e sua mãe, aristocrata francesa que fez o possível para encher aquele mausoléu de granito perdido na floresta de cor e música, mas ao final sucumbiu sob seu peso frio. Num longo *flashback*, ele rememora como, na infância, fora levado para Viena a fim de se alistar numa academia militar; como lá conhecera Konrad, como os dois se tornaram inseparáveis. Durante as férias, em casa, ele e Konrad cavalgavam juntos e esgrimiam juntos, jurando permanecer castos. "Não há nada igual à delicadeza de uma relação assim. Tudo que a vida tem a oferecer mais adiante, os anseios sentimentais ou o desejo em estado bruto, tanto os sentimentos intensos como os assomos ocasionais da paixão, tudo será necessariamente mais cru e mais bárbaro."[1]

---

1 Sándor Márai, *Embers*. Tradução para o inglês de Carol Brown Janeway, a partir da edição em alemão, traduzida por Christina Viragh. Nova York: Knopf, 2001. [Ed. brasileira: *As brasas*. São Paulo: Companhia das Letras, 1999.]

No devido tempo, os dois jovens se formam na academia e entram para a Guarda. Enquanto Henrik leva uma vida convencional de oficial militar, Konrad começa a passar as noites sozinho, entregue à leitura. Ainda assim, mesmo depois que Henrik se casa com a linda Krisztina, o laço entre os dois jovens permanece intacto.

O *flashback* termina. O velho general abre uma gaveta secreta e tira dela um revólver carregado.

Em meio à escuridão, Konrad chega (e como ele fez para atravessar a Europa ocupada pelos alemães, não cuida de explicar). Durante o jantar, descreve sua vida desde que ele e Henrik seguiram caminhos separados, quarenta anos antes. Passou anos trabalhando na Malásia, para uma empresa mercantil inglesa. Tornou-se cidadão britânico e vive na Inglaterra. Henrik, por sua vez, conta como, depois que a monarquia austríaca foi abolida, decidiu renunciar à sua patente de oficial.

Os dois concordam que a dissolução do Império pós-1919 pôs fim aos sentimentos de lealdade de qualquer um deles. Konrad: "Minha pátria era um sentimento, e esse sentimento foi ferido mortalmente [...] O que juramos defender não existe mais [...] Havia um mundo pelo qual valia a pena viver e morrer. Esse mundo morreu". Mas Henrik objeta: "Esse mundo ainda está vivo, mesmo que não exista mais na realidade. Continua vivo porque fiz o juramento de mantê-lo".

Um raio atinge a rede elétrica. No castelo, os dois velhos continuam seu jantar à luz de velas. Cem páginas se passaram. Estamos na metade de *As brasas* (o título em húngaro diz, literalmente, *Extinguem-se as velas*). É hora de Henrik começar a tratar do que interessa.

Ao longo de todos esses últimos quarenta anos, conta ele a Konrad, viveu atormentado por uma pergunta para a qual finalmente quer uma resposta. Na verdade, se Konrad não tivesse vindo visitá-lo naquela noite, ele teria partido à sua procura, mesmo que fosse nas próprias entranhas do inferno. Lembra a Konrad o que aconteceu num dia fatídico de 1899, quando bateu à porta do apartamento de solteiro de Konrad e, para sua surpresa — nunca estivera lá antes, e esperava um cenário espartano —, encontrou o lugar repleto de belos objetos, "cortinas e tapetes, pratarias, antigos bronzes, cristais e móveis, tecidos raros". Enquanto contemplava tudo aquilo, maravilhado, Krisztina entrou pela porta, e os antolhos caíram de seus olhos.

Konrad e Krisztina o traíam e enganavam — eis por que Konrad fugira do país. Mas será que sua traição fora ainda mais profunda? Não consegue esquecer o momento em que, saindo para a caça com Konrad, um sexto sentido lhe avisa que a arma de Konrad estava apontada não para o cervo, mas para a sua nuca. (E ele não se vira: não quis passar pela "vergonha que sente a vítima forçada a olhar seu matador nos olhos".) Teriam planejado juntos assassiná-lo, e, se era mesmo esse o caso, por que seu plano fracassara? Só porque faltara a Konrad a coragem de puxar o gatilho?

Henrik rememora o veredicto particular de seu pai sobre Konrad: que no fundo ele não era um soldado. Como Krisztina, morta havia tanto tempo, Konrad era amante da música. E Henrik não compartilha essa paixão. Lembrando o herói patologicamente ciumento de *A sonata a Kreutzer*, de Tolstói, ele acusa a música de ser um apelo à libertinagem e à anarquia, uma linguagem secreta usada por pessoas "seletas" para manifestar "coisas desinibidas e irregulares que provavelmente também são indecentes e imorais". "Você matou uma coisa dentro de mim", conta ele a Konrad. "Hoje à noite, pretendo matar uma coisa dentro de você."

No entanto, no mesmo momento em que tem Konrad à sua mercê, seu desejo de vingança parece esvair-se.

De que pode lhe valer, afinal, a morte de Konrad? Com a idade, ao que parece, começamos a aceitar que nossos desejos não encontraram nem jamais encontrarão um eco verdadeiro no mundo. "As pessoas que amamos não nos amam, ou não da maneira como esperávamos." Assim, de Konrad ele não pede mais que a verdade. O que de fato acontecia entre ele e Krisztina?

Aos pedidos, perguntas, acusações e ameaças de Henrik, Konrad não dá nenhuma resposta e, ao amanhecer, vai embora. A última página está virada, o revólver não é usado.

As brasas é um romance — na verdade, uma novela — em que pouca coisa acontece. Do trio de personagens, Krisztina é uma sombra e Konrad, um silêncio obstinado. O castelo, a tempestade, a visita noturna de Konrad resultam em não mais que um cenário e uma ocasião para que Henrik possa fazer em voz alta suas reflexões sobre as mutações sofridas por sua dor e por seu ciúme ao longo do tempo e proferir suas meditações sobre a vida. O livro dá a impressão de uma transcrição narrativa, às vezes até canhestra, de uma peça teatral.

Entre os tópicos acerca dos quais Henrik expõe suas ideias bastante convencionais estão a guerra recém-irrompida (um mundo enlouquecido); os povos primitivos ("ao menos conservaram uma noção da natureza sagrada do homicídio"); as virtudes masculinas do silêncio e da solidão e a inviolabilidade da palavra dada; a amizade (um sentimento conhecido apenas pelos homens e mais nobre que o desejo sexual, porque não pede nada em troca); e a caça (a única arena onde os homens ainda podem experimentar uma alegria proibida, a saber, o impulso, nem bom nem mau em si mesmo, de exterminar seu antagonista).

As opiniões de Henrik são as que poderíamos esperar de qualquer general da reserva enferrujado. Mas ele é mais que isso. Também é um seguidor da interpretação vulgarizada de Nietzsche, com sua romantização da violência e sua mística homoerótica, que predominou em meio à elite militar da Europa não reconstruída do começo do século passado. Uma das maneiras de ler *As brasas* é como uma obra irônica, escrita de maneira a permitir aos Henriks do mundo expor a crueza das suas ideias nas próprias palavras, sem nenhuma intervenção autoral. Para que essa leitura tenha valor, porém, o leitor precisa aceitar o livro como uma impostura acabada, em que os sentimentos do próprio Márai são deliberadamente silenciados. A linguagem recheada de clichês espelharia então a sensibilidade sem polimento de Henrik, bem como a *mise-en-scène* igualmente deslustrada: o castelo gótico assombrado por "presenças intangíveis"; a mesa adornada com uma porcelana "de raro encanto"; laços "profundos demais para as palavras" entre o patrão e o antigo criado que atende às suas necessidades; "antigos textos" que ele consulta à procura do sentido da vida etc. etc.

Uma leitura alternativa desse livro enigmático – enigmático porque tão deliberadamente fora de contato com o seu tempo (foi lançado durante a Segunda Guerra Mundial) – daria mais peso ao pessimismo de Márai quanto à nossa capacidade de conhecer os outros e a sua resignação estoica a não se deixar conhecer a si mesmo. "Na literatura, como na vida", escreve ele em suas memórias *Land, land!...*, "só o silêncio é 'sincero'". Depois que você revela seu segredo mais íntimo, desiste da sua identidade e, nesse sentido, deixa de ser quem é. (Daí o desdém que Márai sente pela psicanálise, com suas ambições terapêuticas.) Mesmo que no fundo o general sinta não ser

Sándor Márai 139

a caricatura que parece, não tem como protestar nem se debater, e só pode desempenhar seu papel até o fim. Num trecho crucial, Márai escreve:

> Não nos limitamos a agir, falar, pensar e sonhar; também guardamos silêncio sobre alguma coisa. Passamos a vida toda sem falar sobre quem somos, sobre aquilo que só nós sabemos e de que não podemos falar com mais ninguém. Ainda assim, sabemos quem somos, e aquilo de que não podemos falar constitui a "verdade". Somos aquilo a cujo respeito guardamos silêncio.[2]

Em outro ponto, Márai observa que, na arena do amor, a mulher que revela seu segredo corre o risco de perder o jogo.[3]

Numa segunda leitura de *As brasas*, talvez sejam Konrad, com sua recusa deliberada em apresentar suas desculpas, e Krisztina, que entre o dia fatídico da fuga de Konrad e sua morte não diz uma palavra ao marido ("uma personalidade forte", comenta ele cheio de admiração), que são mais fiéis a si mesmos.

A leitura de *As brasas*, publicado em Budapeste em 1942, pode ganhar muito se for feita em paralelo com a novela *O legado de Eszter*, lançada três anos antes. Como *As brasas*, *O legado de Eszter* parece ter sido concebido como uma peça teatral. Tem o mesmo foco num personagem único, que passa o tempo todo em cena, e uma psicologia críptica e similar, que resulta num ato inesperado: uma mulher de meia-idade em circunstâncias difíceis transfere suas propriedades a um homem que,

2 Sándor Márai, *Land, Land!...* Berlim: Oberbaum, 2001.
3 Sándor Márai, *Bekenntnisse eines Bürgers: Erinnerungen*. Munique: Piper, 2001.

como sabe perfeitamente, usa sistematicamente mentiras sentimentais para enganá-la. Como assinala ela com um humor distanciado, existe nela alguma coisa que parece compeli-la a ser enganada. Ela poderia resistir, mas fazê-lo seria contrariar o seu caráter. Resistir seria rejeitar essa versão caricatural da feminilidade, da mulher como a criatura que ama ouvir mentiras, que adora ceder. Resistir a essa caricatura seria insurgir-se contra o teatro da vida, debater-se para emergir do sonambulismo do destino. O heroísmo mais profundo, somos levados a inferir, reside na aceitação estoica.

O legado de Eszter é mais direto que *As brasas* em sua estratégia narrativa, mais transparente quanto à sua ascendência – Tchekhov, Strindberg – e assim talvez seja uma apresentação menos enigmática ao fatalismo austero e radical de Márai.

Sándor Márai nasceu em 1900 na cidade interiorana de Kassa, que depois do fim da Dupla Monarquia em 1919 deixou de ficar na Hungria e, com o nome de Košice, foi entregue à recém-criada nação da Tchecoslováquia. Pelo lado do pai, um advogado, a família era de origem saxã: o nome era Grosschmidt, mas logo depois dos levantes de 1848, em que lutaram do lado nacionalista húngaro, decidiram mudá-lo. Em casa, a família falava mais alemão do que húngaro.

A formação de Márai foi interrompida pela Primeira Guerra Mundial. Convocado aos 17 anos, parece ter passado a maior parte do tempo de serviço internado num hospital. Depois da guerra, viveu um rápido flerte com a esquerda estudantil e partiu em seguida para o estrangeiro. Em Leipzig, matriculou-se no recém-criado Instituto de Jornalismo, mas achou as aulas acadêmicas demais e decidiu mudar-se para Frankfurt, onde a atmosfera intelectual estimulante o deixava mais à vontade. Tinha um talento genuíno para fazer novos contatos, e logo começou a escrever no prestigioso *Frankfurter Zeitung*. Leu Kafka e traduziu alguns de seus contos para o húngaro.

De Frankfurt seguiu para Berlim. Seu plano era conseguir um diploma alemão, aculturar-se plenamente e depois seguir uma carreira de escritor em língua alemã – na verdade, a fim de retomar seu legado Grosschmidt. Em lugar disso, contudo, casou-se com uma jovem de Saschau, abandonou os estudos e foi morar em Paris, onde levava uma vida de intelectual descomprometido com uma incerta identidade centro-europeia. Por cinco anos, usou Paris como base para viagens extensas. Escreveu para jornais húngaros; escreveu também um primeiro romance, que mais tarde acabou repudiando.

Em 1928 voltou à Hungria para estabelecer-se em definitivo e reaprender devidamente a língua. Escreveu em abundância, tanto peças teatrais como romances. Entre 1930 e 1939 lançou dezesseis livros, com os quais começou a conquistar um contingente substancial de leitores tanto na Hungria como no mundo de língua alemã. Não pertencia a nenhum partido político, levava uma vida discreta. Seu tributo ao romancista Gyula Krúdy fala muito dos seus valores: "Ele não estava preparado para escrever para uma certa classe social nem para o *Volk* [povo], só para a classe e o *Volk* das pessoas independentes. Nunca se esforçou para ser o queridinho da pátria".[4]

Veio a Segunda Guerra, mas o fluxo das suas obras continuou a ser publicado sem interrupção. Entre elas estava um relato autobiográfico do seu retorno a Kassa, agora restituída à Hungria. Em 1943, com outros escritores

4 Citado em: László Rónay, "Biographische Chronologie", in: Sándor Márai, *Land, Land!...*

húngaros, assinou uma carta aberta em favor da defesa da cultura húngara, que considerava ameaçada, contra as influências externas. Começou a escrever um diário, composto já tendo em vista a publicação futura, e o primeiro volume, cobrindo 1943-1944, saiu em 1945.

Entre o fim da guerra, em 1945, e 1948, Márai publicou mais oito livros. Mas à medida que, por ordens de Moscou, a tomada das instituições do país ia ganhando ímpeto, a atitude oficial em relação a ele tornava-se cada vez mais glacial. Interpretando corretamente os sinais, Márai partiu para o exílio, primeiro na Suíça, depois na Itália e finalmente em Nova York. O levante húngaro de 1956 renovou suas esperanças. Voltou para a Europa, só para deparar-se com uma verdadeira torrente de refugiados expulsos pela derrota. Em 1979, ele e a mulher seguiram o filho adotivo, um órfão de guerra, de mudança para a Califórnia. Morreu em 1989, por vontade própria.

Durante seu exílio, Márai era publicado em húngaro pela editora Vörösvary-Weller, de Toronto, e traduções eram lançadas na França e na Alemanha. Ao todo, entre 1931 e 1978, 22 livros seus foram lançados em traduções para o alemão. O fato de a admiração por sua obra não ter sido afetada pelas mudanças no clima político sugere que sua noção do que significava permanecer acima da política corrente encontrava eco na classe média alemã. Enquanto isso, Márai continuava a trabalhar nos seus *Diários*: mais cinco volumes foram publicados entre 1958 e 1997. Em 1990, foi-lhe atribuído postumamente o Prêmio Kossuth, a maior honraria húngara.

O único livro a emergir diretamente da experiência americana de Márai é *Der Wind kommt vom Westen* [O vento vem do Oeste], uma coletânea de textos de viagem baseados numa viagem que fez na década de 1950 através do sudoeste e do sul dos Estados Unidos, com um rápido mergulho até o México. Um dos critérios para avaliar a qualidade de um livro de viagem é verificar se ele oferece aos nativos alguma nova perspectiva acerca de si mesmos. E Márai não passa nesse teste. Suas informações sobre os Estados Unidos parecem vir mais dos jornais americanos do que de uma observação pessoal; seus comentários sobre o que vê raramente são originais ou marcantes. É difícil imaginar que algum americano possa achar algo interessante nesse livro, salvo talvez tangencialmente como um registro de como um europeu da geração e da formação de Márai via o seu país. (San Diego, por exemplo, é elogiada por ter um centro compacto e uma elegância que evoca o sul da Itália.)

O próprio Márai via com outros olhos seu comentário sobre a América. Nos velhos tempos, afirma ele, um visitante europeu à América podia fazer de conta que era um explorador percorrendo terras por descobrir. Mas na América de hoje não existe mais nada a descobrir, porque nada mais é desconhecido. Tudo que resta ao escritor é usar a experiência de sua viagem para refletir sobre o fato de que naquele continente é estrangeiro, um europeu.[5]

O maior sucesso popular obtido por Márai foi com o livro *Confissões de um burguês*. Quando lançado, em 1934, o livro foi considerado autobiográfico. Alarmado, Márai acrescentou uma nota do autor à terceira edição, enfatizando que o que escrevera era uma "biografia ficcional" cujos personagens "não vivem nem jamais viveram no mundo real". Ainda assim, a trajetória do herói de *Confissões* acompanha bem de perto os contornos conhecidos da vida anterior de Márai, enquanto suas opiniões são de

5   Sándor Márai, "Diário 1968-1975", in: *Tagebücher: Auszüge*. Berlim: Oberbaum, 2001.

todo coincidentes com as dele. Fica para um biógrafo futuro separar que parte delas foi exatamente inventada.

O primeiro volume de *Confissões* nos leva a percorrer a infância e a juventude do herói sem nome, primeiro no lar confortável dos seus pais em Kassa, depois num internato de Budapeste. Essa evocação amorosa e extensa de um modo de vida há muito desaparecido é o que o livro tem de mais atraente. Trata-se de um modo de vida – o da *Mittelstand* da Europa Central, trabalhadora, patriota, socialmente responsável, respeitosa do conhecimento – a cuja memória Márai ainda se aferrava bem depois de ter desaparecido.

O segundo volume acompanha os *Wanderjahre*[6] do herói enquanto ele vagueia pela Europa do pós-guerra, primeiro como um estudante não exatamente aplicado e mais tarde como escritor free-lancer, de Leipzig a Frankfurt, a Berlim, a Paris e a Florença até que, em 1928, ele retorna a Budapeste para dedicar-se seriamente a uma vida de escritor.

Em Berlim, com o marco local cada vez mais desvalorizado e com os bolsos cheios de florins húngaros, ele se vê numa situação confortável. Associado a alguns amigos, aluga um escritório e começa a publicar uma revista literária. Tem aventuras eróticas; escreve sua primeira peça de teatro. A vida nunca tinha sido tão alegre e despreocupada.

Em Paris, ele e a mulher que acabara de desposar entregam-se a *la vie bohème*. E sofrem bastante. A comida é ruim, as instalações sanitárias são indescritíveis, não entendem a fala das ruas. "Vivíamos como exilados numa cidade primitiva e cruel." Ao cabo de um ano decidem

---

6   Espécie de ano sabático dos jovens europeus antes de decidirem o que estudar, onde morar, como arranjar emprego etc. [N. T.]

Sándor Márai   145

abandonar a experiência; mudam-se para a Rive Droite, alugam um apartamento confortável, importam uma criada de Kassa, compram um carro, vivem com mais folga. Márai ainda se sente atraído por Montparnasse ("um seminário acadêmico, um banho turco e um palco ao ar livre, tudo ao mesmo tempo"), mas preferivelmente na qualidade de espectador, não de participante.[7]

Aos poucos, aprende a ser mais compreensivo com os franceses. Podem ser um povo obstinado e avarento, a guerra pode ter minado sua confiança, mas não perderam o sentido de proporção que lhes é peculiar nem a noção do que lhes é favorável. Sua modéstia e falta de gosto – "envergonhada, quase humilde" – transformam-se numa qualidade positiva. E não precisam de muito para se abrirem e dispensarem um tratamento mais caloroso aos outros.

Quanto aos alemães, com seu sentimento de culpa de fundo mítico, impossível de expiar, com sua tendência ao comportamento de massa, sua belicosidade nervosa e complicada, seus uniformes perturbadores, sua impiedosa fome de ordem e sua falta de ordem interior, bem podem representar um perigo para a Europa. Ainda assim, por trás da Alemanha "louca e pedante" cintila uma Alemanha alternativa e mais suave, a Alemanha de Goethe e Thomas Mann. Quem poderá saber qual delas é a verdadeira?

O segundo volume termina com o herói instalado em seu gabinete em Budapeste, cheio de maus presságios quanto à maneira como o mundo vem evoluindo e as próprias perspectivas pessoais. Nos dez anos que passou no estrangeiro, perdeu o domínio da língua materna. Por toda a Europa o nível da cultura baixa dramaticamente,

7 Sándor Márai, *Bekenntnisse eines Bürgers*.

os padrões de civilização desaparecem, o instinto de manada predomina. Entretanto, mesmo com o risco de parecer um sexagenário prematuro, ele ergue a voz em defesa do Iluminismo burguês, "uma era que durou gerações, proclamando o triunfo da razão sobre o instinto e afirmando o poder do espírito para resistir ao impulso de morte e dominá-lo".

Lidas como uma narrativa de ficção, as *Confissões* são episódicas e escassas em dramaticidade. Como memórias da vida artística na Berlim e na Paris dos anos 1920, são carentes de observação e superficiais nos seus juízos. Melhor aceitá-las como o que seu título proclama: uma declaração de fé de um jovem que, tendo experimentado a vida de boêmio expatriado e tendo visto em primeira mão os inquietantes desdobramentos políticos da Itália e da Alemanha, sente a confirmação do que já parecia saber desde o início: que em todos os aspectos mais relevantes ele pertence a uma estirpe em extinção, a burguesia progressista do Império Austro-Húngaro.

Entre os húngaros, parece haver um consenso de que Márai ficará lembrado pelos seis volumes dos seus diários. Ainda não estão disponíveis em inglês; a recente edição alemã foi muito criticada pelo descuido do seu trabalho editorial.

Entre os diários, poderiam ser incluídas as memórias que receberam o infeliz título de *Land, land!...* (em húngaro *Föld, Föld!...*), lançadas em Toronto em 1972. (O título evoca o grito do marinheiro de vigia na gávea a bordo da capitânia da frota de Colombo ao avistar o Novo Mundo.) Em 1996, *Land, land!...* foi lançado em inglês com o título igualmente desgracioso de *Memoir of Hungary*

1944-1948.[8] A tradução de 1996 é execrável, e não é usada neste ensaio. Mesmo assim, até que tenhamos traduções dos diários e de maior parte do corpo da obra ficcional de Márai, essa será a parte mais substancial da sua obra a que leitores de língua inglesa terão acesso, e nossa avaliação do seu valor precisará apoiar-se muito nela.

Land, land!... são memórias da vida de Márai entre a chegada do Exército Vermelho aos arredores de Budapeste em 1944 e sua partida para o exílio em 1948. Não é forte em incidentes — Márai não testemunhou nenhum combate, e, para a família Márai, o período do imediato pós-guerra foi dedicado acima de tudo à mera sobrevivência precária numa cidade devastada. Consiste antes numa crônica das mudanças políticas, sociais e espirituais ocorridas na capital húngara à medida que o Partido Comunista intensifica seu controle sobre todos os aspectos da vida do país.

Por algumas semanas do verão de 1944, Márai precisou compartilhar sua *villa* ao norte de Budapeste com soldados russos, e a proximidade forçada entre o europeu central, alto e elegante, que passava seu tempo absorvido na leitura de *A decadência do Ocidente*, de Spengler, e aqueles jovens camponeses russos, quirguizes e buriatos, com suas conversas rudimentares mediadas por uma jovem que falava tcheco, serviu de alerta para as duas partes. "O senhor não é um burguês", disse um dos russos mais perspicazes a Márai, "[porque] não vive da riqueza [herdada] nem do trabalho dos outros, mas do próprio trabalho. Ainda assim... no fundo da alma o senhor é um burguês. E se apega a uma coisa que não existe mais".

---

8 Tradução do húngaro para o inglês por Albert Tezla. Budapeste: Corvina/Central European University Press, 1996.

Quanto a Márai, em sua disposição de espírito spengleriana, preferia reunir soviéticos e chineses sob o mesmo rótulo de "orientais". Entre as variedades oriental e ocidental de consciência supunha haver um golfo intransponível: a consciência oriental contém espaços internos criados pelas vastas geografias e histórias de sujeição que os ocidentais não têm como acompanhar. Os russos podem ter expulsado os alemães da Hungria, "mas liberdade não poderiam trazer, [pois eles próprios] não desfrutam dela". Aqueles jovens russos mal podem ser diferenciados da Juventude Hitlerista: "Em suas almas, o brilho da cultura herdada se apagou". Embora perfeitamente cônscio de que os nazistas, que desprezava, usavam uma leitura vulgarizada de Spengler em sua teoria da história, é a Spengler que Márai recorre na sua interpretação histórica da expansão da Rússia para o Oeste. E por quê? Em parte porque a interfusão de cultura e raça em Spengler é compatível com a ideia de cultura inata de que o próprio Márai estava tão impregnado desde a origem, e em parte porque o pessimismo de Spengler em relação ao destino do Ocidente (isto é, da cristandade europeia ocidental) é semelhante ao seu, mas em parte também porque Spengler pertence ao fundo de leituras de Márai, e um dos artigos mais respeitados do credo conservador de Márai é nunca ceder sem resistência.

Depois da expulsão dos alemães, Márai e a mulher retornam para a área urbana de Budapeste, onde encontram seu apartamento em ruínas e a biblioteca quase toda destruída. Mudam-se para uma residência improvisada, esperando com seus concidadãos o passo seguinte da libertação, a saber, a volta da Hungria ao seio da Europa cristã e católica. Quando começam a perceber que aquela espera era vã (*Esperando Godot*, de Beckett, diz Márai, captura com exatidão o espírito dominante naquele

Sándor Márai 149

interrogno) e que a Hungria fora abandonada aos russos, uma onda de ódio um tanto aleatório espalha-se pelo país. Na verdade, diz Márai, um dos traços do período do pós-guerra em geral foi a difusão de ondas de ódio psicótico — donde o surgimento de tantos movimentos revolucionários com sede de vingança por todo o mundo.

Bem mais interessantes que as teorias de Márai sobre a história do mundo são as histórias que ele tem para contar sobre a vida das pessoas comuns de Budapeste, primeiro sob a ocupação russa e depois sob o domínio dos próprios comunistas húngaros. Além da vida social, a inflação devasta igualmente a vida moral do país. Retorna a polícia secreta, reunindo esses tipos humanos desprezíveis bem conhecidos, recrutados como antes entre os "proletários", mas envergando novos uniformes. Uma notável anedota contada em oito páginas fala de um judeu, caçado durante a guerra, mas agora poderoso oficial de polícia, que se instala no elegante Café Emke e pede ao conjunto de ciganos que toque para ele canções patrióticas fascistas dos anos 1930, sorrindo com prazer enquanto soldados quirguizes assistem a tudo com ar desconfiado da mesa ao lado. "Saído diretamente das páginas de Dostoiévski", comenta Márai.

Terá sido um erro voltar para a Hungria?, pergunta-se Márai. Ele rememora o dia de 1938 em que recebeu a notícia de que o chanceler austríaco Schuschnigg capitulara diante das ameaças de Hitler, renunciando. Como todo mundo, Márai sabia que o mundo estava mudando debaixo dos seus pés. Ainda assim, no dia seguinte, disputara sua partida costumeira de tênis, seguida de uma ducha e uma massagem. Mas não se orgulha da maneira como se comportou. "Sempre sentimos vergonha quando achamos que não fomos heróis, e sim logrados — logrados pela história." Mas o que fazer agora? Despejar cinzas sobre a cabeça? Bater no peito? São reações que ele recusa. "Tudo que lamento é, quando tive a oportunidade, não ter levado uma vida mais confortável e mais variada."

É preciso muita autoconfiança, até mesmo bastante arrogância, para escrever assim. *Land, land!...* é uma *confessio* mais profundamente reveladora que as *Confissões* de 1934. Em relação a si mesmo, Márai é franco: como o resto da elite húngara, não conseguiu dar nenhuma resposta imaginativa às crises do século XX. Comportou-se como uma verdadeira caricatura do intelectual burguês, desprezando tanto a ralé da direita como a ralé da esquerda e recolhendo-se aos seus prazeres particulares.

Mas esse fracasso, afirma ele, não significa necessariamente que a *Mittelstand* da Europa devesse ser condenada à lata de lixo da história. A identidade não é uma questão puramente pessoal. Não somos apenas quem somos em nossa vida particular, mas também ostentamos a versão caricatural de nós mesmos que circula pelo espaço social. E, já que não temos como escapar à caricatura, talvez o melhor seja adotá-la. Além disso, "não era eu a única caricatura circulante na [...] fase entre as duas guerras mundiais; em tudo, em toda a vida na Hungria — em suas instituições, na maneira como as pessoas viam as coisas —, havia algo de caricatural. É bom saber que não estamos sós."

Um ano depois do final da guerra, Márai permite-se uma excursão à Suíça, à Itália e à França. A Suíça lhe provoca ruminações melancólicas sobre a morte do humanismo, o maior legado da Europa para o mundo, em Auschwitz e Katyn. O que uma Europa que perdeu seu sentido de missão humanista pode prometer a um "europeu do arrabalde" como ele próprio? Os suíços olham com desprezo para seus visitantes pobres e malvestidos. Os russos, pelo menos, não agem assim.

Na França ele se põe à procura da "autocrítica corajosa e precisa, a distribuição de responsabilidades morais" que espera dos franceses, mas não encontra nem sinal. Os franceses, ao que parece, só querem retomar a vida no ponto em que a interromperam em 1940, recusando-se a ver que os quatrocentos anos de ascendência do "homem branco" estão chegando ao fim.

Na Hungria, começa a debacle final. A polícia secreta está em toda parte. Márai para de escrever para os jornais, mas continua a publicar seus livros, inclusive dois volumes de uma trilogia sobre o período hitlerista, que Georg Lukács arrasa numa resenha, escolhendo ler o que Márai tem a dizer sobre os fascistas como uma crítica velada aos comunistas. A partir de então, Márai se cala, vivendo modestamente de seus direitos autorais. Passa os dias imerso nos romancistas húngaros menores do século XIX e em suas histórias do mundo em que crescera.

Uma pressão cada vez maior se exerce sobre os intelectuais burgueses no sentido de que apoiem o regime. Logo fica claro que mesmo a liberdade de permanecer em silêncio, essa forma de exílio interno, será recusada a pessoas como ele. Márai consulta seu amado Goethe, e Goethe lhe diz que, se ele tem um destino, é seu dever viver esse destino. Faz preparativos para partir. Estranhamente, nenhum obstáculo oficial se ergue barrando seu caminho.

Anos se passam no exílio, anos de impotência, longe da "maravilhosa e solitária língua húngara", mas ainda assim sua fé na classe em que nasceu, e na missão histórica dessa classe, permanece inabalada:

> Eu era um burguês (ainda que apenas em caricatura) e continuo a sê-lo, embora velho e num país estrangeiro. Ser um burguês nunca foi para mim apenas uma questão de posição de classe — sempre julguei que fosse uma

vocação. O burguês sempre foi, a meu ver, a melhor coisa produzida pela moderna cultura ocidental, pois foi o burguês que produziu a moderna cultura ocidental.[9]

A irrupção recente do interesse por Márai não é fácil de explicar. Durante a década de 1990, cinco livros seus foram publicados na França, atraindo apenas resenhas respeitosas. E então, em 1998, promovido por Roberto Calasso, da editora Adelphi, *As brasas* chegou às listas dos mais vendidos na Itália. Adotado pelo grande *promoter* da crítica literária alemã, Marcel Reich-Ranicki, *As brasas* em sua roupagem alemã vendeu 700 mil exemplares de capa dura. "Um novo mestre", proclamou com entusiasmo um resenhista de *Die Zeit*, "que no futuro haveremos de situar ao lado de Joseph Roth, Stefan Zweig, Robert Musil e quem sabe quais outros de nossos gastos semideuses, talvez até de Thomas Mann e Franz Kafka".[10]

As brasas [*Embers*] foi lançado em inglês em 2001, numa tradução de Carol Brown Janeway não direta do húngaro, mas em segunda mão, através da tradução alemã – prática profissional um tanto questionável. Os resenhistas americanos parecem ter aceitado sem duvidar a afirmação dos editores de que *As brasas* era "desconhecido do leitor moderno" antes de 1999 (na verdade, uma tradução para o alemão fora publicada em 1950 e uma para o francês em 1958, depois reeditada em 1995), tratando Márai como um mestre perdido e redescoberto. O sucesso do livro na Europa repetiu-se no mundo de língua inglesa.

É difícil duvidar de que esse sucesso se deva em grande parte a uma resposta aos elementos de romance popular

9 Sándor Márai, *Land, Land!...*
10 *Die Zeit*, 14 de setembro de 2000.

presentes no livro – o castelo na floresta, a história de paixão, adultério e vingança, a apaixonada amante oriental de Konrad, a linguagem exagerada e assim por diante – ou seja, exatamente à camada caricatural e *kitsch* que Márai, a seu modo complexamente irônico, ao mesmo tempo prefere ver de longe, mas aceita como inevitável; embora no caso dos leitores europeus não se deva ignorar um movimento histórico mais profundo, a saber, a exaustão ou mesmo a mera impaciência com uma visão do século XX em que tudo ou bem nos conduz para o buraco negro do Holocausto ou bem nos afasta dele, e uma nostalgia correspondente dos tempos em que as questões morais ainda tinham dimensões praticáveis.

Em 2004, um segundo romance de Márai, *Jogo de cena em Bolzano* (1940), foi publicado em traduções para o inglês com dois títulos diferentes: *Conversations in Bolzano* no Reino Unido, *Casanova in Bolzano* nos EUA.

A ação desse livro é exígua, e faz parte de sua concepção que seja assim. Ele começa com a chegada a Bolzano de Giacomo Casanova, que acaba de fugir da prisão em Veneza e pretende retomar negócios interrompidos. Cinco anos antes, disputara um duelo com o duque de Parma por causa da noiva do duque, Francesca, de 15 anos. O duque lhe alertara para nunca reaparecer. Mas ei-lo de volta.

Avisado da presença de Casanova, o duque vai visitá-lo no seu quarto da taverna. E lhe propõe um acordo: em troca da liberdade para cortejar Francesca e talvez obter uma noite com ela, Casanova precisa jurar que nunca mais tornará a vê-la. E em compensação, receberá mil ducados e uma carta de salvo-conduto.

E o que o senhor ganha?, pergunta Casanova ao duque. Vai ser um presente meu para minha mulher, responde o duque: a experiência de uma noite com um grande artista do amor e uma aula do quão pouco apto ele é para o verdadeiro amor. Como fruto dessa lição, o duque espera conquistar a gratidão e o afeto da mulher.

Casanova aceita o que o duque vê como um negócio, mas para ele próprio é um desafio.

Pouco depois que o duque vai embora, Francesca aparece. Seu marido a subestima, declara. Ela está preparada a largar tudo para ir viver com Casanova e mostrar-lhe como pode ser o amor verdadeiro. Mas percebe que a paixão dele não está à altura da dela. Ele só é fiel à sua arte. Quando vai embora, ela profetiza uma velhice terrível para Casanova, tomada pelos remorsos.

A substância do livro de Márai é composta por esses dois extensos diálogos, na verdade praticamente dois monólogos (o do duque se estende por cinquenta páginas) e mais as ruminações de Casanova a respeito de ambos. Como sugere o título original, o romance brinca com a ideia da performance do célebre conquistador, parecendo cultivar uma expectativa quanto ao espetáculo que deverá ocorrer no baile de máscaras do duque e depois, talvez, ainda no quarto da duquesa; enquanto o prólogo, que se passa no quarto de Casanova e no qual se pergunta se essa performance deve mesmo acontecer, acaba sendo o único espetáculo que teremos. Por sua natureza estática – em vez de uma ação no presente, temos a memória da ação passada e a reflexão sobre a possibilidade de ação futura – e por sua linha narrativa limitada, *Jogo de cena em Bolzano*, assim como *As brasas*, revela um autor mais à vontade com o teatro do século XIX do que com o romance.

Como também ocorre em *As brasas*, há pouca coisa que se possa chamar de desenvolvimento. Todos os três personagens, mesmo a jovem duquesa, têm posições fixas a partir das quais falam, e seus discursos nada mais fazem que enunciar essas mesmas posições. Individual e coletivamente (como participantes na performance), são personagens típicos de Márai. "Você, como eu", diz o duque a Casanova, "é apenas um pau-mandado, um ator, o instrumento do destino que joga com cada um de nós dois, um destino cuja finalidade às vezes parece insondável". Francesca pode sugerir a Casanova que se revolte contra o papel imaginado para ele — o do sedutor empedernido —, mas nada do que ela diz sugere que tenha alguma esperança de modificá-lo. Os amantes parecem conscientes de que estão representando uma espécie de tragédia, em que a promessa do amor será sufocada em nome da domesticidade, de um lado, e da sensualidade, do outro; ainda assim, eles próprios nem sequer cogitam rebelar-se contra o papel que nela desempenham. O que se vê é um estoicismo melancólico no lugar da coragem trágica.

Em nenhum ponto Márai sugere que as memórias deixadas pelo Casanova histórico tenham provado que se tratava de um grande artista. Ainda assim, pela facilidade com que conseguia atrair as mulheres e pelo desconforto instintivo que despertava nas autoridades — foi encarcerado em Veneza não por algo que tivesse feito, mas por "sua maneira de ser, por sua alma" —, Casanova acaba encarnando o artista rebelde romântico, da maneira como é concebido pela imaginação popular. O núcleo intelectual de *Jogo de cena em Bolzano* consiste no confronto entre a concepção ingênua — mantida em vida por Francesca — do artista como a figura da verdade e o contraexemplo, dado por Casanova, do artista que se submete, ética e esteticamente, à prática da ilusão, e mesmo da ilusão do tipo mais tomado pelos clichês. O artista da sedução obtém o que deseja, sugere Casanova, porque abre os olhos da jovem para quem ela realmente é; não porque a cegue com suas mentiras, mas porque tanto ele como ela sentem que as mentiras repetidas pelos sedutores, geração após geração, acabam adquirindo certa verdade própria.

Quando Francesca e Casanova ocupam o palco para a sua grande cena a dois, eles o fazem (em consequência de uma intriga pouco convincente) usando disfarces: Francesca está mascarada e fantasiada de homem; Casanova, travestido de mulher. Francesca expõe a visão ingênua do amor: o amor provoca o desnudamento da ilusão e a adoção da verdade nua da pessoa amada. "Ainda somos apenas figuras mascaradas, meu amor", diz ela, "e há muitas outras máscaras entre nós, cada uma das quais precisa, por sua vez, ser descartada para que finalmente possamos conhecer o rosto verdadeiro e nu do outro".

E é na carta em que apresenta ao duque suas despedidas que Casanova de fato dá a resposta do artista. O amor se baseia em ilusões, diz ele. "E há outra coisa que eu sabia e a duquesa de Parma ainda não tem como saber: que a verdade só pode sobreviver na medida em que os véus ocultos do desejo e da saudade formam uma cortina à sua frente, mantendo-a coberta." A triste verdade em que a arte de Casanova nos inicia é que, além de estarmos sempre mascarados, não temos como sobreviver desprovidos de máscara.

Jogo de cena em Bolzano começa como uma ficção histórica de tipo rotineiro, mas a laboriosa introdução de pormenores de fundo, bem como a recriação dos ambientes, felizmente logo se encerra, permitindo que o livro se dedique a ser o que Márai pretende, um veículo para as suas ideias sobre a ética da arte. Novas traduções da obra ficcional de Márai estão prometidas; mas nada do que foi posto até agora à disposição de leitores iletrados em húngaro contradiz a impressão de que, por mais que possa ter sido um cronista ponderado da sombria década de 1940, por mais corajosamente (ou talvez só impassivelmente) que possa ter falado em nome da classe em que nasceu, por mais provocativa que possa ser a sua filosofia paradoxal da máscara, sua concepção da forma do romance ainda assim era antiquada, o domínio de suas potencialidades, limitado e suas realizações na área, consequentemente, de bem pouca monta.

(2002)

Paul Celan e seus tradutores

Paul Antschel nasceu em 1920 em Czernowitz, no território de Bukovina, que depois do esfacelamento do Império Austro-Húngaro em 1918 tornou-se parte da Romênia. Czernowitz nessa época era uma cidade de intenso movimento intelectual, com uma considerável minoria de judeus de língua alemã. Antschel foi criado falando alto-alemão; durante sua formação, parte em alemão e parte em romeno, passou ainda um período na escola hebraica. Na juventude, escrevia versos e reverenciava Rilke.

Depois de um ano (1938-1939) numa escola de medicina da França, onde travou contato com os surrealistas, voltou para casa de férias e lá ficou encurralado pela irrupção da guerra. Nos termos do pacto entre Hitler e Stálin, a Bukovina foi absorvida pela Ucrânia: por um breve período, ele foi cidadão soviético.

Em junho de 1941, Hitler invadiu a URSS. Os judeus de Czernowitz foram confinados num gueto; logo começaram as deportações. Aparentemente advertido, Antschel conseguiu esconder-se na noite em que seus pais foram capturados. Os pais foram despachados para campos de trabalho na Ucrânia ocupada, onde ambos morreram, sua mãe com uma bala na cabeça assim que se tornou incapaz de trabalhar. O próprio Antschel passou os anos da guerra fazendo trabalhos forçados na Romênia aliada ao Eixo.

Libertado pelos russos em 1944, trabalhou por algum tempo como assistente num hospital psiquiátrico, depois em Bucareste como editor e tradutor, adotando o pseudônimo de Celan, um anagrama de Antschel em sua transliteração romena. Em 1947, antes de ficar encerrado pela Cortina de Ferro de Stálin, viajou para Viena e de lá transferiu-se para Paris. Em Paris, prestou exame para obter sua *License ès Lettres* e foi nomeado professor de literatura alemã na prestigiosa École Normale Supérieure, posição que ocuparia até a morte. Casou-se com uma francesa, católica de origem aristocrática.

O sucesso da sua mudança do Leste para o Ocidente logo foi nublado. Entre os escritores que Celan vinha traduzindo para o alemão estava o poeta francês Yvan Goll (1891-1950). A viúva de Goll, Claire, discordou das versões de Celan e em seguida acusou-o publicamente de plagiar em alemão alguns dos poemas que Goll escrevera. Embora as acusações fossem infundadas, e talvez até insanas, Celan sentiu-se atingido por elas a ponto de convencer-se de que Claire Goll fazia parte de um complô pessoal contra ele. "O que nós, os judeus, precisaremos suportar ainda?", escreveu ele à sua confidente Nelly Sachs, como ele uma judia que escrevia em alemão. "Você não faz ideia de quantas pessoas devem ser incluídas entre os seres vis, não, Nelly Sachs, você não faz ideia!... Devo dizer-lhe os nomes? Você ficaria hirta de horror."[1]

A reação de Celan não pode ser classificada de simples paranoia. À medida que a Alemanha começava a sentir-se mais confiante no pós-guerra, correntes antissemitas voltavam a fluir, não apenas na direita, mas também, o que era bem mais perturbador, em plena esquerda. E

---

1 Paul Celan e Nelly Sachs, *Correspondence*. Riverdale-on-Hudson/ Nova York: Sheep Meadow Press, 1995.

Celan suspeitava, não sem motivo, que ele tinha se transformado num foco conveniente para a campanha pela arianização da cultura alemã que não cessara de todo em 1945, apenas se tornara subterrânea.

Claire Goll nunca desistiu de suas investidas contra Celan, continuando a persegui-lo mesmo após a morte dele; sua perseguição envenenou a vida do escritor e muito contribuiria para seu colapso final.

Entre 1938 e sua morte em 1970, Celan escreveu cerca de 800 poemas em alemão; além disso, deixou ainda um corpo de textos anteriores em romeno. O reconhecimento do seu dom veio cedo, com a publicação de *Mohn und Gedächtnis* [A papoula e a memória], em 1952. Consolidou sua reputação como um dos mais importantes jovens poetas da língua alemã com *Sprachgitter* [Grade da fala, 1959] e *Die Niemandsrose* [A rosa de ninguém, 1963]. Dois outros volumes ainda foram publicados durante a sua vida e três postumamente. Essa poesia posterior, um tanto anacrônica com a guinada para a esquerda da *intelligentsia* alemã depois de 1968, não foi recebida com o mesmo entusiasmo.

Pelos padrões do modernismo internacional, Celan foi bastante acessível até 1963. Sua poesia posterior, porém, torna-se extremamente difícil, e mesmo obscura. Atônitos diante do que lhes parecia um simbolismo arcano e referências particulares, os críticos classificaram os poemas tardios de Celan de herméticos, um rótulo que ele rejeitava com grande veemência. "Nem um pouco hermético", respondia ele. "Leiam! Continuem lendo, o entendimento vem por conta própria."[2]

2 John Felstiner. *Paul Celan: Poet, Survivor, Jew*. Nova York: W. W. Norton, 1995.

Típico do Celan "hermético" é o seguinte poema sem título, publicado após a sua morte, que cito na tradução de John Felstiner:[3]

Jazes em meio a muita escuta
amoitado, em flocos.

Vá até o Spree, até o Havel,
vá até os ganchos de açougueiro,
as estacas de maçãs vermelhas
da Suécia –

E eis a mesa dos presentes,
ela gira em torno de um Éden –

O homem tornou-se uma peneira, a Frau
teve de nadar, a porca,
por si, por ninguém, por todos –

O canal de Landwehr nem murmura.
Nada
    para.

Do que, no nível mais elementar, trata o poema? Difícil dizer, antes de nos inteirarmos de certas informações fornecidas por Celan ao crítico Peter Szondi. O homem que se tornou uma peneira foi Karl Liebknecht; "a Frau... a porca" nadando no canal é Rosa Luxemburgo; "Eden" é o nome de um condomínio de prédios de apartamentos construído no local onde os dois militantes foram

---

3 *Selected Poems and Prose of Paul Celan*. Nova York: W. W. Norton, 2000. [A versão em português foi feita a partir da tradução para o inglês. N. T.]

fuzilados em 1919; os ganchos de açougueiro são os ganchos do Plötzensee, no rio Havel, de onde penderam enforcados os pretensos assassinos de Hitler em 1944. À luz dessas informações, o poema emerge como um comentário pessimista acerca da contínua sede de sangue da direita na Alemanha e do silêncio dos alemães a respeito dela.

O poema sobre Rosa Luxemburgo transformou-se num *locus classicus* menor quando o filósofo Hans-George Gadamer, defendendo Celan contra as acusações de hermetismo, apresentou uma leitura sua na qual argumentava que qualquer leitor receptivo e de mente aberta, com uma boa formação cultural alemã, é capaz de entender o que importa entender em Celan, sem nenhuma ajuda, e que a informação de fundo deveria ocupar uma posição secundária ao "que o [próprio] poema sabe".[4]

A argumentação de Gadamer é combativa, mas não se sustenta. O que ele esquece é que não podemos ter certeza de que a informação que decifra o poema — no caso, a identidade dos mortos — tem importância secundária antes de sabermos qual seja. Ainda assim, as questões que Gadamer levanta são importantes. Será que a poesia oferece um tipo de conhecimento diferente do apresentado pela história, demandando um tipo diverso de receptividade? Será possível reagir a uma poesia como a de Celan, e mesmo traduzi-la, sem compreendê-la plenamente?

Michael Hamburger, um dos mais eminentes tradutores de Celan, parece achar que sim. Embora não tenha dúvida de que os estudiosos iluminaram para ele a poesia de Celan, diz Hamburger, ele não tem certeza de "entender", no sentido corrente da palavra, nem mesmo

---

4   Hans-Georg Gadamer, Epílogo, *Gadamer on Celan*. Albany: State University of New York Press, 1997.

os poemas que ele próprio traduziu, quanto mais o conjunto todo.[5]

"Exige demais do leitor", é o veredicto de Felstiner quanto ao poema sobre Rosa Luxemburgo. Por outro lado, prossegue ele, "o que será *demais*, diante dessa história?". E é essa, em poucas palavras, a resposta do próprio Felstiner às acusações de hermetismo dirigidas contra Celan. Dada a enormidade das perseguições antissemitas no século XX, dada a necessidade muito compreensível dos alemães, e do Ocidente cristão em geral, de escapar a um monstruoso íncubo histórico, que memória, que conhecimento será *demais* exigir? Mesmo que os poemas de Celan fossem totalmente incompreensíveis (e não é exatamente isso que Felstiner diz, mas a extrapolação parece válida), ainda assim assomariam diante de todos nós como um mausoléu, erguido por um "poeta, sobrevivente, judeu" (o subtítulo do estudo de Felstiner), insistindo com sua presença para que nos lembremos, embora as palavras nele inscritas pareçam pertencer a uma língua indecifrável.

Em jogo há mais que um simples confronto entre uma Alemanha impaciente para esquecer seu passado e um poeta judeu que insiste em trazer esse passado à memória da Alemanha. Celan ficou famoso, e ainda hoje é mais amplamente conhecido, pelo poema "Todesfuge" [Fuga da morte]:

> Negro leite da aurora tomamos-te à noite
> tomamos-te ao meio-dia a morte é um mestre da Alemanha
> tomamos-te ao pôr do sol e de manhã tomamos-te
>   e tomamos-te

---

5   Michael Hamburger, Introdução, *Poems of Paul Celan*. Londres: Anvil Press, 1988.

a morte é um mestre da Alemanha com olhos de anil
tem mira certeira e te alveja com balas de fuzil

(Cito parte da tradução de Hamburger, em *Poems of Paul Celan*, porque a versão de Felstiner do mesmo trecho, praticamente tão marcante quanto ela a seu modo, apresenta uma solução controversa fora de contexto.) "Todesfuge" foi o primeiro poema publicado de Celan: deve ter sido composto em 1944 ou 1945 e saiu, em tradução para o romeno, em 1947. Absorve dos surrealistas tudo o que valia a pena absorver. Não é criação exclusiva de Celan: aqui e ali ele utiliza frases, entre elas "A morte é um mestre da Alemanha", de outros poetas da sua época em Czernowitz. Ainda assim, seu impacto foi imediato e universal. "Todesfuge" é um dos poemas mais marcantes do século XX.

"Todesfuge" vem sendo amplamente lido no mundo de língua alemã, incluído em antologias, estudado nas escolas, como parte do programa conhecido como *Vergangenheitsbewältigung* [entrar em acordo com, ou superar, o passado]. Nas palestras públicas que Celan dava em alemão, "Todesfuge" sempre era pedido. É o mais direto dos poemas de Celan em nomear e acusar: nomeia o que ocorria nos campos de extermínio, acusa a Alemanha. Alguns dos defensores de Celan afirmam que ele só é rotulado de "difícil" porque os leitores costumam sentir um imenso impacto emocional quando se encontram com ele. No entanto, esse argumento precisaria abrir uma exceção para a maneira como "Todesfuge" foi recebido, de braços aparentemente abertos.

Na verdade, o próprio Celan jamais confiou totalmente no espírito com que seu poema foi recebido, e até mesmo celebrado, na Alemanha Ocidental. Na linha que os críticos alemães assumiam diante de "Todesfuge" – para

Paul Celan 165

citar um crítico eminente, a de afirmar que o poema demonstrava o quanto Celan teria "[conseguido escapar] à câmara sangrenta dos horrores da história para alçar voo até o éter da pura poesia " —, Celan sentia que estava sendo interpretado erroneamente no sentido histórico mais profundo e interpretado erroneamente de propósito.[6] E tampouco ficava satisfeito ao saber que, nas salas de aula, os estudantes alemães eram instados a ignorar o conteúdo do poema e a concentrar-se na sua forma, especialmente em sua imitação da estrutura musical da fuga.

Quando Celan escreve sobre os "cabelos de cinza" de Sulamita, evoca o cabelo dos judeus que caía na forma de cinza sobre os campos da Silésia; quando escreve sobre a "porca" debatendo-se nas águas do Landwehr Canal, refere-se, na voz de um de seus assassinos, ao corpo de uma judia morta. Opondo-se à pressão para recuperá-lo como um poeta que teria transformado o Holocausto em algo maior, a saber, a poesia, e opondo-se à ortodoxia crítica das décadas de 1950 e 1960, com sua visão do poema ideal como um objeto estético completo contido em si mesmo, Celan insiste em dizer que pratica uma arte do real, uma arte que "nada transfigura nem torna 'poético'; ela nomeia, ela afirma, ela tenta medir a área do que é dado e do que é possível".[7]

Com sua música percussiva e repetitiva, "Todesfuge" é a abordagem mais direta do tema que um poema poderia apresentar. E também faz duas importantes afirmações implícitas quanto àquilo de que a poesia é capaz, ou devia ser capaz, em nosso tempo. Uma é de que a linguagem pode dar conta de qualquer tema: por mais indizível

6   Hans Egon Holthusen, citado em: John Felstiner, *Paul Celan*.
7   Paul Celan. *Collected Prose*. Riverdale-on-Hudson/Nova York: Sheep Meadow Press, 1986.

que possa ser o Holocausto, existe uma poesia capaz de falar dele. A outra é de que a língua alemã em particular, corrompida até o osso durante a era nazista pelo eufemismo e um certo pensar ambíguo e oblíquo, é capaz de dizer a verdade sobre o passado imediato da Alemanha.

A primeira delas foi dramaticamente rejeitada pela declaração de Theodor Adorno, divulgada em 1951 e reiterada em 1965, de que "escrever poesia sobre Auschwitz é um gesto bárbaro".[8] Adorno poderia ter acrescentado: e um gesto duplamente bárbaro escrever um poema em alemão. (Adorno retiraria suas palavras, um tanto a contragosto, em 1966, talvez em concessão a "Todesfuge".)

Celan evita a palavra "Holocausto" em sua obra, assim como evitava todos os usos que pudessem dar a impressão de querer dizer que a linguagem cotidiana estivesse em posição de nomear, e desse modo delimitar e controlar, aquilo que assinala. Celan fez dois importantes pronunciamentos públicos ao longo da vida, ambos discursos para agradecer prêmios, nos quais, com grande escrúpulo na escolha das palavras, respondia às dúvidas quanto ao futuro da poesia. No primeiro, em 1958, falou de sua fé persistente de que a língua, mesmo a língua alemã, tivesse sobrevivido "ao que aconteceu" sob o domínio nazista.

Restava em meio às perdas esta única coisa: a língua. Ela, a língua, permanecia, não perdida, sim, apesar de tudo. Mas precisava passar através da sua própria falta de respostas, passar através da mudez assustadora, passar através das mil escuridões da fala que traz a morte. Ela passou através disso e não produziu palavras para o que aconteceu; ainda assim, passou através desse

8   Theodor Adorno, "Cultural Criticism and Society", in: *Prisms*. Londres: Spearman, 1967.

Paul Celan   167

acontecimento. Passou através dele e conseguiu retornar à luz, "enriquecida" por tudo isso.[9]

Vinda de um judeu, tal profissão de fé na língua alemã pode parecer estranha. No entanto, Celan não estava de modo algum sozinho: mesmo depois de 1945, muitos judeus continuavam a reivindicar como suas a língua e a tradição cultural alemãs. Entre eles estava Martin Buber. Celan fez uma visita a Buber para lhe perguntar o que achava de continuar escrevendo em alemão. A resposta de Buber – que era mais que natural escrever na língua materna e que era preciso tomar uma posição de perdão em relação aos alemães – deixou-o decepcionado. Como diz Felstiner: "A necessidade vital que Celan sentia, de ouvir algum eco do seu tormento, Buber não conseguiu ou não quis perceber".[10] O que atormentava Celan era que, se o alemão era a "sua" língua, só era sua de um modo complexo, contestável e doloroso.

Durante os anos em que viveu em Bucareste depois da guerra, Celan aperfeiçoou seus conhecimentos de russo, traduzindo Lermontov e Tchekhov para o romeno. Em Paris, continuava a traduzir poesia russa, encontrando na língua russa um lar acolhedor e antigermânico. Em particular, leu intensamente Óssip Mandelstam (1891-1938). Em Mandelstam encontrou não só um homem cuja

9 Citado em: *Selected Poems and Prose of Paul Celan*.
10 Citado por Felstiner. Aqui, vale uma palavra de advertência. Temos apenas o relato de Celan sobre esse encontro. O que Celan conta não condiz com o que Buber escrevera sete anos antes: "Eles [os nossos perseguidores] afastaram-se tão radicalmente da esfera humana [...] que nem mesmo o ódio, muito menos uma superação do ódio, conseguiu brotar em mim. E quem sou eu para ter a pretensão de 'perdoar'!". Citado em: Maurice Friedman, "Paul Celan and Martin Buber", in: *Religion and Literature*.

biografia correspondia à sua própria, a seu ver de maneira quase sobrenatural, mas um interlocutor fantasma que respondia às suas necessidades mais profundas, capaz de lhe oferecer, nas palavras de Celan, "o que é fraterno – no sentido mais reverencial que posso dar a esta palavra". Pondo de lado sua própria obra de criação, Celan passou a maior parte dos anos de 1958 e 1959 vertendo Mandelstam para o alemão. Suas traduções constituem um ato extraordinário de transmigrar-se para outro poeta, embora Nadejda Mandelstam, a viúva do poeta, tenha razão de considerá-las "muito distantes do texto original".

A concepção de Mandelstam do poema como diálogo muito contribuiu para modificar a teoria poética de Celan. A partir de então, os poemas de Celan começam a dirigir--se a um Tu, que tanto pode estar mais ou menos distante como ser mais ou menos conhecido. No espaço entre o Eu que fala e o Tu, eles encontram um novo campo de tensão.

(Eu te conheço, és aquele que está muito curvado,
e eu, o trespassado, necessito de ti.
Onde arde a palavra que testemunha por nós dois?
Tu – totalmente real. Eu – totalmente louco.)

(Essa é a tradução de Felstiner. Na versão mais livre, de Heather McHugh e Nikolai Popov, o último verso diz: "Tu és minha realidade. Eu sou a tua miragem."[11])

Se existe um tema singular que domina a biografia de Celan escrita por John Felstiner é que Celan, de poeta alemão cujo destino era ser judeu, transformou-se num poeta judeu cujo destino era escrever em alemão; que

11 *Selected Poems and Prose of Paul Celan*; *Glottal Stop: 101 Poems.* Hanover/Londres: Wesleyan University Press, 2000.

superou a afinidade com Rilke e Heidegger para encontrar em Kafka e Mandelstam seus verdadeiros patronos espirituais. Embora durante a década de 1960 Celan tenha continuado a visitar a Alemanha para fazer palestras, qualquer esperança de que ele pudesse desenrolar um envolvimento emocional com a Alemanha reerguida foi aos poucos desaparecendo, a ponto de ser classificada por ele de "um erro muito trágico e na verdade muito infantil" (Felstiner). Começa a ler Gershom Scholem sobre a tradição mística judaica, e Buber sobre o hassidismo. Palavras em hebraico aparecem em sua poesia – *Ziv*, a luz sobrenatural da presença de Deus; *Yizkor*, a lembrança. O tema do testemunho, do depoimento, avança para o primeiro plano, juntamente com o amargo subtema pessoal: "Ninguém/ dá testemunho sobre/ a testemunha". O "Tu" da sua poesia dialógica agora insistente transforma-se, de maneira intermitente, mas inconfundível, em Deus: ecos emergem dos ensinamentos cabalísticos de que toda a criação é um texto composto na linguagem divina.

A captura de Jerusalém pelas forças israelenses na guerra de 1967 enche Celan de júbilo. E ele escreve um poema comemorativo que circula amplamente em Israel:

Imagine só: a sua
própria mão
conservou
este pouco de
terra habitável,
trazida de volta à vida
pelo sofrimento.

Em 1969 Celan visitou Israel pela primeira vez ("Tantos judeus, só judeus, e não num gueto", admirou-se ele em tom irônico). Deu palestras e fez leituras, encontrou-se com escritores israelenses, retomou uma relação romântica com uma mulher dos seus tempos de Czernowitz.

Na infância, Celan frequentara por três anos uma escola hebraica. Embora tenha estudado a língua de má vontade (pois a associava a seu pai sionista, em contraposição à sua amada mãe germanófila), adquirira um domínio surpreendente e profundo. Aharon Appelfeld, a essa altura israelense, mas originalmente natural de Czernowitz como Celan, achava o hebraico de Celan "bastante bom". Quando Yehuda Amichai leu em voz alta suas traduções dos poemas de Celan, Celan pôde sugerir algumas melhoras.

De volta a Paris, Celan se perguntava se não teria feito a escolha errada ao permanecer na Europa. Brincou com a ideia de aceitar uma posição de professor em Israel. Memórias de Jerusalém deram origem a um breve período de composição, poemas ao mesmo tempo espirituais, alegres e exóticos.

Havia muito que Celan sofria de crises de depressão. Em 1965, internou-se numa clínica psiquiátrica, e mais tarde submeteu-se à terapia de eletrochoque. Em casa, como descreve Felstiner, era "ocasionalmente violento". Ele e a mulher resolveram viver separados. Um amigo de Bucareste que o visitou achou-o "profundamente alterado, prematuramente envelhecido, taciturno, de cara fechada". "Estão fazendo experiências comigo", contou-lhe Celan. À sua amante israelense, escreveu em 1970: "Eles me curaram tanto que acabaram comigo". Dois meses mais tarde ele se mataria por afogamento.

Para o historiador Erich Kahler, correspondente de Celan, o suicídio do poeta provou que ter sido "tanto um grande poeta alemão como um jovem judeu da Europa Central, criado à sombra dos campos de concentração"

Paul Celan 171

era um fardo pesado demais para qualquer um.[12] Num sentido profundo, esse veredicto sobre o suicídio de Celan é verdadeiro. Mas não podemos descartar causas mais mundanas como a *vendetta* prolongada e enlouquecida de Claire Goll ou a natureza dos cuidados psiquiátricos que teve. Felstiner não faz comentários diretos sobre o tratamento a que os médicos de Celan o submeteram, mas a partir das próprias observações amargas de Celan fica claro que eles precisariam responder por muita coisa.

Ainda durante a vida de Celan, desenvolvera-se uma animada troca acadêmica, especialmente na Alemanha, em torno da sua obra. E esse comércio transformou-se hoje em verdadeira indústria. Celan passou a ser visto para a poesia alemã como Kafka está para a prosa.

Apesar das traduções pioneiras de Jerome Rothenberg, Michael Hamburger e outros, Celan só foi realmente penetrar no mundo de língua inglesa depois de ter-se consagrado na França; e, na França, Celan era lido como um poeta heideggeriano, ou seja, como se a sua carreira poética, culminando no suicídio, exemplificasse o que ocorre com a arte em nosso tempo, num fim paralelo ao fim da filosofia diagnosticado por Heidegger.

Embora Celan não seja o que se pode chamar de poeta filosófico, um poeta das ideias, essa ligação com Heidegger não é fantasiosa. Celan leu Heidegger com atenção, assim como Heidegger lia Celan; Hölderlin foi uma influência decisiva sobre a formação de ambos. Celan concordava com a opinião de Heidegger de que a poesia tinha uma capacidade especial de dizer a verdade. A explicação que dava dos motivos por que escrevia — "para falar, para me orientar, para descobrir onde eu estive

---

12 Citado em: John Felstiner, *Paul Celan*.

e aonde devia ir, para desenhar a realidade para mim mesmo" — está em plena harmonia com Heidegger.

Apesar do passado nacional-socialista de Heidegger e do seu silêncio acerca dos campos de extermínio, ele era a tal ponto importante para Celan que, em 1967, o poeta decidiu fazer-lhe uma visita em seu refúgio da Floresta Negra. Em seguida, escreveu um poema ("Todtnauberg") sobre aquele encontro e a "palavra/ do coração" que esperava ouvir de Heidegger — mas Heidegger não lhe disse.

Qual podia ser a palavra que Celan esperava? "Perdão", sugere Philippe Lacoue-Labarthe em seu livro sobre Celan e Heidegger. Mas logo reformula seu palpite. "Foi engano meu achar [...] que bastaria pedir perdão. [O extermínio] é absolutamente *imperdoável*. Eis o que [Heidegger] deveria ter dito."[13]

Para Lacoue-Labarthe, a poesia de Celan é "em sua totalidade, um diálogo com o pensamento de Heidegger". E foi essa abordagem de Celan, predominante na Europa, que mais contribuiu para apartá-lo da órbita do leitor culto comum. Mas existe uma escola discordante, à qual Felstiner claramente adere, que vê em Celan um poeta fundamentalmente judeu, cuja maior realização foi forçar a reintrodução, na alta cultura alemã (com sua ambição de fazer remontar suas origens ideais à Grécia antiga) e na língua alemã, da memória de um passado judaico que toda uma linha de pensadores alemães, culminando em Heidegger, tentara obliterar. Desse ponto de vista, Celan sem dúvida *responde* a Heidegger, mas, tendo-lhe respondido, deixa-o para trás.

13 Philippe Lacoue-Labarthe, *Poetry as Experience*. Stanford: Stanford University Press, 1999. O livro foi publicado originalmente em 1986.

Paul Celan 173

Celan começou sua vida profissional como tradutor e continuou a traduzir até o fim da vida, principalmente do francês para o alemão, mas também do inglês, do russo, do romeno, do italiano, do português e (em colaboração) também do hebraico. Dois volumes dos seis das suas obras reunidas são dedicados às suas traduções. Em inglês, Celan dedicou-se especialmente a Emily Dickinson e a Shakespeare. Embora sua Dickinson em alemão seja menos ritmicamente entrecortada que a original, ele parece ter encontrado nela uma espécie de compressão, sintática e metafórica, com a qual tinha muito a aprender. Quanto a Shakespeare, voltaria muitas vezes aos sonetos. Suas versões são ofegantes, urgentes, interrogativas: nem tentam imitar a graça de Shakespeare. Como diz Felstiner, Celan às vezes "chega quase a uma discussão, para além do diálogo, com o inglês", reescrevendo Shakespeare de acordo com a noção que tinha do tempo em que ele próprio vivia.

Quanto às suas traduções de Celan, Felstiner procura indicações – como nenhum tradutor antes dele jamais fizera – nas revisões manuscritas de Celan e em suas leituras gravadas, bem como nas versões francesas aprovadas por Celan. Um exemplo pode mostrar o uso que faz dessas pesquisas. O mais longo dos poemas de Celan, "Engführung" (*Stretto*), começa com as palavras "*Verbracht ins/ Gelände/ mit der untrüglichen Spur*" [removidos para o terreno (ou o território) com os trilhos (ou os rastros) infalíveis (ou inconfundíveis)]. Qual a melhor tradução para *Verbracht*? Uma tradução do poema para o francês, revista por Celan, emprega a palavra *déporté*. No entanto, se formos verificar a versão do poema para o alemão na narração do documentário de Alain Resnais sobre os campos de extermínio, *Nuit et brouillard*, encontraremos o francês *déporter* traduzido pelo alemão *deportieren*. *Deportieren* é a palavra regularmente usada nos documentos oficiais para a deportação de prisioneiros ou populações, nos quais assume um certo matiz abstrato e eufemístico. Para evitar esse eufemismo, Felstiner rejeita a palavra cognata inglesa *deported*. Em lugar dela, evocando o uso idiomático de *Verbracht* por prisioneiros, ele prefere traduzi-la por *taken off* [removidos].

Muitas das traduções de Felstiner incluídas em *Selected Poems and Prose of Paul Celan* já tinham aparecido em seu livro *Paul Celan: Poet, Survivor, Jew*, mas na republicação foram revistas e, em muitos casos, refinadas. Parte do empreendimento de Felstiner no livro anterior fora explicar, em termos compreensíveis para um leitor que desconheça o alemão, a natureza dos problemas a que Celan submete seu tradutor, das alusões inexplicadas, de um lado, às palavras comprimidas, compostas ou inventadas, de outro, e como ele, Felstiner, decidira agir em cada caso. Inevitavelmente, isso acarreta a justificativa das próprias estratégias e escolhas de palavras e produz assim um dos traços mais infelizes do livro: um certo elemento de autopromoção.

Entre os tradutores recentes de Celan, o próprio Felstiner, a dupla Popov e McHugh (a que me referirei como Popov-McHugh) e Pierre Joris se destacam. Se Joris é menos imediatamente atraente que os demais, pode ser porque escolheu a tarefa mais difícil: enquanto Felstiner e Popov-McHugh arrogam-se a liberdade de escolher os poemas que lhes parecem mais convenientes (e, consequentemente, evitar os que frustraram seus melhores esforços), Joris nos traz as duas coletâneas tardias *Atemwende* [*Breathturn*, 1967] e *Fadensonen* [*Threadsuns*, 1968] na íntegra, num total de quase duzentos poemas. Como hoje é amplamente aceito que Celan compunha em sequências e ciclos, em que os poemas de um dado volume se referem aos poemas anteriores e posteriores do mesmo

Paul Celan 175

grupo, esse projeto só pode ser aplaudido. No entanto, os problemas são muitos. Há inúmeros poemas incompletos em Celan, e, mais a propósito, muitos momentos de obscuridade quase total. Assim, é compreensível que o brilho das páginas de Joris não seja sempre cegante.[14]

Felstiner escolhe e traduz cerca de 160 poemas, distribuídos por toda a extensão da carreira de Celan, entre eles algumas tocantes peças líricas da juventude. Os poemas escolhidos por Popov-McHugh vêm principalmente da obra tardia. As coincidências entre os dois trabalhos são raras: menos de vinte poemas. Só um punhado de poemas é comum aos três tradutores.

Entre Felstiner e Popov-McHugh a escolha é difícil. As soluções que Popov-McHugh encontram para os problemas propostos por Celan são às vezes de uma criatividade fulgurante, mas Felstiner também tem seus momentos de brilho, mais especialmente em sua "Deathfugue" [Fuga da morte], em que a própria língua inglesa, no final, é afogada pelo alemão (*Death is ein Meister aus Deutschland*). De tempos em tempos encontramos diferenças substanciais na maneira de decompor e, portanto, compreender a sintaxe emaranhada e compacta de Celan; nesses casos, Felstiner é geralmente quem inspira maior confiança.

Felstiner é um especialista formidável em Celan, mas Popov-McHugh não são exatamente preguiçosos no campo da erudição. As limitações de Felstiner ficam mais evidentes sempre que Celan pede um toque mais leve, como no poema "Selbdritt, selbviert", que utiliza padrões de canções folclóricas e fórmulas sem sentido. A versão de Popov-McHugh é engraçada e lírica, a de Felstiner, sóbria demais.

---

14 Paul Celan, *Breathturn*; *Threadsuns*. Los Angeles: Sun & Moon Press, 2000. Tradução de ambos de Pierre Joris.

A música de Celan não é expansiva: ele parece compor palavra por palavra, locução por locução, em vez de empregar unidades de mais fôlego. E enquanto atribui seu peso pleno a cada palavra e locução, o tradutor também precisa criar certo ímpeto rítmico.

> *ich ritt durch den Schnee, hörst du,*
> *ich ritt Gott in die Ferne – die Nähe, er sang,*
> *es war*
> *unser letzter Ritt...*

escreve Celan.

> *I rode through the snow, do you hear,*
> *I rode God into the distance – the nearness, he sang.*
> *it was*
> *our last ride...*[15]

escreve Felstiner.

> *I rode through the snow, do you read me,*
> *rode God far – I rode God*
> *near, he sang.*
> *it was*
> *our last ride...*[16]

escreve Popov-McHugh.

---

15 Em tradução aproximada: "Eu cavalgava pela neve, me ouves,/ Cavalgava Deus para a distância – para o lado, ele cantou./ Foi/ nossa última viagem...". [N. T]

16 Em tradução aproximada: "Eu cavalgava pela neve, me lês,/ Cavalgava Deus para longe – cavalgava Deus/ para perto, ele cantou./ Foi/ nossa última viagem...". [N. T]

Paul Celan

Os versos de Felstiner não têm vida rítmica. Em Popov-McHugh, "*I rode God far – I rode God near*" não está no original, mas seria difícil argumentar que o impulso para a frente que transmite seja inadequado.

Há muitos pontos, por outro lado, em que esses papéis são trocados e Felstiner aparece como o tradutor mais ousado e inventivo. "*Wenn die Totenmuschel heranschwimmt/ will es hier läuten*" [quando a casca dos mortos sobrenadar/ ouviremos aqui dobres de sinos], escreve Celan. "*When death's shell washes up on shore*", escrevem Popov-McHugh, simplesmente dando conta do sentido geral. "*When the deadman's conch swims up*", escreve Felstiner, saltando de *shell* para *conch* e evocando a função de trombeta da anunciação desempenhada por esse tipo de concha.

Há alusões aparentemente óbvias que Popov-McHugh parecem deixar passar despercebidas. Num poema, um *Wurfholz* [bastão de atirar] é lançado ao espaço e retorna. Felstiner traduz a palavra como *boomerang*. Popov-McHugh, inexplicavelmente, como *flung wood* [pau arremessado].

Noutro poema, Celan fala de uma palavra que cai no fosso atrás da sua testa e ali continua a crescer: ele a compara a *Siebenstern* [sete-estrelas], flor cujo nome erudito é *Trientalis europea*. Numa versão de resto excelente, Popov-McHugh traduzem *Siebenstern* simplesmente como *starflower* [flor estrelada], deixando de captar as ressonâncias especificamente judaicas das seis pontas da Estrela de Davi e dos sete braços da *menorah*. Felstiner expande a palavra e chega a *sevenbranch starflower* [flor estrelada em sete ramos].

Por outro lado, a flor conhecida em alemão como *die Zeitlose*, um tipo de sempre-viva (*Colchium autumnale*) é sem nenhuma imaginação traduzida por Felstiner como *the meadow saffron* [o açafrão da campina], enquanto Popov-McHugh, com justificável liberdade, a rebatizam de *the immortelle.*

Às vezes, assim, é Felstiner quem encontra a fórmula exata, e às vezes Popov-McHugh, a tal ponto que o leitor acaba com a sensação de que poderia obter, com a costura de trechos das respectivas versões — e mais uma ou outra solução de Joris — um texto compósito superior a cada um dos três. E esse procedimento não seria muito excêntrico nem impraticável, dada a afinidade estilística entre as suas versões, afinidade que emana, claro, de Celan.

Todos os três — Felstiner em sua biografia de Celan, Popov-McHugh em suas notas, Joris em seus dois prefácios — têm coisas esclarecedoras a dizer sobre a linguagem de Celan. Joris é particularmente revelador ao falar da relação agonística entre Celan e a língua alemã:

> O alemão de Celan é uma língua sombria, quase fantasmagórica; é ao mesmo tempo uma língua materna, firmemente ancorada, portanto, no reino dos mortos, e uma língua que o poeta precisa formar, recriar, reinventar, para devolvê-la à vida [...] Radicalmente despojado de qualquer outra realidade, ele se propõe a criar uma linguagem própria — uma linguagem tão absolutamente exilada quanto ele próprio. Tentar traduzi-la como se fosse o alemão corrente, comumente falado ou disponível — isto é, encontrar uma "*Umgangssprache*" inglesa ou americana de ocorrência equivalente — seria deixar de perceber um aspecto essencial dessa poesia.[17]

---

17 Paul Celan, *Breathturn.*

Paul Celan 179

Celan é o mais alto poeta europeu das décadas intermediárias do século XX, um poeta que, em vez de transcender seu tempo — não tinha o menor desejo de transcendê-lo — atuou como um para-raios de suas descargas mais terríveis. Seus embates incansáveis e íntimos com a língua alemã, que formam o substrato de toda a sua produção poética tardia, só podem ser transmitidos numa tradução, na melhor das hipóteses, como algo escutado de relance, em vez de claramente ouvido. Nesse sentido, a tradução dos seus poemas tardios só pode necessariamente fracassar. Ainda assim, duas gerações de tradutores se esforçaram, com um engenho e uma devoção notáveis, a reproduzir em inglês o que pode ser trasladado. Outros sem dúvida hão de seguir-se.

(2001)

Günter Grass e o *Wilhelm Gustloff*

Günter Grass (1927-2015) irrompeu na cena literária em 1959 com *O tambor*, romance que, com sua mistura entre a fábula – um herói menino que, como protesto contra o mundo à sua volta, recusa-se a crescer – e o realismo – uma evocação densa em sua textura da Danzig anterior à guerra –, anunciou a chegada do realismo mágico à Europa.

Tendo adquirido a independência financeira graças ao sucesso de *O tambor*, Grass mergulhou na campanha pelos social-democratas de Willy Brandt. Depois que o partido chegou ao poder em 1969, porém, e especialmente depois da renúncia de Brandt em 1974, Grass começou a se afastar da política institucional, preferindo dedicar-se cada vez mais às causas feminista e ecológica. Ao longo dessa evolução, porém, continuou a crer no debate ponderado e no progresso social deliberado, ainda que cauteloso. Como totem, escolheu o caracol.

Tendo sido um dos primeiros a atacar o consenso de silêncio em torno da cumplicidade entre os alemães comuns e o domínio nazista – um silêncio cujas causas e consequências foram examinadas por Alexander e Margarete Mitscherlich em sua obra pioneira de psico-história, *Die Unfähigkeit zu Trauern* [A incapacidade de prantear] –, Grass é mais livre que a maioria para entrar no debate atual na Alemanha sobre o silêncio e o silenciamento, assumindo, de modo caracteristicamente cauteloso e nuançado, uma posição que até a virada do século só a direita radical tinha ousado propalar em público: a de que os alemães comuns – e não só os que pereceram nos campos ou morreram opondo-se a Hitler – podem incluir-se entre as vítimas da Segunda Guerra Mundial.

Questões sobre a condição de vítima, sobre o silêncio e sobre a revisão da história encontram-se no cerne do romance que Grass escreveu em 2003, *Passo de caranguejo*, cujo principal personagem e narrador chega ao mundo durante os últimos momentos do Terceiro Reich. O aniversário de Paul Pokriefke é em 30 de janeiro, uma data com ressonância simbólica na história alemã. Os nazistas tomaram o poder em 30 de janeiro de 1933. E no mesmo dia, em 1945, a Alemanha sofreu sua pior catástrofe marítima de todos os tempos, um desastre da vida real no meio do qual teria nascido o personagem fictício Paul. Paul é, portanto, uma espécie de filho da meia-noite no sentido usado por Salman Rushdie, uma criança escolhida pelo destino para dar voz a seu tempo. Paul, contudo, acharia melhor evitar esse destino. Certamente ele preferiria passar pela vida despercebido. Jornalista profissional, recolhe as velas sempre que os ventos políticos sopram forte demais. Nos anos 1960, publica na conservadora editora Springer. Quando os social-democratas chegam ao poder, transforma-se num liberal de esquerda um tanto tímido; mais tarde, dedica-se a causas ecológicas.

Existem, porém, duas pessoas poderosas por trás dele, que o açulam a escrever a história da noite em que nasceu: sua mãe e uma figura envolta em sombras, tão parecida com o escritor Günter Grass que vou dar-lhe o nome de "Grass".

Pokriefke é o sobrenome da mãe de Paul; a identidade do pai nem mesmo sua mãe conhece. Mas ela diz a Paul que ele tem um parentesco acidental com um nazista importante, o *Landesgruppenleiter* [comandante regional] Wilhelm Gustloff. Gustloff – um personagem da vida real – esteve postado na Suíça na década de 1930, com ordens de reunir informações e recrutar expatriados alemães e austríacos para a causa fascista. Em 1936, um estudante judeu de origem balcânica chamado David Frankfurter bateu à porta de Gustloff em Davos e matou-o a tiros, entregando-se à polícia em seguida. "Atirei nele porque sou judeu. E [...] não me arrependo" parecem ter sido as palavras de Frankfurter. Julgado por um tribunal suíço e condenado a dezoito anos de prisão, Frankfurter acabou expulso do país depois de ter cumprido metade da pena. Transferiu-se para a Palestina, arranjando um emprego no Ministério da Defesa de Israel.

Na Alemanha, a morte de Gustloff foi aproveitada como uma oportunidade de criar um mártir do nazismo e atiçar sentimentos antissemitas. O corpo foi trazido cerimonialmente de volta da Suíça, e as cinzas, enterradas num monumento fúnebre às margens do lago Schwerin, com uma lápide de 4 metros de altura. Ruas e escolas foram batizadas com o nome de Gustloff, e até um navio.

O cruzador *Wilhelm Gustloff* foi lançado ao mar em 1937 como parte do programa nacional-socialista de lazer para a classe operária, um programa conhecido como *Kraft durch Freude*, "força através da alegria". Tinha a capacidade de transportar 1.500 passageiros de cada vez em acomodações de classe única, para viagens aos fiordes da Noruega, à ilha da Madeira e ao Mediterrâneo. Em pouco tempo, contudo, usos mais urgentes foram encontrados para a embarcação. Em 1939, foi

Günter Grass 183

enviada à Espanha para trazer a Legião Condor de volta de lá. Quando a guerra começou, foi transformado em navio-hospital. Mais adiante, tornou-se navio de treinamento para a marinha alemã, e finalmente um transporte para refugiados.

Em janeiro de 1945, o *Gustloff* zarpou do porto alemão de Gotenhafen (hoje Gdynia, na Polônia), rumando para o Oeste abarrotado com cerca de 10 mil passageiros, na maioria civis alemães que fugiam do avanço do Exército Vermelho, mas também soldados feridos, tripulantes de submarino em treinamento e membros do corpo feminino auxiliar alemão. Sua missão, portanto, não deixava de ter um lado militar. Nas águas geladas do Báltico, foi torpedeado por um submarino russo sob o comando do capitão Aleksandr Marinesko. Cerca de 1.200 sobreviventes foram recolhidos; todos os demais morreram. O número de baixas transformou esse naufrágio no pior desastre marítimo de toda a história.

Entre os sobreviventes estava uma jovem (fictícia) chamada Ursula ("Tulla") Pokriefke, em avançado estado de gravidez. No barco que a resgata, Tulla dá à luz um filho, Paul. Desembarcando com o bebê nos braços, ela tenta avançar para o Oeste através das linhas russas, mas acaba em Schwerin, na zona russa, sede do monumento em memória de Gustloff.

Por seu nascimento, assim, Paul tem de fato uma tênue ligação com Wilhelm Gustloff. Um laço mais perturbador revela-se décadas mais tarde, em 1996, quando, percorrendo aleatoriamente a internet, Paul encontra um website denominado www.blutzeuge.de, no qual os "camaradas de Schwerin" mantêm viva a memória de Gustloff. (Um *Blutzeuge* é um juramento de sangue. O dia do *Blutzeuge*, 9 de novembro, era uma data sagrada do calendário nazista, o dia em que os membros da ss reafirmavam seu juramento.) Devido a certas fórmulas e expressões usadas no site, Paul começa a suspeitar que os supostos camaradas eram na verdade nada mais nada menos que seu filho Konrad, estudante secundário, que vê raramente depois que o jovem decidiu morar em Schwerin, com sua avó Tulla.

Konrad, descobre-se, ficara obcecado com o caso Gustloff. Para o curso de história, escreve um trabalho sobre o programa *Kraft durch Freude*, proibido por seus professores de ser apresentado à turma, alegando que o tema era "inadequado" e o trabalho, "gravemente contaminado por ideias nacional-socialistas". Konrad tenta apresentar o mesmo trabalho numa reunião dos neonazistas locais, mas o texto é acadêmico demais para seu público de cabeça raspada, embriagado de cerveja. A partir de então ele se confina ao seu website, onde adota o codinome "Wilhelm" e apresenta Gustloff ao mundo como um autêntico herói e mártir alemão, repetindo as palavras de sua avó, segundo a qual os navios de cruzeiro de classe única do programa *Kraft durch Freude* eram uma representação concreta do autêntico socialismo.

"Wilhelm" logo precisa enfrentar uma reação hostil. Escrevendo para o site com o pseudônimo de "David", um leitor afirma que o verdadeiro herói da história foi Frankfurter, um herói da resistência judaica. Na tela do seu computador, Paul assiste a seu filho e o judeu presumido sustentarem uma prolongada controvérsia.

Mas um mero debate verbal não basta para Konrad. Ele convida "David" – um jovem da mesma idade que ele – para vir a Schwerin, e no local onde ficava o monumento demolido a Gustloff mata o rapaz a tiros, como Frankfurter fizera com Gustloff. Logo se descobre que o verdadeiro nome da sua vítima era Wolfgang e que não era judeu, mas sentia-se tão possuído por sentimentos de culpa ligados ao Holocausto que chegara a tentar viver como judeu na casa de sua família alemã, usando sempre um solidéu e exigindo que sua mãe só lhe preparasse comida *kosher*.

Konrad não se deixa abalar pela descoberta. "Atirei porque sou alemão", diz ele em seu julgamento, ecoando as palavras de Frankfurter, "e porque o eterno judeu falava através de David". Interrogado, admite que jamais conhecera um judeu de verdade, mas nega que isso seja relevante. Embora não tenha nada contra os judeus em abstrato, diz ele, o lugar dos judeus é Israel, e não a Alemanha. Os judeus que homenageiem Frankfurter, se quiserem, ou o russo Marinesko; já estava na hora de os alemães prestarem sua homenagem a Gustloff.

O tribunal faz o possível e o impossível para ver Konrad como um fantoche movido por forças além do seu alcance. Tulla faz uma aparição dramática no banco das testemunhas para defender o neto e acusar seus pais de o terem abandonado. E omite o fato de que foi ela quem deu ao jovem a arma do crime.

Acompanhando os trabalhos, Paul fica convencido de que Konrad é o único personagem do julgamento que não tem medo de dizer o que pensa. Entre os advogados e juízes, detecta um cobertor pesado que tudo abafa. E piores ainda são os pais do jovem morto, intelectuais liberais impecáveis que só põem a culpa de tudo em si mesmos e negam qualquer desejo de vingança. Seu filho decidira ser judeu, descobre Paul, justamente devido ao hábito do pai de ver dois lados em todas as questões, inclusive o episódio do Holocausto.

Condenado a sete anos de detenção juvenil, Konrad torna-se um prisioneiro-modelo, usando seu tempo para preparar seus exames de admissão na universidade. O único momento de desgaste ocorre quando vê recusado seu pedido de ter em sua cela um retrato do *Landes-gruppenleiter* Gustloff.

Tulla Pokriefke, nascida em 1927, mesmo ano em que Günter Grass, faz sua primeira aparição em *Gato e rato* (1961), embora a Lucy Rennwand de *O tambor* possa ser considerada sua precursora. Em *Gato e rato* ela é "uma criança magra e pequena [de 10 anos] com pernas que lembram palitos", que sai para nadar com os meninos no porto de Kaisershafen e a quem eles permitem assistir a seus concursos de masturbação. Em *Anos de cão* (1963), agora estudante secundária, ela acusa falsamente um de seus professores à polícia: ele é mandado para o campo de trabalhos forçados de Stutthof e lá acaba morrendo. Por outro lado, quando uma nuvem malcheirosa recai sobre Kaisershafen, Tulla é a única a declarar o que todos sabem: que o cheiro vem dos caminhões de ossos humanos de Stutthof.

No último ano da guerra, Tulla trabalha como condutora de bonde e faz o possível para engravidar. Em seguida, desaparece: em *O rato* (1986), o ex-menino do tambor Oskar Matzerath, agora com quase 60 anos, lembra-se dela como uma "vadia muito especial" que, até onde ele sabe, morreu no naufrágio do *Gustloff*.

As posições políticas de Tulla são difíceis de reduzir a qualquer sistema coerente. Carpinteira treinada e proletária impecável, ela é devotada aos negócios do partido no novo Estado alemão oriental, acabando reconhecida e premiada por seu ativismo. Seguidora invariável da linha de Moscou, chora quando Stálin morre em 1953 e acende velas por ele. No entanto, enquanto num momento saúda a tripulação do submarino que quase a matou, definindo-os como "heróis da União Soviética, unidos pela amizade aos trabalhadores", no instante seguinte consegue descrever Wilhelm Gustloff como "o filho tragicamente assassinado da nossa linda cidade de Schwerin" e propor que o modelo da *Kraft durch Freude* fosse copiado pelo comunismo.

Apesar de suas posturas incorretas, Tulla conserva sua posição no coletivo, vista com afeto, apesar de também temida por seus camaradas. Quando, depois do colapso do regime em 1989, o que Grass chama de *die Berliner Treuhand* e seu tradutor para o inglês chama engenhosamente de "o consórcio para a entrega de Berlim" instala-se na antiga Alemanha Oriental para comprar as antigas empresas estatais, ela cuida de receber a sua parte. Ao final do livro, consegue combinar o catolicismo a seu eclético sistema de crenças: na sala da sua casa da rua Gagarin, não muito longe do monumento a Lênin, ela mantém um altar em que o velho Tio Josef fuma o seu cachimbo lado a lado com a Virgem Maria.

Paul vê na sua mãe a última verdadeira stalinista. O que isso quer dizer exatamente ele não explica; mas Tulla emerge do seu relato como uma mulher sem princípios, astuta, intrigante, tenaz, impaciente com a teoria, impiedosa, difícil de matar, acima de tudo nacionalista e antissemita, o que constitui um perfil nada inexato de um stalinista. Ela também deu à luz uma criança em pleno mar, na mesma noite em que viu milhares de crianças mortas boiando de borco em seus salva-vidas ineficazes, e ouviu o último grito coletivo dos passageiros do *Wilhelm Gustloff* enquanto caíam no mar. "Um grito como aquele – nunca mais sai do seu ouvido", diz ela. E, como que para prová-lo, seu cabelo fica todo branco naquela noite. Além de stalinista, Tulla também é, assim, uma alma atormentada: atormentada pelo que viu e ouviu e incapaz de superar a sua dor até que o tabu quanto à descrição do que houve em 30 de janeiro de 1945 possa ser rompido e os mortos puderem ser pranteados como merecem.

Tulla Pokriefke é o personagem mais interessante de *Passo de caranguejo* – e talvez, depois de Oskar, o menino do tambor de lata, o mais interessante de toda a obra de Grass, não só no nível humano, mas também pelo que representa para a sociedade alemã em geral: um populismo étnico que sobreviveu melhor no Leste que no Ocidente, mas que não consegue ser capturado nem pela direita nem pela esquerda; que mantém uma versão própria do que ocorreu na Alemanha e no mundo no século XX, uma versão que pode ser distorcida, caótica e subordinada aos próprios interesses, mas ainda assim é ligada a sentimentos profundos; que se ressente por se ver banida do discurso civilizado e ser geralmente reprimida pelos *bien-pensants*; e que se recusa a ceder.

Por mais abjeto que possamos considerar o fenômeno Tulla Pokriefke, *Passo de caranguejo* apresenta um argumento de peso a favor de permitir que as Tullas e os Konrads da Alemanha tenham seus heróis, seus mártires, seus memoriais e suas cerimônias comemorativas. E a posição contrária à repressão e favorável a uma história nacional que inclua a todos é a postura que Paul, diante do destino do filho, acaba apreciando cada vez mais, a saber: se paixões com raízes profundas forem reprimidas, acabarão emergindo em algum outro lugar em formas diferentes e imprevisíveis. Se Konrad vê recusado o direito de ler seu trabalho para a turma, transforma-se num assassino; se é preso, outro website surge na internet: o www.kameradschaft-konrad-pokriefke.de com seu juramento de sangue: "Acreditamos em você, esperaremos por você, nós o seguiremos".

As partes mais pessoais de *Passo de caranguejo* são aquelas em que Grass ou "Grass" aparece por cima do ombro de Paul Pokriefke, e ficamos sabendo como a narrativa de

Paul, justamente *Passo de caranguejo*, foi escrita. Quando era estudante em Berlim Ocidental, trinta anos antes, Paul frequentou um curso de composição literária em que "Grass" lecionava. Agora "Grass" torna a fazer contato com ele, instando-o a escrever o livro sobre o *Gustloff*, afirmando que, na qualidade de fruto daquela noite trágica, ele está singularmente bem situado para a tarefa. Anos atrás, "Grass" reuniu ele mesmo material para um livro sobre o *Gustloff*, mas decidira mais tarde que "estava farto do passado" e não chegara a escrevê-lo; agora era tarde demais.

As pessoas da sua geração mantinham um silêncio discreto sobre os anos da guerra, revela "Grass", porque seu sentimento pessoal de culpa era avassalador e porque "a necessidade de assumir a responsabilidade e demonstrar remorso tinha adquirido a precedência". Mas agora ele percebe que isso fora um erro: desse modo, a memória histórica dos sofrimentos da Alemanha acabara entregue à direita radical.

"Grass" tem várias sessões de trabalho com Paul, nas quais o pressiona a encontrar palavras para descrever os horrores dos últimos meses da guerra, quando os alemães em fuga morriam às centenas de milhares, talvez aos milhões. Para ajudar Paul, "Grass" chega a produzir uma amostra de texto (ajuda enganosa, porém, pois a passagem não descreve o que realmente aconteceu, mas o que ele vira num filme sobre o fim do *Gustloff*).

Paul tende a desconfiar de quais sejam os motivos do pedido de "Grass". O verdadeiro motivo pelo qual "Grass" deixou de escrever seu livro, suspeita ele, é que suas energias se esgotaram. Além do mais, a verdadeira pressão deve vir da obsessão de Tulla por trás de "Grass", torcendo-lhe o braço. "Grass" afirma só conhecer Tulla superficialmente, dos velhos tempos em Danzig. Mas a verdade, suspeita Paul, é que "Grass" pode ter sido amante dela e até ser seu verdadeiro pai. Suas suspeitas são reforçadas por um comentário que "Grass" faz sobre os seus esboços: que ele devia cercar Tulla de mais mistério, de um "fulgor mais difuso". "Grass" parece continuar sob o encantamento da mulher feiticeira dos cabelos brancos.

"Quem semeia vento colhe tempestade", diz um provérbio corrente também na Alemanha. E nem é tanto na tempestade — as atrocidades cometidas contra os alemães étnicos em sua fuga do Leste, o horror do bombardeio incendiário das cidades alemãs, a indiferença glacial dos Aliados ao sofrimento da população alemã depois da guerra — que a direita radical alemã encontra as fontes de ressentimento duradouro que pode explorar, e sim no silêncio exigido daqueles que se veem como vítimas ou herdeiros das vítimas — um silêncio imposto primeiro pelos invasores estrangeiros e depois adotado como uma medida política calculada pelos próprios alemães.

Esse tabu, hoje, vem sendo reexaminado num amplo debate nacional. *Passo de caranguejo* tornou-se um best--seller assim que foi lançado na Alemanha no início de 2002. Não porque as histórias de Gustloff e do *Gustloff* nunca tivessem sido abordadas. Pelo contrário, pouco mais de um ano depois da morte de Wilhelm Gustloff, o popular escritor Emil Ludwig publicou em alemão, embora não na Alemanha, um romance sobre o episódio em que Frankfurter aparece como herói, um homem que, ao ferir um nazista proeminente, espera inspirar os demais judeus à resistência. Em 1975, o diretor suíço Rolf Lyssy fez um filme, *Konfrontation*, sobre o mesmo tema.

A última viagem do *Gustloff* serviu de base para o filme *Nacht fiel über Gotenhafen* [A noite caiu sobre Gotenhafen,

1959] do diretor teuto-americano Frank Wisbar. Um sobrevivente da viagem, Heinz Schön, publicou ano após ano suas pesquisas sobre o fatídico incidente e a identidade dos mortos. Em inglês, foi lançado *The Cruelest Night: Germany's Dunkirk and the Sinking of the Wilhelm Gustloff* [A mais cruel das noites: a Dunquerque da Alemanha e o afundamento do *Wilhelm Gustloff*, 1979], de Christopher Dobson, John Miller e Thomas Payne. O próprio Grass já se referira ao *Gustloff* em vários dos seus livros, desde *O tambor*, bem como ao afundamento, por aviões britânicos, de outro antigo cruzador, o *Cap Arcona*, carregado de sobreviventes de campos de concentração.

Assim, nem Gustloff nem o *Gustloff* estavam esquecidos no sentido de cortados ou omitidos dos registros históricos. Mas existe uma diferença entre fazer parte da história registrada e fazer parte da memória coletiva. A raiva e o ressentimento das pessoas como Tulla Pokriefke emanam da sensação de que seu sofrimento não foi suficientemente levado em conta, de que um acontecimento suficiente para causar o luto coletivo tenha sido reduzido à força a mera fonte de dores individuais. Sua provação, e a provação de milhares como ela, é capturada de maneira mais pungente quando, disposta a celebrar a memória dos mortos, ela não encontra nenhum lugar onde possa depor as suas flores que não o sítio do antigo memorial nazista. E a pergunta que ela formula, em sua forma mais emocional, é a seguinte: será que o motivo de não podermos prantear, conjuntamente e em público, as mortes desses milhares de crianças afogadas é o simples fato de que eram alemãs?

Desde 1945, a questão da culpa coletiva assinala uma divisão na Alemanha, e hoje Grass tenta abordá-la não de frente, mas lateralmente, como caminha um caranguejo. *Passo de caranguejo* é anunciado como *eine Novelle*, uma novela ou romance curto; seu tema não é o afundamento do *Gustloff*, mas a necessidade de que fosse escrita, e como finalmente foi escrita, a história do afundamento do *Gustloff*.

E é nesse ponto que Günter Grass e a figura indistinta de "Grass" chegam mais perto de se fundirem: por meio de "Grass", Günter Grass apresenta, desolado, suas desculpas por não ter escrito e por não ter mais condições de escrever o grande romance alemão, em que os muitíssimos alemães que pereceram enquanto o Terceiro Reich agonizava fossem trazidos de volta à vida para poderem ser enterrados e pranteados da maneira certa, de modo que, completado o luto, uma nova página da história pudesse enfim ser virada; um ato de rememoração que pudesse calar o ressentimento agudo mas inarticulado das Tullas Pokriefke da Alemanha, libertando seus netos do peso do passado.

Mas o que de fato significa para a história do *Gustloff* ser escrita por um Paul Pokriefke? Uma coisa é reviver aquelas terríveis horas derradeiras na imaginação e então reproduzi-las em palavras que transmitam seus terrores para quem lê, a tarefa que "Grass" parece propor a Paul. Mas o projeto literário diante do qual Paul hesita é mais vasto e muito mais exigente: tornar-se o escritor que, no momento presente da história — os primeiros anos do século XXI —, escolhe transformar o afundamento do *Gustloff* em tema, ou seja, que escolhe romper o tabu afirmando que um crime de guerra, ou pelo menos uma atrocidade, foi cometido contra alemães naquela noite.

A relutância de Paul em escrever essa história maior, e a dança semelhante à marcha de um caranguejo que ele executa enquanto conta a história dessa sua relutância — uma dança durante a qual, por um movimento lateral, a história maior de algum modo acaba sendo contada — se

Günter Grass 193

justifica. Para um jornalista obscuro chamado Pokriefke, que por um feliz ou infeliz acaso nasceu na própria cena do acontecido, contar a história não significa nada. Para o presente, as histórias sobre o sofrimento dos alemães durante a guerra continuam inseparáveis de quem as conta e dos motivos que os levam a contá-las. A melhor pessoa para contar de que maneira os 9 mil alemães inocentes ou "inocentes" morreram não é Pokriefke nem "Grass", mas Günter Grass, o decano das letras alemãs, vencedor do Prêmio Nobel, o praticante mais consistente e exemplo mais duradouro dos valores democráticos na vida pública da Alemanha. Para Günter Grass, contar essa história ao raiar do novo século significa alguma coisa. Pode até assinalar que agora é aceitável, adequado e próprio que todas as histórias do que aconteceu nesses anos terríveis sejam admitidas na arena pública.

Günter Grass nunca foi um grande estilista em prosa nem um pioneiro da forma ficcional. Sua força está alhures: na perspicácia da sua observação da sociedade alemã em todos os níveis, em sua capacidade de sondar as correntezas mais profundas da psique nacional e em sua firmeza ética. A narrativa de *Passo de caranguejo* compõe-se de fragmentos soltos que funcionam eficazmente em sua ordem presente, embora sem produzir uma forte sensação de inevitabilidade estética. O recurso autoral de acompanhar passo a passo o submarino e sua presa enquanto convergem para o encontro fatal como que conduzidos por um destino superior é especialmente desgastado. Como escrita, *Passo de caranguejo* perde em comparação com outras incursões de Grass na forma da *Novelle*, especialmente *Gato e rato* e, mais recentemente, *Maus presságios* (1992), uma obra de construção elegante que paira entre o satírico e o elegíaco, na qual um casal idoso e decente funda uma associação para permitir que os alemães expulsos de Dantzig (hoje a cidade polonesa de Gdansk) possam ser enterrados na cidade onde nasceram, mas seu empreendimento escapa a seu controle e é transformado num grande golpe para arrecadar dinheiro.[1]

Ralph Mannheim foi o primeiro e melhor dos tradutores de Grass para o inglês, admiravelmente sintonizado com a linguagem do escritor. Depois de sua morte em 1992, a tocha passou primeiro para Michael Henry Heim e depois para Krishna Winston. Embora haja um ou dois pontos em torno dos quais se possa fazer alguma reclamação — Tulla possui um certificado de mestre num ofício [*Meisterbrief*] e não um "diploma de mestrado", que soa acadêmico demais; o capitão Marinesko não é "degradado" [*degradiert*] em seu retorno ao porto, mas *rebaixado de patente* —, a versão de Krishna Winston para *Passo de caranguejo* é fiel, até mesmo, à construção de frase ocasionalmente desgraciosa, típica de Grass.

O principal desafio ao engenho de Krishna Winston vem de Tulla Pokriefke. Tulla fala um alemão demótico da Alemanha Oriental, com ecos dos subúrbios operários da Danzig anterior à guerra. Encontrar um equivalente no inglês americano é tarefa ingrata. Locuções como *"Ain't it good enough that I'm out here breaking my back for them no-goods?"*[2] soam estranhamente datadas; mas talvez a fala de Tulla também soe estranhamente datada aos ouvidos dos alemães ocidentais.

(2003)

---

1   Günter Grass, *The Call of the Toad*. Nova York: Harcourt Brace, 1992. [Ed. brasileira: *Maus presságios*. São Paulo: Siciliano, 1992.]

2   "E já não é o bastante que eu me quebre toda sem receber nada por isso?" [N. T.]

W. G. Sebald, *Nach der Natur* [Ao natural]

W. G. Sebald nasceu em 1944 no sul da Alemanha onde a própria Alemanha, a Áustria e a Suíça se encontram. Com pouco mais de 20 anos viajou para a Inglaterra a fim de aprofundar seus estudos de literatura alemã e passou a maior parte da sua vida de trabalho lecionando numa universidade do interior da Inglaterra. Quando morreu, em 2001, tinha um sólido conjunto de publicações acadêmicas em seu nome, especialmente sobre a literatura da Áustria.

Mas nos anos intermediários Sebald também floresceu como escritor, primeiro com um livro de poesia e depois com uma sequência de quatro obras de ficção em prosa. A segunda delas, *Os emigrantes* (1992), valeu-lhe ampla atenção, especialmente no mundo de língua inglesa, no qual sua mistura de fabulação, diário de viagem, biografia fictícia, ensaio sobre os antigos, sonho e ruminação filosófica, executada numa prosa elegante, embora um tanto lúgubre, e complementada por uma documentação fotográfica de irresistível qualidade amadorística, representou uma nota decisivamente inédita (o público leitor alemão, a essa altura, já estava acostumado com a travessia contumaz e, a bem dizer, o pisoteamento sistemático das fronteiras entre a ficção e a não ficção).

Nos livros de Sebald, a maioria das pessoas é o que só podemos chamar de melancólica. O tom de suas vidas é definido por uma sensação difícil de articular de que elas não fazem parte do mundo e de que os seres humanos em geral talvez não devessem estar aqui. São modestos o suficiente para não reivindicarem uma sensibilidade sobrenatural às correntes da história – na verdade, tendem a crer que é neles que alguma coisa está errada –, mas o teor do empreendimento de Sebald é sugerir que seus personagens são proféticos, muito embora no mundo moderno o destino do profeta seja permanecer obscuro, sem que ninguém lhe dê ouvidos.

Qual será a base de tanta melancolia? Sebald sugere e torna a sugerir que são todos prejudicados pelo peso da história recente da Europa, uma história em que assoma gigantesco o Holocausto. Internamente, sentem-se dilacerados pelo conflito entre o impulso autoprotetor de manter bloqueado um passado sofrido e um avanço às cegas em busca de alguma coisa, não sabem bem o quê, que se perdeu.

Embora nas histórias de Sebald a superação da amnésia seja muitas vezes apresentada como a culminação de um grande esforço de pesquisa – cavando em arquivos, rastreando testemunhas –, a recuperação do passado só confirma o que as pessoas já sabiam num nível mais profundo, como sua melancolia em face do mundo já manifestava e como, em suas crises ou catalepsias intermitentes, seus corpos desde sempre já vinham dizendo em sua linguagem própria, a linguagem do sintoma: que não existe cura nem salvação.

A forma que assume a crise de melancolia em Sebald é bem definida. Existe um momento prévio, tomado por uma atividade compulsiva, quase sempre caminhadas noturnas, e dominado por sentimentos de apreensão. O mundo parece repleto de mensagens em código secreto. Os sonhos se sucedem, densos e rápidos. E então vem a experiência propriamente dita: uma delas é à beira de um desfiladeiro ou a bordo de uma aeronave, olhando para baixo e vendo o espaço vazio, mas ao mesmo tempo divisando o passado; o homem e suas atividades parecem minúsculos ao ponto da insignificância; todo sentido de finalidade se dissolve. E essa visão precipita uma espécie de desmaio em que a mente entra em colapso.

Vertigem (1990), primeira obra mais longa em prosa de Sebald, enfatiza a dimensão apocalíptica dessa crise mental. Na parte final do livro, o narrador em primeira pessoa faz uma viagem ao seu torrão natal, o vilarejo de W. Ali, enquanto examina detidamente objetos acumulados num sótão coberto de poeira, uma torrente de memórias é liberada, sucedida por intimações de que a vingança está a ponto de assolar a localidade. Temendo a loucura, ele foge. Toda a viagem até sua casa percorrendo o sul da Alemanha é sinistra. A paisagem tem um ar extraterreno; na estação de trem, as pessoas parecem exilados em fuga de cidades condenadas; diante dos seus olhos, alguém lê um livro que, como suas pesquisas bibliográficas posteriores irão mostrar, nem sequer existe.

Em Sebald, o ano de 1914 muitas vezes é citado como aquele em que a Europa enveredou pelo caminho errado. No entanto, examinado mais de perto, o idílio anterior a 1914 revela-se desprovido de qualquer fundamento. Não terá a guinada ocorrido na verdade mais cedo, então, com o triunfo da razão iluminista e a entronização da ideia do progresso? Embora se possa encontrar uma razoável consciência histórica em Sebald — as cidades e paisagens que seus personagens atravessam são assombradas por fantasmas, com camadas e camadas de sinais do passado — e embora parte de sua tristeza generalizada se deva à destruição do hábitat em nome do progresso, ele não é conservador no sentido de desejar a volta a uma idade de ouro em que a humanidade teria habitado a terra de uma forma boa e natural. Ao contrário, submete os conceitos de lar e de lugar que se habita a um contínuo escrutínio cético. Um dos seus livros de crítica literária é um estudo da noção de *Heimat* ("terra natal") na literatura austríaca. Jogando com a ambiguidade da palavra *unheimlich* ("estranho", "não familiar", e daí "assustador"), ele sugere que para os austríacos de hoje, cidadãos de um Estado que teve seu território e sua população profundamente alterados a cada guinada da história europeia moderna, deve haver algo de fantasmagórico em sentir-se em casa.

Os anéis de Saturno (1995) é, entre os livros de Sebald, o que se aproxima do que habitualmente classificamos como não ficção. É escrito para dominar o "horror paralisante" que toma conta de seu autor – melhor dizendo, sua figura do "eu" – em face do declínio da parte oriental da Inglaterra e da destruição de sua paisagem. (É óbvio que o "eu" dos livros de Sebald não deve ser identificado com o W. G. Sebald histórico. Ainda assim, enquanto escritor, Sebald sustenta um jogo malicioso com as semelhanças entre os dois, a ponto de reproduzir em seus textos instantâneos e fotos de passaporte de "Sebald".)[1]

Depois de uma longa viagem a pé por toda a região, Sebald, ou "eu", é hospitalizado em estado cataléptico, tomado de sintomas, entre os quais uma sensação de estranheza absoluta associada a alucinações em que se vê em algum um lugar elevado, de onde contempla o mundo a seus pés. A essa vertigem, ele dá uma interpretação mais metafísica do que meramente psicológica. "Se nos olharmos de uma grande altitude", diz ele,

1 W. G. Sebald, *The Rings of Saturn*. Nova York: Random House, 2001. [Ed. brasileira: *Os anéis de Saturno*. São Paulo: Companhia das Letras, 2010.]

"é assustador perceber como conhecemos pouco a nossa espécie, nossas metas e nossos fins". E uma vertigem seguida de colapso mental é o que nos acomete quando nos contemplamos do ponto de vista de Deus.

Sebald não se dizia romancista – o termo que preferia era "prosador" –, mas ainda assim, para fazer sucesso, seu projeto precisa desprender-se do biográfico ou do ensaístico – do prosaico, no sentido corrente da palavra – para ascender aos domínios da imaginação. E a misteriosa facilidade com que ele consegue operar essa decolagem é a prova mais clara da sua genialidade. Mas *Os anéis de Saturno* nem sempre é bem-sucedido. Os capítulos sobre Joseph Conrad, Roger Casement, o poeta Edward Fitzgerald e a última imperatriz da China, todos os quais – surpreendentemente – têm ligações com a região de East Anglia, não conseguem desprender-se do prosaico.

Em seus livros anteriores, o tema do tempo não era tratado com nenhuma profundidade, talvez porque Sebald não estivesse seguro de que sua obra pudesse comportar muita especulação filosófica. Quando o tema é abordado, tende a sê-lo por meio de referências aos paradoxos idealistas de Jorge Luis Borges ou, em *Os anéis de Saturno*, a um dos mentores de Borges, o neoplatônico *sir* Thomas Browne. Mas em *Austerlitz* (2001), o mais ambicioso dos livros de Sebald, o tempo é atacado de frente.

O tempo não tem existência real, assevera Jacques Austerlitz, professor de arte e arquitetura da Europa que perdeu seu passado quando seus pais judeus o remeteram ainda pequeno para a Inglaterra, para que fugisse à calamidade que se aproximava. Em vez do meio contínuo do tempo, diz Austerlitz, o que existe são bolsões interligados de espaço-tempo cuja topologia podemos nunca chegar a compreender, mas entre os quais os supostos vivos e os supostos mortos podem viajar e assim

W. G. Sebald 201

travar encontros. As fotografias, continua ele, são uma espécie de olhos ou nódulos de ligação entre o passado e o presente, permitindo que os vivos vejam os mortos e os mortos vejam os vivos, os sobreviventes. (Essa negação da realidade do tempo fornece uma justificação retrospectiva para as fotografias que salpicam os textos em prosa de Sebald.)

Uma consequência da negação do tempo é que o passado se vê reduzido a uma série de memórias interconectadas na mente dos vivos. Austerlitz é assombrado pela consciência de que, a cada dia, uma parte do passado, até mesmo o próprio passado, desaparece à medida que pessoas morrem e memórias se extinguem. Aqui ele ecoa a ansiedade manifestada por Rainer Maria Rilke em suas cartas sobre o dever do artista como portador da memória cultural. De fato, por trás do herói erudito de Sebald, tão deslocado ao final do século XX, erguem-se vários mestres mortos dos últimos anos da Áustria dos Habsburgo: Rilke, o Hugo von Hofmannsthal de *A Carta a Lorde Chandos*, Kafka, Wittgenstein.

Pouco antes da sua morte, Sebald publicou um livro de poemas com ilustrações da artista Tess Jaray.[2] Não é uma obra de grande ambição, o que sugere que para ele escrever versos seria um mero passatempo. Ainda assim, seu primeiro livro de poesia, *Nach der Natur* (1988), traduzido em inglês como *After Nature* [Ao natural], é uma obra de alcance considerável. Embora suas imagens sejam mais desafiadoras que qualquer passagem da obra em prosa de Sebald, os versos conservam as virtudes sebaldianas de elegância e clareza retórica, e apresentam-se bem na tradução para o inglês, como aliás tudo que

2   W. G. Sebald, *For Years Now*. Londres: Short Books, 2001.

ele escreveu. *Nach der Natur* compõe-se de três poemas longos. O primeiro trata de Matthias Grünewald, o pintor do século XVI cuja biografia Sebald recompõe a partir de fontes históricas dispersas e observações dos seus quadros. A principal das obras de Grünewald é o altar que executou para o mosteiro antonino de Isenheim, na Alsácia, no seu tempo sede de um hospital para males de vários tipos. Na mais soturna das pinturas de Isenheim — a tentação de Santo Antônio, a crucificação e deposição de Jesus —, o Grünewald de Sebald vê a criação como um campo de experiência para forças naturais amorais e cegas, já que uma das produções mais loucas da natureza é a própria mente do homem, capaz não só de imitar seu criador e inventar engenhosos métodos de destruição como também de atormentar-se — como no caso do próprio Grünewald — com visões da loucura da vida.

Igualmente sombria é *A crucificação*, de Grünewald, na Basileia, no qual a luz estranha e enevoada cria um efeito de tempo que corre para trás. Por trás desse quadro, sugere Sebald, estão premonições do apocalipse produzidas por um eclipse do Sol ocorrido na Europa central em 1502, um "adoecimento secreto do mundo,/ em que uma coagulação fantasmagórica de sombra/ no meio do dia como um desmaio/ despejou-se da abóbada do céu"[3]. O caráter sombrio da visão de Grünewald não se deve apenas a um temperamento idiossincraticamente melancólico. Por força da sua associação ao profeta messiânico Thomas Münzer, Grünewald respondia aqui aos horrores que conheceu na Guerra dos Trinta Anos, entre os quais uma atrocidade então muito difundida e que causaria calafrios em qualquer artista: o arrancamento dos olhos;

3   W. G. Sebald, *After Nature*. [As versões em português foram feitas a partir da tradução em inglês. N. T.]

ainda por cima, por meio de sua mulher, uma cristã conversa nascida no gueto de Frankfurt, ele tinha ainda uma experiência íntima da perseguição aos judeus na Europa.

O fecho desse primeiro poema consiste em uma única imagem: o mundo tomado por uma nova idade do gelo, de um branco sem vida, o que é tudo que o cérebro consegue enxergar quando o nervo óptico se rompe.

O segundo poema de *Nach der Natur* trata novamente de uma vastidão deserta e gelada. Seu herói, Georg Wilhelm Steller (1709-1746), é um filho do Iluminismo, um jovem intelectual alemão que abandona a teologia para estudar ciência natural. Ambicionando catalogar a flora e a fauna do norte congelado, Steller viaja para São Petersburgo, uma cidade que se ergue como um fantasma do "vazio ressoante do futuro", onde adere à expedição liderada por Vitus Bering para mapear a passagem por mar dos portos árticos da Rússia ao Oceano Pacífico.

A expedição é bem-sucedida. Steller chega inclusive a desembarcar por algumas horas em terras do continente norte-americano. No caminho de volta para a Rússia, porém, os viajantes naufragam. O melancólico Bering morre; os sobreviventes empreendem a volta para casa numa embarcação improvisada, todos menos Steller, que enceta uma viagem pelo interior da Sibéria para coletar espécimes e familiarizar-se com os povos nativos. E lá ele também acaba morrendo, deixando para trás uma lista de plantas e um manuscrito que viria a tornar-se um procurado guia para caçadores.

A finalidade dos poemas sobre Grünewald e Steller não é biográfica nem histórica, num sentido corrente. Embora a erudição por trás deles seja rigorosa – Sebald já publicara obras sobre história da arte, e fica evidente que fez pesquisas sistemáticas sobre a expedição de Bering –, a erudição fica em segundo plano diante do que intui acerca dos seus personagens e talvez neles projete (o que pode dar uma pista para a maneira como Sebald construía seus personagens em suas obras posteriores de ficção em prosa). Primeiro exemplo: sua afirmação de que Grünewald, embora casado, fosse em segredo homossexual, envolvido por muitos anos "numa amizade masculina oscilando/ entre o horror e a lealdade" com um colega pintor chamado Matthis Nithart, é, entre os especialistas, altamente polêmica: "Matthis Nithart" pode ser apenas o nome de batismo do próprio Grünewald. Segundo exemplo: o Steller histórico parece ter sido um jovem vaidoso e arrogante, interessado antes de tudo em criar fama, e que teria encontrado a morte ao cair num estupor alcoólico em temperaturas glaciais. Nada disso aparece no poema de Sebald.

O melhor a fazer é considerar que Grünewald e Steller são *personæ*, máscaras que permitem a Sebald projetar no passado um certo tipo de personagem, pouco à vontade no mundo, na verdade um exilado, que pode ser ele próprio, mas que ele julga possuir uma genealogia que suas leituras e pesquisas podem revelar. A *persona* de Grünewald, com sua visão maniqueísta da criação, é mais completamente elaborada que a de Steller, que pouco mais é que um conjunto de gestos, talvez porque Sebald não tenha conseguido encontrar – ou criar – profundezas mais críveis para esse personagem.

"A noite escura avança", o terceiro dos poemas de *Nach der Natur*, é mais declaradamente autobiográfico. Aqui, Sebald, ou o "eu" do poema, faz uma autoavaliação como indivíduo, mas também como herdeiro da história alemã recente. Em imagens e fragmentos de narrativa, o poema conta a sua história desde o nascimento, em 1944, sob o signo de Saturno, o planeta frio, até a década de 1980. Algumas das imagens – e a essa altura já estamos familiarizados com essa prática, graças às suas obras de ficção em prosa – vêm da arca do tesouro da Europa, nesse caso, de dois quadros de Albrecht Altdorfer (1480-1538): o primeiro mostra a destruição de Sodoma, e o outro, a batalha de Arbela, travada entre Alexandre da Macedônia e Dario, rei dos persas.

Ver o quadro de Sodoma pela primeira vez precipita uma experiência de *déjà-vu*, que Sebald associa ao bombardeio das cidades alemãs na Segunda Guerra Mundial e à recusa de seus pais em tocar nesse assunto. A amnésia geral e deliberada que assola a geração dos seus pais, maior fonte de suas queixas contra os dois e maior motivo da distância em que sempre viveram, obriga Sebald a lembrar também por eles. (Pôr um fim a esse período de amnésia histórica tornou-se um motivo de crescente inquietação nacional na Alemanha da virada do século. E é o tema de *Luftkrieg und Literatur* [Guerra aérea e literatura], do próprio Sebald, 1999, traduzido para o inglês como *On the Natural History of Destruction* [Sobre a história natural da destruição].)

No poema, o espetáculo da destruição de Sodoma leva a uma crise pessoal ("Quase enlouqueci"), que Sebald associa a seus episódios recorrentes de vertigem. Retrospectivamente, fica claro que também conduzirá ao esforço de reparação contido nas suas quatro obras em prosa, e especialmente nas suas biografias de judeus, tanto imaginários (os personagens de *Os emigrantes*; Austerlitz) quanto reais (seu amigo e hoje tradutor Michael Hamburger, em *Os anéis de Saturno*).

O trecho mais claramente narrativo de *Nach der Natur*, escrito com uma indicação sutil de "O prelúdio", poema de William Wordsworth sobre os anos da sua formação, conta a história da primeira estada de Sebald na Manchester da década de 1960, uma cidade em que a primeira encarnação industrial da Europa sobrevive até o final do século XX como uma espécie de necrópole ou reino dos mortos ("Essas imagens/ mergulhavam-me muitas vezes num quase/ sublunar estado de profunda/ melancolia").

A paisagem do leste da Inglaterra onde Sebald se vê mais adiante é igualmente triste: propriedades rurais substituídas por hospícios, prisões ou asilos de velhos, ou transformadas em campos de teste de armamentos. E a Inglaterra moderna tampouco é singular em sua feiura. Sobrevoando a Alemanha, ele tem outra de suas soturnas experiências visionárias.

> Cidades fosforescentes
> à beira-rio, as pilhas
> luminosas da indústria à espera
> por trás dos rastros de fumaça
> como gigantes do oceano pelo berro
> das sirenes, as luzes nervosas
> das estradas de ferro e asfalto, o murmúrio
> dos milhões de moluscos que proliferam,
> pulgões e percevejos dos bosques, a fria putrefação,
> os gemidos e as costelas pétreas,
> o brilho de mercúrio, as nuvens que
> corriam entre as torres de Frankfurt,
> o tempo estendido e o tempo acelerado,
> tudo isso me passou correndo pela mente
> e já estava tão perto do fim
> que cada inspiração de ar fazia
> meu rosto estremecer.

Visões como essa levaram-no a ver-se como Ícaro, o jovem que, voando alto pelos ares com suas asas improvisadas, vê o que mortal nenhum podia ver. Quando ele cair, como inevitavelmente haverá de cair, será que alguém dará alguma atenção ou, como no famoso quadro de Brueghel, o mundo simplesmente seguirá em frente?

A vertigem lembra a Sebald problemas de equilíbrio que ele tinha na infância e o faz abordar o segundo dos quadros de Altdorfer, *A batalha de Arbela*, um panorama de carnificina em imensa escala apresentado em pormenores tão alucinatoriamente minuciosos que acabam induzindo à vertigem. O quadro deveria provocar mais um dos seus colapsos melancólicos, mas conduz em vez disso à transcendência bastante inconvincente com que o poema se encerra: o descortino de uma visão de um novo futuro, para além do horizonte de uma guerra infinita do Oriente contra o Ocidente:

> ... e mais ao longe ainda,
> assomando à luz bruxuleante,
> as cordilheiras,
> cobertas de neve e cercadas de gelo,
> do estranho, inexplorado
> continente africano.

Nach der Natur tem seus pontos mortos e seus momentos de grandiloquência vazia, mas no fim das contas é uma obra de grande vigor e seriedade, totalmente merecedora de figurar ao lado das obras em prosa da última década de vida de Sebald.

(2002)

Hugo Claus, poeta

Num dos derradeiros poemas de Hugo Claus (1929-2008), um poeta famoso concorda em conceder uma entrevista a um homem mais jovem, também poeta. Algumas doses de bebida logo revelam a malevolência e a inveja que motivavam a visita. Aqui entre nós, pergunta o mais jovem dos dois, por que o senhor mantém o mundo à distância? Por que dedica tanta atenção aos mestres do passado? E por que se mostra tão obcecado com a técnica? Não se ofenda, mas às vezes acho seus poemas herméticos demais. E os seus esquemas de rimas: tão óbvios, tão pueris. Qual é sua filosofia, sua ideia básica, em poucas palavras?

O espírito do homem mais velho vaga por sua infância, detém-se nos mestres do passado, Byron, Ezra Pound, Stevie Smith. "Uma trilha de pedras", diz ele.

"Como?", pergunta o entrevistador surpreso.

"Uma trilha de pedras em que o poema se apoia." Acompanha o jovem até a porta, ajuda-o a vestir o casaco. Do umbral da porta, aponta para a Lua. Sem entender, o jovem fita aquele dedo esticado.[1]

Nesse olhar desencantado sobre si mesmo pelos olhos de uma nova geração que o desconsidera, Claus consegue resumir as características mais óbvias de sua poesia.

---

1 Hugo Claus, *Gedichten 1948-2004*. Amsterdã: Besige Bij, 2004.

Ele de fato se mantém a certa distância do mundo moderno (embora de maneira mais nuançada que seu rival se dispõe a reconhecer); cultiva de fato uma consciência intensa da maneira como sua obra se relaciona com a tradição literária, tanto nacional como europeia; é de fato um mestre da forma do verso, a tal ponto que consegue fazer com que difíceis proezas técnicas pareçam infantilmente fáceis; e de fato é às vezes hermético – na verdade, às vezes escreve numa tradição hermética; e os leitores à procura de uma mensagem nítida, alguma "filosofia" clausiana que possa resumir sua obra em poucas palavras, tendem a acabar de mãos vazias.

Hoje com mais de 70 anos,[2] Claus teve uma carreira imensamente produtiva, ao longo da qual foi coberto de honrarias e prêmios, não apenas em sua Bélgica natal e na Holanda, mas de maneira mais ampla em toda a Europa Ocidental. Sua obra teatral – peças originais, traduções e adaptações – transformou-o numa importante presença do teatro. Fez ainda incursões notáveis no cinema, nas artes plásticas e na crítica de arte. Mas as criações pelas quais há de ser lembrado são, primeiro, *Het Verdriet van België* [A dor da Bélgica, 1983], um dos grandes romances da Europa do pós-guerra e, segundo, um corpo de poemas que, em sua coletânea *Gedichten 1948-2004* [Poemas 1948-2004], soma cerca de 1.400 páginas.

Hugo Claus nasceu em 1929 em Bruges, Flandres, filho do dono de uma gráfica apaixonado por teatro. Vários de seus professores durante a Ocupação eram nacionalistas de direita; ele próprio chegou a sentir-se atraído pelo movimento fascista da juventude flamenga. Depois da Libertação, seu pai esteve preso por um breve período

---

2   Hugo Claus faleceu três anos depois da primeira publicação deste ensaio, aos 78 anos, na Antuérpia. [N. T.]

devido a suas atividades políticas durante a guerra. E esses antecedentes são retratados como pano de fundo em *Het Verdriet van België*.

Claus recebeu uma sólida formação do tipo obtido no *Gymnasium* alemão, com ênfase nas línguas clássicas e modernas, mas nunca entrou para a universidade. Começou sua carreira de artista muito jovem, como ilustrador de livros, e já aos 18 anos publicou seu primeiro livro de poesia, e, um ano mais tarde, um primeiro romance. Entre seus primeiros ídolos literários estão Antonin Artaud e os surrealistas franceses; logo tornou-se ativo no movimento artístico COBRA (Copenhague-Bruxelas-Amsterdã).

Durante a década de 1950, Claus viveu na França e na Itália, além de sua Bélgica natal. Em 1959, foi convidado para uma viagem aos Estados Unidos pela Fundação Ford, juntamente com um grupo de escritores europeus recém-revelados, entre os quais se incluíam Fernando Arrabal, Günter Grass e Italo Calvino. "Um versículo de Lucas não lhe vale de nada aqui", registrou ele diante da imensidão impessoal de Chicago.[3]

Dotado em várias esferas artísticas e intensamente ativo, Claus continuou a escrever poesia e ficção e a pintar, enquanto também se desenvolvia como dramaturgo, roteirista, diretor de cinema e teatro e crítico de arte. Com a publicação dos seus *Gedichten 1948-1963*, ele assinalou o encerramento da primeira fase da sua carreira poética, fase de que *Het Teken van de Hamster* [O signo do hamster, 1963], uma torrencial retrospectiva da sua vida na linha de *Testamento*, de François Villon, emerge como ponto alto. Juntamente com Remco Campert, Gerrit Kouwenaar, Simon Vinkenoog e Lucebert, a essa

---

3   Hugo Claus, "Chicago", *Gedichten 1948-2004*.

altura ele já se firmara na linha de frente da nova geração de poetas de língua holandesa, geração que deixou sua marca no início da década de 1950 produzindo uma arte antitradicional, antirracional, antiestética e experimental, receptiva às influências do Novo Mundo, mas que, com a chegada dos anos 1960, se dividiria, dispersando seus membros em trajetórias individuais.

O tumulto revolucionário de 1968 não deixou de afetar Claus. Ele fez uma visita — obrigatória àquela altura para os intelectuais europeus de esquerda — à utopia socialista de Cuba e elogiou suas conquistas, embora com mais comedimento que alguns de seus colegas. De volta à Bélgica, um tribunal considerou uma de suas montagens teatrais ofensivas à moral pública, condenando-o a quatro meses de prisão (diante do clamor geral de protesto, a pena foi suspensa). Um malfadado caso amoroso inspirou-lhe um livro de poemas, *Dag, Jij* [Manhã, tu, 1971], notável tanto por falar explicitamente de sexo como por sua pungente intensidade emocional. Por muitos anos depois disso, a vida particular de Claus ver-se-ia esquadrinhada pela bisbilhotice dos tabloides.

Embora Claus não tenha sido um poeta político no sentido estrito, os poemas de sua primeira fase certamente refletem a atmosfera apocalíptica e a alienação da vida política formal da *intelligentsia* europeia durante os anos mais sombrios da Guerra Fria, uma guerra cuja realidade — tendo em vista que Bruxelas era a sede da OTAN — os belgas tinham uma dificuldade especial em ignorar. Nesse aspecto, Claus se aproxima do seu contemporâneo alemão Hans Magnus Enzensberger. Mas a visão de Claus permanece singularmente própria dos Países Baixos. O espírito que paira sobre sua pátria pisoteada é o de Hieronymus Bosch: e Claus recorre ao mesmo imaginário popular do final da Idade Média, com seus bestiários e gnomos, em que Bosch inspirava sua visão de um mundo enlouquecido.

Na poesia da fase posterior de Claus, é a exploração da relação entre os sexos, num nível tanto simbólico como pessoal, que ocupa o primeiro plano. O espírito desses versos não tem nada de outonal: como W. B. Yeats, Claus vocifera contra seu físico que declina, enquanto o desejo insiste em escapar a seu controle. Nessas explorações, Claus lança mão do recurso aos mitos, gregos e indianos. Sua obra teatral do mesmo período concentra-se em adaptações de tragédias gregas e romanas. Não seria ir longe demais dizer que o universo clausiano tardio é dominado por uma luta entre os princípios masculino e feminino (e isso a despeito da advertência do próprio poeta, de que não tem "filosofia" nenhuma a defender).

Hugo Claus não é um grande lírico e, embora seu estilo seja conciso e agudo, tampouco pode ser chamado de grande satirista ou epigramatista. Desde o início, porém, sua poesia esteve marcada por uma combinação incomum de inteligência e paixão, exprimindo-se numa linguagem sobre a qual ele tem tanto controle que a arte se torna invisível. Muitos dos poemas mais curtos de sua obra são apenas fugitivos ou circunstanciais. Ainda assim, espalhados ao longo de toda ela com alguma abundância, há poemas cuja concentração verbal, intensidade de sentimentos e alcance intelectual incluem seu autor na primeira linha dos poetas europeus do final do século XX.

(2005)

Graham Greene, *O condenado*

Ao resto do mundo, a Brighton da década de 1930 apresentava a face de uma atraente estância de férias à beira-mar. Mas por baixo dessa aparência havia uma outra Brighton: alas inteiras de casas de construção precária, lojas horrendas e desolados subúrbios industriais. Nessa "outra" Brighton pululavam a intolerância e a criminalidade, boa parte desta última concentrada no hipódromo e nos lucros que as corridas geravam.

Graham Greene fez uma série de viagens a Brighton com a finalidade de absorver sua atmosfera e reunir material para sua obra ficcional. Essa pesquisa rendeu primeiro *A Gun for Sale* [Uma arma à venda, 1936], romance em que Battling Kite, chefe de uma quadrilha que extorque dinheiro dos *bookmakers* em troca de proteção, tem a garganta cortada por um grupo rival, a quadrilha Colleoni.

E é a partir da morte de Kite que se desenvolve a ação de *O condenado* (*Brighton Rock*, 1938), originalmente planejado apenas como mais um romance policial do tipo facilmente adaptável para a tela. O livro começa com a caça a Fred Hale, repórter usado como informante por Colleoni, pela quadrilha de Kite. Numa ação que não é descrita, o lugar-tenente de Kite, um jovem chamado Pinkie Brown, mata Hale, provavelmente enfiando na sua garganta um bastão do doce vermelho e branco conhecido na Inglaterra como *brighton rock*. O corpo não apresenta marcas: o legista que conduz a autópsia conclui que Hale morreu de um ataque cardíaco.

Não fosse por Ida Arnold, uma *demi-mondaine* de costumes flexíveis que Hale conhece no último dia de vida, e por Rose, a jovem garçonete que, sem saber, derruba o álibi de Pinkie, o caso seria arquivado. A ação do romance, assim, passa a avançar em duas linhas convergentes: as tentativas de Pinkie para silenciar Rose, primeiro casando-se com ela e depois convencendo-a de que precisa fazer um pacto de morte com ele; e os movimentos de Ida, primeiro para desvendar o mistério da morte súbita de Hale e, em seguida, para salvar Rose das maquinações de Pinkie.

Pinkie é um produto da "outra" Brighton. Seus pais morreram; sua formação se deu muito mais no pátio da escola, com seu poder hierarquizado e seu sadismo ocasional, do que nas salas de aula. O gângster Kite era seu pai adotivo, ou seu irmão mais velho. A quadrilha de Kite, sua família substituta. Do mundo além de Brighton ele não sabe rigorosamente nada.

Amoral, desprovido de encanto, fervilhando de ressentimento contra "eles" e a polícia que "eles" usam para contê-lo, Pinkie é uma figura assustadora. Desconfia das mulheres, que a seu ver não têm nada na cabeça além de casamento e filhos. A simples ideia do sexo o enoja: sente-se perseguido pelas memórias dos confrontos entre seus pais nas noites de sábado debaixo das cobertas, cujos sons era obrigado a acompanhar de sua cama. Enquanto os homens que passa a comandar depois da morte de Kite têm relações transitórias com mulheres, ele permanece encerrado numa virgindade de que sente vergonha, mas da qual não tem a menor ideia de como escapar.

E eis que Rose entra em sua vida, uma jovem tímida e feia, pronta a adorar qualquer rapaz que dê qualquer sinal de percebê-la. A história de Pinkie e Rose é, do lado de Pinkie, a história de uma luta para barrar a entrada do amor no seu coração, e, do lado de Rose, da persistência canina em amar seu homem, desafiando qualquer grau de cautela. Para impedi-la de testemunhar contra ele se finalmente for levado a julgamento, Pinkie casa-se com Rose numa cerimônia civil, que os dois sabem ser um verdadeiro insulto ao Espírito Santo. E Pinkie, além de casar-se com Rose, ainda cumpre, a contragosto, o sacrifício de consumar o casamento; e, antes que o véu de misoginia, ódio e desprezo pelas mulheres torne a descer, descobre que o sexo nem é tão mau assim e que pode até rememorar seus momentos com algum prazer e uma espécie de orgulho.

E Pinkie só precisa repelir mais uma vez o assédio da redenção a seu coração empedernido. Enquanto conduz Rose ao lugar isolado onde, tudo correndo bem, ela irá se matar, ele sente "uma emoção enorme [...] como se houvesse algo tentando entrar; a pressão de asas gigantescas contra o vidro [...] Se o vidro quebrasse, se aquele bicho – ou o que quer que fosse – conseguisse entrar, Deus sabe do que seria capaz".[1]

O que mantém Pinkie e Rose ligados é o fato de serem ambos "romanos", filhos da Verdadeira Igreja, de cujos ensinamentos têm uma noção muito vaga, mas que ainda assim lhes confere uma inabalável sensação de superioridade interior. O ensinamento em que confiam com mais intensidade é a doutrina da graça, resumida num poema anônimo que ficou fixado na memória de ambos:

---

1 Graham Greene, *Brighton Rock*. Nova York: Penguin, 2004. [Ed. brasileira: *O condenado*. São Paulo: Biblioteca Azul, 2017.]

Graham Greene 217

Amigo não julgues a mim,
Pois vês que não julgo a ti:
Entre o estribo e o rés do chão,
Pedi e encontrei perdão.

A graça de Deus, para a Igreja Católica, é incognoscível, imprevisível e misteriosa; contar com ela para a salvação – adiar o remorso para o momento entre o estribo e o rés do chão – é um pecado profundo, é pecar por orgulho e presunção. Uma das realizações mais notáveis de Greene em *O condenado* é elevar seu casal de amantes improváveis, o meliante adolescente e a jovem noiva ansiosa, a momentos de orgulho cômico, mas de terrível orgulho luciferiano.

Mas estará Pinkie condenado ao inferno? No âmbito do romance, a pergunta não faz sentido: do que se passa na alma de Pinkie enquanto ele despenca de um penhasco no final do livro nada nos é dito. E quem somos nós, afinal, para dizermos que, em alguns casos, a confiança na misericórdia divina não pode advir de uma intuição genuína do espírito quanto à maneira como funciona o mistério da graça? Por via das dúvidas, porém, mais adiante na vida, Greene declararia explicitamente que não aceitava a doutrina da maldição eterna. O mundo já continha sofrimento suficiente, disse, para qualificar-se ele mesmo como um purgatório.

O condenado é um romance sem herói. Mas na pessoa de Ida Arnold, a mulher que Fred Hale escolhe por desespero no último dia de sua vida, Greene cria não só uma detetive nada convencional, astuta, obstinada e inabalável, mas também uma robusta antagonista teológica ao eixo católico constituído por Pinkie e Rose. Pinkie e Rose acreditam no Bem e no Mal; Ida acredita num Certo e num Errado mais mundanos, a lei e a ordem, embora, claro, com algum humor adicional. Pinkie e Rose creem na salvação e no castigo eterno, especialmente no castigo eterno; em Ida, o impulso religioso é domesticado, trivializado e confinado ao tabuleiro *ouija*, no qual espíritos se manifestam. Nas cenas em que Ida, tomada pelo impulso maternal, tenta separar Rose de seu amante demoníaco, vemos o confronto entre os rudimentos de duas visões de mundo, uma escatológica e a outra secular e materialista, sem que ocorra nenhuma compreensão recíproca.

Embora a visão de Ida pareça triunfar no final, um dos feitos mais sutis de Greene é pôr em dúvida essa visão, talvez bitolada e tirânica. No final, a história não pertence a Ida, mas a Rose e Pinkie, pois eles, ao contrário dela, estão preparados para enfrentar as grandes questões, ainda que de forma pueril.

A fé que Rose deposita em seu amado jamais vacila. Até o fim ela identifica Ida, e não Pinkie, como a criatura malévola, praticante da sedução sutil. "*Ela* é que devia ser maldita para sempre [...] Ela não sabe o que é o amor." Se de fato ocorrer o pior, ela, Rose, prefere sofrer no inferno com Pinkie a ser salva na companhia de Ida. (Como nunca iremos saber o que terá ocorrido com a alma de Pinkie, também jamais saberemos se a fé de Rose terá conseguido resistir às palavras de ódio, preservadas num disco de vinil, que Pinkie lhe transmite do além-túmulo: "Deus a amaldiçoe, pequena cadela".)

Graham Greene pertenceu a uma geração cuja visão da vida urbana moderna foi profundamente influenciada pelo poema *A terra desolada*, de T. S. Eliot. Ele próprio um poeta de algum peso, Greene traz Brighton à vida com imagens de um sombrio vigor expressionista: "A escuridão imensa premia a boca molhada contra as vidraças".

Em livros posteriores, Greene tendeu a refrear a poesia quando ela se tornava muito evidente.

Mais presente ainda neste romance é a influência do cinema. O final da década de 1930 foi uma época de grande progresso para a indústria cinematográfica britânica. Pela lei, os cinemas eram obrigados a exibir uma certa cota de filmes britânicos, e um sistema de subsídios premiava os filmes de qualidade. Criou-se uma escola de cinema genuinamente britânica, refletindo as realidades da vida britânica, um desenvolvimento que Greene saudava com satisfação. Em 1935, ele se tornou crítico de cinema do *Spectator*, e pelos cinco anos seguintes publicou cerca de quatrocentas críticas de filmes. Mais tarde ainda trabalharia na adaptação de seus romances, entre eles o próprio *O condenado*, filmado por Carol Reed em 1947 e distribuído nos Estados Unidos com o título de *Young Scarface*.[2]

Já desde *O expresso do Oriente* (1932), os romances de Greene traziam a marca do cinema: uma preferência pela observação externa, sem comentário, o corte seco de cena em cena, a mesma ênfase no significante e no insignificante. "Quando descrevo uma cena", disse ele numa entrevista, "procuro capturá-la com o olho móvel da câmera cinematográfica e não com o olho do fotógrafo — que a congela [...] Trabalho com a câmera, acompanhando meus personagens e seus movimentos".[3] Em *O condenado*, a influência do estilo visual de Howard Hawks pode ser percebida na maneira como o autor manipula a violência no hipódromo. O uso engenhoso do

---

2 No Brasil, foi lançado com o título de *O pior dos pecados*. [N. T.]

3 Marie-François Allain, *The Other Man: Conversations with Graham Greene*. Nova York: Simon and Schuster, 1983.

fotógrafo itinerante para conduzir o enredo sugere Alfred Hitchcock. Os capítulos, caracteristicamente, terminam com o foco recuando dos atores humanos para abarcar o panorama natural mais amplo — a Lua sobre a cidade e a praia, por exemplo.

Na época em que escreveu *O condenado*, Greene também vinha refinando sua técnica narrativa, usando Henry James e Ford Madox Ford como mestres e *A técnica da ficção*, de Percy Lubbock, como manual. Embora *O condenado* possa não ser tecnicamente perfeito — há lapsos durante os quais a narrativa interna de Pinkie é invadida por comentários e juízos do narrador —, ele é, em sua concentração na malevolência íntima, claramente da escola de Henry James.

O romance ainda tem outros problemas. Enquanto as simpatias de Greene se alinham obviamente do lado dos pobres, humilhados e desempregados, a grande cena em que ele podia ter explorado a textura da vida deles — a visita aos pais de Rose — é antes grotesca que perturbadora em seu impacto. O ritmo da ação vai se afrouxando à medida que se aproxima do final — e Greene ainda dedica um excesso de páginas aos destinos individuais dos membros da quadrilha de Pinkie.

Dado o *ethos* taciturno de seus personagens, em *O condenado* Greene tem poucas oportunidades de exibir sua habilidade como escritor de diálogos. A exceção é o advogado Prewitt, suficientemente articulado para assumir uma vida verbal própria de caráter dickensiano.

Na edição de 1970 de suas obras reunidas, Greene retocou o texto original em alguns pontos. Em 1938, ele se sentia à vontade para usar termos como "judia" [*Jewess*] e "negro" [*nigger*] — na expressão *niggers with "cushionly" lips* [negros de lábios almofadados]. Nos círculos que frequentava àquela altura, esses epítetos raciais eram correntes e aceitáveis. Depois da guerra, porém, deixaram de sê-lo. Assim, ele transformou os *niggers* em *negroes*[4], e as *jewesses* [judias], em alguns contextos, simplesmente em *women* [mulheres], e noutros, em *bitches*[5]. O "rosto semítico" de Colleoni é transformado em "rosto italiano". Os lábios almofadados permanecem.

O fato de Greene ter achado que a ofensa poderia ser removida com algumas penadas indica que, a seu ver, ela só tinha a ver com a superfície verbal do romance, e não com as atitudes e ideias que o norteavam.

Graham Greene nasceu em 1904 numa família de algum relevo intelectual. Pelo lado materno, era parente de Robert Louis Stevenson. Seu pai era o diretor de uma escola de renome, um de seus irmãos se tornaria diretor-geral da BBC.

Na Universidade de Oxford ele estudou história, escreveu poemas, militou por um breve período no Partido Comunista e chegou a flertar com a ideia de entrar para o ramo da espionagem. Depois de formado, arranjou um emprego noturno como subeditor no *The Times*, escrevendo literatura durante o dia. Seu primeiro romance foi publicado em 1929; *O condenado* foi o nono.

Em 1941, ao final de um período trabalhando na vigilância de ataques aéreos, Greene entrou para o serviço secreto de informações, SIS, na sigla em inglês, no qual seu superior imediato era Kim Philby, mais tarde desmascarado como agente a serviço dos russos. Depois da guerra, trabalhou em editoras até que os vencimentos da venda dos seus livros, dos roteiros de filmes e da

4 Não menos "negros" em português, mas sem a mesma nota depreciativa. [N. T.]
5 O que equivale ao português "vagabundas". [N. T.]

venda de direitos de filmagem tornaram desnecessário que tivesse um emprego.

Greene continuou a servir informalmente o SIS por muitos anos depois da guerra, relatando o que observava em suas extensas viagens. Até certo ponto, não passava de um agente secreto diletante. Ainda assim, as informações que fornecia eram bastante valorizadas.

O condenado foi seu primeiro romance sério, sério porque trabalhava com ideias sérias. Por algum tempo, Greene mantinha uma distinção entre suas incursões no romance sério e seus chamados "divertimentos". Dos vinte e tantos volumes de ficção que publicou antes da sua morte em 1991, *O poder e a glória* (1940), *O cerne da questão* (1948), *Fim de caso* (1951), *A Burnt-Out Case* [Um caso encerrado, 1961], *O cônsul honorário* (1973) e *O fator humano* (1978) foram os que atraíram mais atenção da crítica.

Nesse corpo de escritos, Greene definiu um território próprio, a chamada "Greenelândia", em que homens tão imperfeitos e divididos quanto qualquer outro têm sua integridade e os fundamentos de suas crenças postos à prova até o limite, enquanto Deus, caso exista, insiste em permanecer oculto. As histórias desses heróis dúbios são contadas com um magnetismo e um conhecimento de causa que atraíram os leitores aos milhões.

Greene gostava de citar o bispo Blougram, de Robert Browning:

> Nosso interesse é pelo extremo perigoso das coisas,
> O ladrão honesto, o assassino terno,
> O ateu supersticioso...

Se precisasse escolher uma epígrafe para toda a sua obra, dizia ele, seria essa. Embora idolatrasse Henry

James ("tão isolado à frente na história do romance quanto Shakespeare na história da poesia"), seu antecessor imediato é o Joseph Conrad de *O agente secreto*. De sua progênie, John le Carré é o mais celebrado.[6]

Greene é geralmente considerado um romancista católico, que interroga as vidas de seus personagens de um ponto de vista especificamente católico. Não há dúvida de que julgava que, sem uma consciência religiosa ou pelo menos uma consciência da possibilidade do pecado, o romancista não tinha como fazer justiça à condição humana: eis a essência da sua crítica a Virginia Woolf e a E. M. Forster, cujas palavras ele achava "delgadas como papel", apenas cerebrais.[7]

A narrativa de Greene dando conta de como, sendo católico e romancista, tornou-se um romancista católico foi elaborada tardiamente em sua vida e não deve ser necessariamente aceita ao pé da letra. Segundo esse relato, embora ele tenha se convertido ao catolicismo ainda jovem,[8] para ele a religião permaneceu uma questão particular entre o crente e Deus até presenciar em primeira mão a perseguição da Igreja no México e constatar como a fé religiosa podia tomar conta da vida das pessoas, sacramentalizando-as integralmente.

O que fica dessa narrativa é a atração, romântica em sua natureza e confirmada pelo que dizem suas primeiras obras de ficção, que o catolicismo exerceu sobre ele — a sensação de que os católicos têm um acesso único a um corpo ancestral de conhecimentos e de que os católicos

6 Graham Greene, "Henry James: The Private Universe" (1936), *Collected Essays*. Harmondsworth: Penguin, 1970.

7 Graham Greene, "François Mauriac" (1945), *Collected Essays*. Harmondsworth: Penguin, 1970.

8 Em 1926, "convenci-me da provável existência de algo que chamamos de Deus", escreveu Greene em *A Sort of Life*.

ingleses em especial, membros de uma seita perseguida no passado, são por isso inerentemente excluídos.

Por menos letrado que seja o Pinkie Brown de Greene (mas nem por isso incapaz de compor frases em latim), sua ideia da própria identidade está impregnada da noção de que detém um conhecimento secreto, fora do alcance da ralé, de que um destino mais alto está reservado para ele. Essa sensação de ser um eleito, compartilhada por tantos outros personagens de Greene, suscitou críticas como a de George Orwell: "Greene parece compartilhar a ideia, que vem pairando no ar desde Baudelaire, de que existe algo de *distingué* em ser maldito".[9] Mas esse tipo de crítica não é de todo justa: se em alguns momentos Greene parece prestes a endossar a concepção romântica que Pinkie tem do catolicismo como a fé do marginal byroniano, há momentos em que o aparato escatológico de Pinkie revela-se uma simples defesa precária erguida contra a zombaria do mundo – a zombaria das suas roupas surradas, da sua *gaucherie*, do seu sotaque de operário, da sua juventude, da sua ignorância em matéria de sexo. Pinkie pode fazer o possível para elevar seus atos à esfera do pecado e da maldição, mas para a resoluta Ida Arnold eles não passam de crimes que merecem as penas da lei; e nesse mundo, o único mundo que temos, a visão de Ida é a que tende a prevalecer.

(2004)

---

9   Resenha de *The Heart of the Matter*, in: *Collected Essays*, vol. 4. Londres: Secker and Warburg, 1968.

Samuel Beckett, os contos

Embora *Watt*, escrita em inglês durante os anos da guerra, mas publicada apenas em 1953, seja uma presença substancial no cânone beckettiano, pode-se dizer que Beckett só foi encontrar-se como escritor depois que adotou o francês e, especialmente, depois dos anos de 1947-1951, quando, numa das erupções criativas mais notáveis dos tempos modernos, escreveu as ficções em prosa *Molloy*, *Malone morre* e *O inominável* ("a trilogia"), a peça *Esperando Godot* e os treze *Textos para nada*.[1]

Essas grandes obras foram antecedidas por quatro contos, igualmente escritos em francês, acerca de um dos quais — *Primeiro amor* — Beckett tinha as suas dúvidas. (Também pode ter questionado a maneira como encerra *O fim*: no geral um mestre da frase contida, Beckett permitiu-se aqui a indulgência de um mergulho nada característico na plangência.)

---

1 Passo por cima de toda a ficção curta anterior: os contos que compõem *More Pricks than Kicks* [Mais espinhos que diversão], escritos entre 1931 e 1933, e o punhado de outros textos curtos de ficção do mesmo período. Pode-se dizer acerca dessas obras, com razoável justiça, que não mereceriam ser preservadas caso não tivessem sido escritas por Beckett. Seu interesse reside apenas nas indicações que nos fornecem ou deixam de fornecer quanto à obra que se seguiria a elas.

Nesses contos, no romance *Mercier et Camier* (escrito em francês em 1946) e em *Watt,* os contornos do mundo beckettiano tardio, bem como os processos pelos quais os produtos da criação ficcional de Beckett eram gerados, começam a tornar-se visíveis. Trata-se de um mundo de espaços confinados ou então de desoladas extensões vazias, habitadas por monologuistas associais e na verdade misantrópicos, que jamais conseguem terminar seus monólogos, vagabundos com o corpo em colapso e a mente em vigília constante, condenados a um redemoinho purgatorial em que ensaiam vezes sem conta os grandes temas da filosofia ocidental; um mundo que nos chega na prosa característica que Beckett – baseando-se principalmente em modelos franceses, embora com o fantasma de Jonathan Swift a murmurar-lhe baixinho no ouvido – encontrava-se em pleno processo de aperfeiçoar para si, lírica e mordaz na mesma medida.

Em *Textos para nada* (o título francês *Textes pour rien* alude à medida inicial marcada pelo maestro ante o silêncio da orquestra), vemos Beckett esforçando-se para deixar o canto isolado que lhe restara em *O inominável*: se "o inominável" é o signo verbal para o que fica depois que todas as marcas de identidade são removidas da série de monologuistas que o antecede (Molloy, Malone, Mahood, Worm e todo o resto), quem ou o que virá quando o Inominável for por sua vez despojado, e quem depois desse sucessor, e assim por diante? E – o que é mais importante – será que a própria ficção não irá degenerar no registro desse processo de desnudamento cada vez mais mecânico?

O problema da criação de alguma fórmula verbal capaz de delimitar e aniquilar o resíduo inominável da identidade e assim alcançar finalmente o silêncio aparece formulado no sexto dos *Textos* de Beckett. À altura do 11º, essa busca de um desfecho ou finalidade – baldada, como sabemos e Beckett também sabe – está em pleno processo de ser absorvida numa espécie de música verbal, e a feroz angústia cômica que a acompanhava também está em pleno processo de ser esteticizada. Eis a resposta a que Beckett parece ter chegado, uma resposta claramente precária, para a pergunta sobre o que fazer depois.

As três décadas seguintes verão Beckett, em suas ficções de prosa, incapaz de seguir em frente – atolado, na verdade, na própria questão de saber o que significaria seguir em frente, por que devemos seguir em frente e quem deve tomar a iniciativa do avanço. Um filete de publicações continua a gotejar: composições breves e quase musicais, cujos elementos são locuções e frases. *Ping* (*Bing*, no original francês, 1966) e *Lessness* (*Sans*, no original francês) [Sem nada, 1969] – textos construídos a partir de repertórios de frases organizadas por métodos combinatórios [e ambos traduzidos para o inglês pelo próprio Beckett] – representam o extremo dessa tendência. A música que produzem é áspera; mas como demonstra o quarto dos *Fizzles*, de 1975, as composições de Beckett também podem ser de uma irresistível beleza verbal.

Beckett se aferra à premissa narrativa de *O inominável* e de *How It Is* (*Comment c'est*, no original francês) [Como é, 1961] nesses textos curtos de ficção: uma criatura constituída de uma voz conectada, por motivos desconhecidos, a algum tipo de corpo encerrado num espaço que lembra mais ou menos o Inferno de Dante, por um certo tempo é condenada a falar, tentar dar sentido às coisas. A situação é bem descrita por um termo de Heidegger, *Geworfenheit*: ver-se atirado sem explicação numa existência governada por regras obscuras. *O inominável* era sustentado por sua soturna energia cômica. À altura do final da década de 1960, porém, essa energia cômica, com seu poder de

Samuel Beckett 229

surpreender-nos, reduzira-se a uma autolaceração implacável e árida. *The Lost Ones* (*Le dépeupleur*, no original francês) [O despovoador, 1970] é um inferno para o leitor e talvez também tenha sido um inferno para escrever.

E então, com *Companhia* (1980), *Mal visto e mal dito* (1981) e *Worstward Ho* [Rumo ao pior, 1983], emergimos milagrosamente em águas mais claras. A prosa se mostra subitamente mais expansiva e até cordata em matéria de Beckett. Enquanto nas ficções anteriores a interrogação da identidade encurralada, *geworfen*, tinha uma qualidade mecânica, como se desde o início ficasse combinado que qualquer questionamento era fútil, nesses textos posteriores tem-se a sensação de que a existência individual é um mistério genuíno, merecedor de exame mais detido. A qualidade do pensamento e da linguagem permanece filosoficamente escrupulosa como sempre, mas surge um elemento novo, pessoal e até mesmo autobiográfico: as memórias que emergem e flutuam na mente de quem fala provêm claramente da infância remota do próprio Samuel Beckett e são tratadas com alguma admiração e ternura, muito embora — como imagens dos antigos filmes mudos — tendam a tremer e a desaparecer na tela do olho interior. A palavra-chave beckettiana *on*[2], que antes tinha uma qualidade de áspera futilidade (*I can't go on, I'll go on* [não posso continuar, vou continuar]), começa a assumir um novo significado: o significado, se não da esperança, pelo menos da coragem.

O espírito desses últimos escritos, otimista, apesar de um ceticismo bem-humorado quanto ao que se pode realizar, é bem capturado numa carta escrita por Beckett

---

2 Preposição intraduzível para o português, responsável por formar inúmeros sentidos em infinitas locuções, mas que aqui equivaleria a "adiante", como na locução "seguir adiante". [N. T.]

em 1983: "A longa reta torta é trabalhosa, mas não sem recompensa. Ainda 'jovem' passei a buscar consolo na ideia de que então, se em algum momento, isto é, agora, as verdadeiras palavras, afinal, [emergem] da mente em ruínas. A essa ilusão continuo aferrado".[3]

Embora não seja uma descrição que ele próprio aprovasse, Beckett pode ser definido, com justiça, como um escritor filosófico, cuja obra pode ser lida como uma série de ataques vigorosos e céticos a Descartes e à filosofia do sujeito fundada por Descartes. Em sua desconfiança da axiomática cartesiana, Beckett alinha-se a Nietzsche, a Heidegger e a seu contemporâneo mais jovem Jacques Derrida. A interrogação satírica a que ele submete o *cogito* cartesiano (estou pensando, logo devo existir) está tão próxima em espírito da decisão de Derrida de revelar as premissas metafísicas por trás do pensamento ocidental que não podemos deixar de mencionar, se não uma influência direta de Beckett sobre Derrida, no mínimo um caso notável de vibração em sintonia.

Começando como um joyciano desconfortável e um proustiano mais desconfortável ainda, Beckett acaba por instalar-se na comédia filosófica como o meio mais adequado a seu temperamento singularmente angustiado, arrogante, dubitativo e escrupuloso. No espírito popular, seu nome está associado ao misterioso Godot que pode ou não chegar, mas que de todo modo esperamos, passando o tempo da melhor maneira possível. Nessa criação ele parece ter definido o espírito de uma época. Mas o alcance de Beckett é bem maior, e suas realizações, bem mais importantes. Beckett era um artista possuído

---

3 Citado em: James Knowlson, *Damned to Fame: The Life of Samuel Beckett*. Nova York: Simon & Schuster, 1996.

por uma visão da vida sem consolo nem dignidade ou promessa de graça, em face da qual nosso único dever – inexplicável e de finalidade fútil, mas ainda assim um dever – é não mentirmos para nós mesmos. Era uma visão a que ele dava expressão numa linguagem de força viril e sutileza intelectual que o assinala como um dos grandes estilistas em prosa do século XX.

(2005)

Walt Whitman

Em agosto de 1863, o cabo Erastus Haskell, do 141º Regimento de Voluntários de Nova York, morreu de febre tifoide no Hospital de Armory Square, em Washington, capital dos Estados Unidos. Pouco tempo depois, seus pais receberam uma longa carta de um desconhecido. Dizia:

> Eu estava muito ansioso pela salvação [de Erastus] assim como todos os outros — e ele era bem tratado pelos atendentes [...] Passei muitas noites no hospital ao lado da sua cama [...] — ele gostava muito que eu me sentasse ali, mas nunca se dava ao trabalho de dizer nada — nunca me esquecerei dessas noites, era uma cena curiosa e solene, os doentes e feridos estendidos a toda a volta em suas camas [...] e esse jovem tão querido ali bem perto [...] Não conheço seu passado, mas o que sei, e o que pude ver, é que era um rapaz nobre — sinto que era alguém a que eu poderia me apegar muito...
>
> Escrevo-lhes esta carta porque pelo menos alguma coisa quis fazer em memória dele — seu destino foi muito duro, morrer assim. Ele é um dos milhares de nossos jovens americanos desconhecidos das fileiras armadas, sobre os quais não há registro nem se cria fama, nenhuma agitação produzida por suas mortes tão anônimas, mas vejo neles os realmente preciosos e nobres [...] Pobre

filho querido, embora não fosses meu filho, fui levado a amar-te como um filho, pelo curto tempo que pude ver--te ali, doente e moribundo.

A carta vinha assinada "Walt Whitman", com um endereço no Brooklyn.[1]

Escrever cartas de condolências era apenas um dos deveres que Whitman se impunha como missionário dos soldados. Percorrendo os hospitais de Washington, trazia de presente para os soldados roupas de baixo limpas, frutas, sorvete, tabaco e selos postais. Também conversava com eles, consolava-os, beijava e abraçava alguns, e, se fosse inevitável que morressem, tentava facilitar sua morte. "Nunca antes tive meus sentimentos tão integralmente e (até aqui) permanentemente absorvidos, até as raízes, como por essas multidões de pobres rapazes, feridos, doentes, agonizantes", escreveu ele. "Criei ligações no hospital que hei de conservar até o dia da minha morte, & eles também, sem a menor dúvida."[2]

Entre 1862 e 1865, segundo seus cálculos, Whitman prestou cuidados a cerca de 100 mil homens. Embora suas intervenções não fossem universalmente bem recebidas – "Esse detestável Walt Whitman, [vindo] falar de coisas perversas e de descrença com os meus rapazes", escreveu uma enfermeira –, em nenhum lugar barravam sua entrada. Poderíamos nos perguntar se, em nossos dias, um homem de meia-idade, com fama de pornógrafo, conseguiria vagar assim pelas enfermarias, de

---

1 Walt Whitman, *Memoranda During the War*. Oxford: Oxford University Press, 2004. [Parte do texto de *Memoranda* está presente na edição brasileira de *Dias exemplares*. São Paulo: Carambaia, 2019.]
2 Citado em: Paul Zweig, *Walt Whitman: The Making of the Poet*. Nova York: Basic Books, 1984.

cabeceira em cabeceira, visitando rapazes atraentes, ou se não seria posto na rua em pouco tempo por uma dupla de seguranças.[3]

Whitman mantinha anotações sobre suas experiências em Washington, e mais tarde as transformaria em artigos de jornal e conferências que, em 1876, publicou numa edição limitada sob o título de *Memoranda During the War* [Memorandos durante a guerra]. Essa obra, por sua vez, tornou-se parte de *Dias exemplares* (1882). Nem tudo nos *Memoranda* vem de uma experiência em primeira mão. Embora Whitman dê a impressão de ter testemunhado o assassinato de Abraham Lincoln no Ford's Theatre e nos apresente uma descrição dramática desses acontecimentos, na verdade não estava lá. Mas ele de fato acreditava ter uma relação especial com Lincoln. Os dois eram altos. Whitman muitas vezes viu Lincoln passar pelas ruas, e estava convencido de que, por cima das cabeças da multidão, o líder eleito do povo americano reconhecia e respondia ao aceno do legislador extraoficial da humanidade (assim como Shelley, Whitman tinha ideias elevadas sobre a sua vocação).

Quando jovem, Whitman ficara muito impressionado com uma ciência recém-criada, a frenologia. Submeteu-se a um exame frenológico básico e obteve notas altas em amatividade e adesividade, com notas apenas médias para as habilidades linguísticas. Sentia suficiente orgulho de seus resultados para divulgá-los nos anúncios de *Folhas de relva*.

No jargão frenológico, a amatividade é o ardor sexual; a adesividade é a conexão, a amizade, a camaradagem. A distinção tornou-se importante para Whitman em sua

3   Walt Whitman, *Memoranda*.

Walt Whitman   235

vida erótica, na qual ela lhe fornecia um nome, e na verdade certa respeitabilidade, para seus sentimentos por outros homens. Também dava substância à sua concepção de democracia: como variedade do amor que não se limitaria ao casal sexual, a adesividade podia constituir as fundações de uma comunidade democrática. A democracia whitmaniana seria uma adesividade muito ampliada, uma rede de amor fraterno em escala nacional muito semelhante à afetuosa camaradagem que ele encontrara entre os jovens soldados que marchavam para a guerra, e que detectava em seu coração quando, mais tarde, dedicava-lhes seus cuidados. No prefácio de 1876 a *Folhas de relva*, ele diria: "É por meio de um desenvolvimento fervoroso e aceitável da camaradagem, a bela e saudável afeição de homens por homens, latente em todos os jovens [...] e por meio do que acompanha direta e indiretamente esse desenvolvimento, que os Estados Unidos do futuro [...] terão uma ligação mais eficaz, intercalados, cingidos numa união viva".

Para Whitman, a adesividade não era uma simples forma sublimada da amatividade, mas uma força erótica autônoma. O traço mais atraente dos Estados Unidos sonhado por Whitman é que esse país não exigiria de seus cidadãos a sublimação de eros no interesse do Estado. E nisso o poeta diverge de outras utopias do século XIX.

Whitman não era apenas altamente adesivo como também, a julgar pelo que escreveu, intensamente amativo: "Tiro o noivo da cama e deito-me eu próprio com a noiva,/ e a pressiono a noite inteira com meus lábios e coxas". A questão de qual era exatamente a forma física dessa amatividade vem absorvendo cada vez mais abertamente os estudiosos de Whitman nos últimos tempos.

Nos anos que se seguiram à guerra, Whitman criou laços significativos com homens mais jovens, dentre os quais dois se destacam: Peter Doyle, que trabalhava como condutor na ferrovia de Washington; e Henry Stafford, aprendiz de tipógrafo. A relação com Doyle — que era praticamente analfabeto e, segundo Whitman, considerava *Folhas de relva* "um emaranhado de frases loucas e palavras difíceis, tudo embaralhado, sem ordem nem sentido" — parecia provocar uma angústia considerável em Whitman. Numa anotação em código em seu caderno, Whitman adverte a si mesmo:

> Desista absolutamente & de uma vez por todas, a partir de agora, dessa perseguição febril, volúvel, inútil e indigna de [Doyle] — em que vem perseverando há tempo demais (muito demais) — tão humilhante [...] Evite tornar a vê-la [sic] ou encontrar-se com ela, ou qualquer conversa ou explicação — ou qualquer tipo de encontro, a partir do momento presente, pelo resto da vida.

(Ao censurar seus papéis, Whitman deu-se ao trabalho de apagar minuciosamente cada repreensível pronome masculino, substituindo-o pela forma feminina.)[4]

A relação com Henry Stafford parece ter sido mais tranquila — Whitman era quase quarenta anos mais velho que Stafford, cuja família o acolhia. Whitman passava tempos como locatário na fazenda da família, onde podia praticar à vontade seu ritual matutino de um banho de lama seguido de um mergulho no riacho, tudo acompanhado de cantoria em voz muito alta.

Se formos ler autobiograficamente os poemas da série conhecida como *Live Oak*, de 1859, ficaremos com a impressão de ter acontecido alguma ligação importante

4 Justin Kaplan, *Walt Whitman: A Life*. Nova York: Simon & Schuster, 1980.

em fins da década de 1850, levando Whitman a perceber que seus sentimentos por outros homens não poderiam ser mantidos em segredo para sempre. "Um atleta está enamorado por mim, e eu por ele,/ Mas por ele há algo de feroz e terrível em mim a ponto de explodir,/ Não me atrevo a dizê-lo com palavras, nem mesmo nestes cantos."

Na forma em que sobreviveram no original, os doze poemas da série *Live Oak* contam a história dessa ligação. Entretanto, ao chegar o momento da publicação, Whitman perdeu a coragem e distribuiu os doze, fora da ordem, em meio a um conjunto maior de poemas intitulado *Calamus*, que, de maneira geral, celebrava antes a adesividade que a amatividade.

Por razões talvez estratégicas, Whitman gostava de dar a entender que tinha casos amorosos com mulheres. Chegou até a iniciar rumores sobre crianças que teria gerado fora do casamento, em New Orleans e em outras cidades. As mulheres o achavam de fato atraente, e é difícil acreditar que o poeta de "I Sing the Body Electric" [Eu canto o corpo elétrico] desconhecesse de todo os prazeres do sexo heterossexual: "Noite de amor de noivo laborando certa e suavemente até a aurora prostrada,/ Penetrando ondulante no dia receptivo e entregue,/ Perdido na greta do dia envolvente de carne macia".

As passagens eróticas de *Folhas de relva*, especialmente as passagens de narcisismo e exibicionismo, nas quais tiradas cômicas podem facilmente ser confundidas com jactância, incomodavam muitos dos amigos de Whitman, entre eles Ralph Waldo Emerson, o mais importante contemporâneo mais velho para Whitman. Emerson foi o primeiro a perceber a genialidade de Whitman e permaneceu ao lado de seu protegido mesmo quando este usou desavergonhadamente seu nome para promover as vendas do seu livro. Mas o ponderado conselho de Emerson, de que Whitman atenuasse um pouco o sexo para a edição de 1860, foi ignorado.

O que mais surpreende nas reações imediatas a *Folhas de relva* é que foi o sexo aparentemente heterossexual, mais que o homoerotismo por trás dos poemas do *Calamus*, que causou grande ofensa e acabou levando o promotor local de Boston a ameaçar autor e editores de processo se a edição de 1881 não fosse expurgada.

A essa altura, Whitman já reunia um considerável contingente de admiradores entre os intelectuais gays, especialmente na Inglaterra: em sua turnê aos Estados Unidos, Oscar Wilde visitou Whitman e saiu do encontro anunciando que recebera um beijo nos lábios. O ensaísta John Addington Symonds pressionou Whitman a admitir que o tema velado dos poemas do *Calamus* era um caso amoroso com um homem. Mas Whitman, antes por astúcia que por medo, como se pode imaginar, negou. Os poemas, respondeu ele em tom gélido, não toleravam tais "inferências mórbidas – [que] eu repudio & me parecem condenáveis".[5]

Seriam assim os leitores da época de Whitman mais tolerantes ao amor sexual entre homens do que geralmente supomos, contanto que ele não se proclamasse com muito estardalhaço? Seria o poeta do corpo elétrico tacitamente reconhecido como gay? "Sou o poeta da mulher assim como do homem.../ Sou aquele que caminha com a noite suave e crescente,/ Clamo à terra e ao mar semissuspensos pela noite./ Abraça-me noite de peito descoberto – abraça-me noite magnética e nutriz!/ Noite de ventos do sul – noite de grandes e escassas estrelas!/ Noite silenciosa e convidativa – noite louca e nua de verão."

---

5   Citado em: Justin Kaplan, *Walt Whitman: A Life*.

Num posfácio a uma recente reimpressão de *Folhas de relva* de 1855, David Reynolds zomba de Anthony Comstock, empenhado em sua campanha contra a literatura indecente, que denunciou o sexo heterossexual da edição de 1881, mas ao mesmo tempo ignorava os poemas do *Calamus*. Como, pergunta Reynolds, Comstock pode ter deixado de perceber o substrato que hoje nos parece tão obviamente homossexual? "A resposta pode ser que o amor entre pessoas do mesmo sexo não era interpretado, naquela época, da forma como é hoje." "Fosse qual fosse a natureza das relações [de Whitman] com [rapazes], a maioria das menções ao amor entre pessoas do mesmo sexo em seus poemas não destoavam muito de outras teorias e práticas correntes na época, afirmando a salubridade desse tipo de amor."

E Reynolds reitera a mesma posição em seu livro *Walt Whitman*:

> Embora Whitman tenha evidentemente tido um ou dois casos amorosos com mulheres, ele era principalmente um camarada romântico que teve uma série de relacionamentos intensos com jovens rapazes, a maioria dos quais em seguida se casou e teve filhos. Fosse qual fosse a natureza de suas relações físicas com eles, a maioria das menções ao amor entre pessoas do mesmo sexo em seus poemas não destoavam muito das teorias e práticas correntes na época, afirmando a salubridade desse tipo de amor.[6]

Num tom igualmente cauteloso, Jerome Loving, em sua biografia de 1999, afirma que Peter Doyle "pode ou não ter sido amante de Whitman". "É impossível conhecer os detalhes íntimos da relação entre eles." Sobre

6 David S. Reynolds, *Walt Whitman*.

Henry Stafford, diz Loving: "Hoje, nossa visão da relação entre Whitman e [Stafford] pode refletir [...] antes o interesse atual pelas possíveis tendências homossexuais de Whitman do que os fatos concretos".[7]

A meu ver, tanto Reynolds quanto Loving tratam a questão com um excesso de simplicidade. O que Loving chama de "detalhes íntimos" e Reynolds, um tanto mais delicadamente, de "natureza das relações físicas" entre Whitman e os rapazes só pode se referir a uma coisa: o que Whitman e os rapazes em questão faziam com seus órgãos da amatividade quando se viam a sós. Se Comstock pode ser tratado como figura cômica, é só porque, com sua estupidez, deixou de perceber o conteúdo amativo subjacente às elevadas proclamações adesivas dos poemas do *Calamus*.

Sem tomar o lado dos censores (embora ridicularizar Comstock por "ostentar suíças e pança", como faz Reynolds, não tenha muito cabimento – uma vez que o próprio Whitman também exibia suas suíças, além de uma pança nada diminuta), não será possível dizer que, entre os leitores que não se sentiram ofendidos pelos poemas do *Calamus*, alguns teriam deixado de perceber seu conteúdo amativo não porque concepções prévias daquilo em que devia consistir a intimidade entre homens os cegassem, mas porque não sentiam que lhes fosse necessário especular qual poderia ser o conteúdo amativo daquela intimidade, ou seja, porque sua ideia de intimidade não dependia do que os homens em questão faziam com seus órgãos sexuais?

É um lugar-comum pós-vitoriano dizer que, desde a mais tenra idade, os vitorianos aprendiam a reprimir

---

7 Jerome Loving, *Walt Whitman: The Song of Himself*. Berkeley/ Los Angeles: University of California Press, 1999.

certos pensamentos, especialmente aqueles sobre "os fatos da vida", a ponto de deixar o próprio ar embaçado pela repressão sexual. Mas o anátema quanto à repressão é parte da agenda freudiana, uma das armas que Sigmund Freud forjou em sua guerra íntima contra a geração dos seus pais. Com todo respeito a Freud, é perfeitamente possível evitar tecer fantasias sobre a vida particular dos outros, mesmo nossos pais, sem precisar reprimir essas fantasias e sofrer as consequências da repressão – sobre nossa vida psíquica. Não precisamos pagar nenhum alto preço psíquico, por exemplo, para deixarmos de ruminar os "detalhes íntimos", ou "fatos concretos", do que as outras pessoas fazem quando entram no banheiro.

Noutras palavras, acreditar que os leitores da época de Whitman deixaram de perceber do que realmente falavam seus poemas de amor pode revelar mais sobre uma noção simplista do que seja "realmente falar" de alguma coisa do que sobre os leitores de Whitman.

A resposta de Peter Coviello à pergunta sobre como Whitman conseguiu escrever impunemente poemas sobre o amor entre pessoas do mesmo sexo é mais sutil do que as de Loving ou Reynolds, mas no fim das contas também erra o alvo. As ligações afetivas subjacentes tanto aos poemas do *Calamus* quanto aos *Memoranda*, afirma Coviello, "frustram as taxonomias disponíveis das relações íntimas".

Houve a meu ver um excesso de preocupação um tanto reles em torno dessas ligações, devido em parte a um desejo de não descrever de maneira anacrônica certos tipos de relações – relações desejantes entre pessoas do mesmo sexo – em termos que não eram correntes no tempo de Whitman. Mas essa bem-intencionada hesitação não devia nos levar a encobrir as relações de

Whitman entre os soldados com uma castidade forjada. (Fazê-lo seria esquecer, em primeiro lugar, a relativa latitude concedida aos homens em meados daquele século [...] numa era em que a linguagem mais punitiva do desvio sexual ainda não era tão corrente.)[8]

De fato, os homens da metade do século XIX gozavam de uma liberdade que os homens da metade do século XX já não tinham: podiam beijar-se em público, podiam andar de mãos dadas, podiam escrever poemas para outros homens motivados pelo amor mais profundo (o "In Memoriam", de Tennyson, é um desses casos) e podiam até dormir na mesma cama, sem que nada disso os condenasse ao ostracismo social ou fosse punido por alguma lei. Mas o que Coviello parece afirmar implicitamente é que esse comportamento não era punido porque não teria sido mal interpretado: especificamente, não teria sido interpretado como um sinal de libertinagens nada castas com os órgãos amativos a partir do momento em que as luzes se apagavam.

A pergunta a se fazer, porém, é se esse comportamento teria sido interpretado da forma que fosse, ou seja, submetido a um questionamento qualquer quanto à sua castidade ou incastidade. Existe uma certa sofisticação, regida por um consenso social tácito, cuja natureza reside em simplesmente aceitar as coisas como se apresentam. É essa espécie de *savoir-faire* social, cujo outro nome poderia ser tato, que corremos o perigo de negar aos nossos antepassados da era vitoriana.

Os estudiosos parecem concordar que, em algum momento posterior a 1880, um novo paradigma opondo heterossexual a homossexual, parte do que Coviello chama

8 Peter Coviello, Introdução a: Walt Whitman, *Memoranda*.

de "linguagem punitiva do desvio sexual", infiltrou-se no discurso cotidiano a partir da literatura ("científica") sexológica e passou a ocupar a posição de distinção primária entre as variedades do erotismo. Qual seria o paradigma anterior é menos claro. Jonathan Ned Katz sugere que, nos primeiros tempos da era vitoriana, a distinção dominante era de caráter antes moral que sexológico e se dava entre, de um lado, o apaixonado e, do outro, o sensual; entre o elevado e o rasteiro, entre o amor e a luxúria. Relações apaixonadas entre homens ou mulheres não eram submetidas a questionamento enquanto permanecessem do tipo mais elevado e amoroso.[9]

Whitman, nascido em 1819, foi criado numa família de democratas radicais. Ao longo de toda a vida acreditou numa América de pequenos agricultores e artesãos independentes, muito embora esse ideal social jacksoniano se tornasse cada vez mais fantasioso à medida que, em torno da metade do século, a nova economia industrial tornava-se dominante e a classe artesã nativa – para não falar do intenso fluxo de imigrantes do Velho Mundo – convertia-se no contingente dos operários assalariados da indústria.

Como repórter e editor na década de 1840 e no início da seguinte, Whitman se envolveu com a ala política mais radical do Partido Democrata. Em torno de 1855, porém, desencantado com a falta de definição dos democratas em relação à escravatura, abandonou a vida partidária. Na essência, a essa altura suas convicções políticas estavam bem definidas: o mundo podia mudar à sua volta, mas ele não mudaria.

---

9 Jonathan Ned Katz, *The Invention of Heterosexuality*. Nova York: Dutton, 1995.

Apesar de sua oposição à escravatura, seria um excesso dizer que Whitman estivesse à frente do seu tempo em sua visão da questão da raça. Nunca foi partidário do abolicionismo – na verdade, costumava perorar contra o "fanatismo abominável" dos abolicionistas.[10] O motivo do conflito entre o Norte e o Sul era estender o direito à posse de escravos aos novos estados do Oeste. Como a escravidão era antidemocrática em seus efeitos, pois uma economia escravista era a seu ver a antítese de uma economia de pequenos agricultores independentes, Whitman apoiou a guerra contra os escravocratas. Não apoiava a guerra para conquistar uma posição justa numa ordem democrática para os escravos negros.

E nem a condição do Sul depois da guerra foi para ele motivo de regozijo. Lamentava a "imensurável degradação e insulto" da Reconstrução e deplorava "a dominação dos negros, mas só um pouco mais do que as feras", cuja persistência não se podia permitir. Se era verdade que a escravidão representara um problema terrível do seu século, escreveu ele numa anotação de 1876 para seus *Memoranda*, o que ocorreria "se a massa dos negros libertos nos Estados Unidos representar por todo o século vindouro um problema ainda mais terrível e mais profundamente complicado?". Embora não tenha reiterado sua proposta anterior à guerra, de que a melhor solução para o "problema" dos negros da América seria a criação de uma nação para eles em algum outro lugar, tampouco retirou o que dissera.

Os longos catálogos celebratórios de americanos entregues ao trabalho, que encontramos na "Song of Myself" e em "A Song for Occupations", tendem portanto a privilegiar uma diversidade do trabalho cotidiano que,

10 Citado em: Justin Kaplan, *Walt Whitman: A Life*.

mesmo no lançamento da primeira edição de *Folhas de relva* em 1855, não refletia mais a realidade: "O carpinteiro prepara a sua tábua.../ O contramestre se ergue amparado na baleeira.../ A fiandeira recua e avança ao murmúrio da grande roda,/ O agricultor... contempla a aveia e o centeio...". Ainda assim, essa é a visão que Whitman insiste em projetar como o futuro do país. Para ser o poeta da América, o poeta nacional, ele precisava fazer sua visão de um mundo que já se perdia no passado prevalecer sobre uma realidade cada vez mais ditada pelo mercado de trabalho humano e pela ideologia do individualismo competitivo.

O mais impressionante em face dessa tarefa irrealizável é o otimismo de Whitman. Até morrer, ele parece ter acreditado que a força que dera origem à república, uma força a que dava o nome de democracia, ainda haveria de prevalecer. Sua fé vinha de uma convicção, tanto mais forte quanto mais decrescia seu interesse pela política, de que a democracia não era uma das invenções superficiais da razão humana, mas um aspecto do espírito do homem em permanente evolução, com sua origem em eros. "Não tenho como me exceder quando repito que [democracia] é uma palavra cujo verdadeiro espírito ainda está adormecido [...] É uma palavra esplêndida, cuja história, creio eu, ainda precisa ser escrita, porque ainda não aconteceu."[11]

A democracia de Whitman é uma religião cívica energizada por um sentimento erótico amplo que os homens sentem pelas mulheres, as mulheres pelos homens e as mulheres por outras mulheres, mas acima de tudo que os homens sentem pelos outros homens. Por esse motivo, a visão social que se manifesta na sua poesia (a prosa é outra história) tem um colorido erótico abrangente. A

---

11 Walt Whitman, citado em: Justin Kaplan, *Walt Whitman: A Life*.

poesia atua através de uma espécie de encantamento erótico, atraindo seus leitores para um mundo onde reina uma afeição mais ou menos benigna e mais ou menos promíscua de todos por todos. Mesmo a presença da morte em poemas como "Do berço infindamente embalando" tem um certo apelo erótico.

Não admira que, em sua meia-idade, Whitman se apresentasse envolto numa aura de sábio e profeta (a barba longa ajudava), ou que atraísse tantos admiradores de sua arte poética como verdadeiros discípulos, os whitmanianos, congraçados num desapreço à vida moderna, em aspirações ao cósmico e num desejo de sexo melhor e mais frequente. Em sua biografia, Loving sugere que Whitman chegou inclusive a introduzir em terras americanas o fenômeno da *groupie*, referindo-se a uma certa Susan Garnet Smith, de Hartford, em Connecticut, que sem mais escreveu para o poeta gay informando que seu ventre era "limpo e puro" e pronto para abrigar um filho seu. "Os anjos guardam o vestíbulo", garantiu-lhe ela, "até que possas vir nele depositar o tesouro mais precioso do mundo".[12]

Enquanto isso, sob a presidência de Ulysses S. Grant, os Estados Unidos se entregavam à ostentação mais irrestrita e à caça ao dinheiro mais feroz de toda a chamada Época de Ouro, entre o final da Guerra Civil e o começo da Primeira Grande Guerra. E Whitman via tudo isso com clareza. Ainda assim, em seu papel de Sábio de Camden e num espírito que Paul Zweig chama de "otimismo congelado", ele continuava a formular suas profecias em tom cósmico, para as quais uma leitura de Hegel parece ter contribuído, insistindo em anunciar o triunfo da democracia adesiva.

---

12 Citado em: Jerome Loving, *Walt Whitman: The Song of Himself* e Justin Kaplan, *Walt Whitman: A Life*.

Embora Whitman só tivesse uma educação formal precária, seria um erro considerá-lo inculto ou intelectualmente provinciano. Durante a maior parte da sua vida ele foi dono do próprio tempo, que empregava em leituras onívoras. Apesar de sua pose de trabalhador, convivia tanto com artistas e escritores como com o que definia como *roughs* [literalmente, "os rudes"]. Durante seus anos de jornalista, escreveu críticas a centenas de livros, entre eles obras sérias de filosofia e crítica social. Acompanhava as principais revistas britânicas e mantinha-se atualizado em relação às correntes do pensamento europeu. Na década de 1840 deixou-se seduzir pelos escritos de Thomas Carlyle — como tantos outros jovens irrequietos — e adotou as posições críticas de Carlyle ao capitalismo e ao industrialismo. Os fracassos das revoluções europeias de 1848 o abalaram seriamente. Dos escritores do seu tempo, os dois que o influenciaram mais profundamente e cujas dívidas ele tinha mais dificuldade de reconhecer foram um americano, Emerson, e um inglês, Tennyson.

Embora tenha proclamado, e na verdade alardeado, a autonomia cultural da América, Whitman sentia uma profunda atração pela ideia de uma turnê triunfal de leituras pela Inglaterra. Se tal turnê jamais ocorreu, não foi porque lhe faltassem seguidores naquele país, mas porque, como forma de entretenimento, as leituras de celebridades nunca tiveram lá o mesmo sucesso que nos Estados Unidos. Em benefício de sua publicação na Inglaterra, concordou em expurgar de *Folhas de relva* as passagens mais ousadas, coisa com que jamais consentiu nos Estados Unidos.

Reunir os próprios poemas e lançar uma coletânea de poemas reunidos não equivale a republicar todos os poemas que o autor escreveu na vida. Por convenção, o autor que organiza a coletânea tem o direito de revisar poemas antigos e omitir sem explicação aqueles que ele ou ela não deseja mais reconhecer. Os *Poemas reunidos* são, assim, uma forma prática de moldar o próprio passado.

Whitman parece ter tido em mente desde o início que as *Folhas de relva* podiam ser uma coletânea em progresso, que crescia e se alterava à medida que mudava sua concepção de si mesmo. O livro teve ao todo seis edições, várias das quais ocorreram em formas variantes na medida em que Whitman costurava novos poemas a volumes já impressos. É difícil saber — e de certa maneira é um erro perguntar — qual das seis será a melhor, qual devemos ler à exclusão das demais, pois elas representam seis formulações e reformulações de quem era Walt Whitman. Um exemplo simples: enquanto em 1855 ele era "Walt Whitman, um americano, um dos rudes, um *kosmos*", em 1881 ele era "Walt Whitman, um *kosmos*, de Manhattan filho". ("Que [Whitman] seja um *kosmos* já é uma notícia para a qual não estávamos devidamente preparados. Precisamente o que seja um *kosmos*, esperamos que [ele] aproveite a primeira ocasião para informar ao público impaciente", escreveu Charles Eliot Norton numa crítica à edição de 1855.)[13]

A regra corrente no mundo acadêmico recomenda a adoção da última edição revista pelo autor — sua última palavra — como a versão definitiva de uma obra. Mas há exceções, casos em que o consenso crítico é que a derradeira revisão ou é inferior ou mesmo trai a versão original. Assim, o mais comum é que se leia a versão de 1805 do poema autobiográfico de Wordsworth "O prelúdio", preferida à forma revista em 1850. E, de modo muito

13 Citado por David S. Reynolds, *Walt Whitman*.

Walt Whitman 249

semelhante, poderíamos argumentar em favor da leitura dos primeiros poemas de Whitman em sua primeira forma publicada, uma vez que a tendência do poeta, a partir de 1865, passou a ser revisar seus versos na direção do "poético" (a saber, o tennysoniano), na esperança de conquistar um contingente mais vasto de leitores.

Whitman pretendia que a sexta edição das *Folhas de relva* fosse a definitiva. Publicada em Boston em 1881, a edição foi retirada do mercado quando ameaçada de processo por obscenidade. Whitman encontrou um novo editor em Filadélfia, onde sua súbita notoriedade fez maravilhas pela venda do livro.

Essa sexta edição contém cerca de trezentos poemas, agrupados por temas e numa série numerada. Seu núcleo é constituído pelos sobreviventes dos doze poemas da primeira edição de 1855, principalmente o longo poema mais tarde intitulado "Canção de Mim Mesmo" e mais "Travessia da barca do Brooklyn" (1856); "Do berço infindamente balançando" e os poemas amativos (acrescentados em 1860); e "Da última vez que os lilases floriram no pátio" e os poemas *"Drum-Taps"* (acrescentados a vários exemplares da edição de 1867).

Esse núcleo não é grande. Apesar de todo o empenho que Whitman investiu nas tarefas de reavaliar, reordenar, reintitular e republicar seus poemas, e apesar da afirmativa que tanto gostava de repetir em seus derradeiros anos, de que havia em *Folhas de relva* uma estrutura oculta, semelhante à de uma catedral, que ele passara a vida inteira perseguindo, parece provável que, com a exceção dos especialistas, Whitman será sempre mais conhecido por alguns poemas isolados do que como o autor de um grande livro, a nova bíblia poética da América.

(2005)

William Faulkner e seus biógrafos

"Agora percebo pela primeira vez", escreveu William Faulkner para uma amiga, refletindo a partir de seus 50 e tantos anos, "que dom impressionante eu tive: sem contar com nenhuma educação em qualquer sentido formal, sem ter companheiros muito letrados, quanto mais literários, e ainda assim ter criado o que criei. Não sei de onde isso veio. Não sei por que Deus ou os deuses, ou quem quer que tenha sido, escolheu-me para receber esta graça".[1]

A perplexidade que Faulkner alega aqui não é muito convincente. Para o tipo de escritor que ele desejava ser, tinha toda a formação, e até todo o conhecimento livresco, de que necessitava. Quanto à companhia, tendia a lucrar mais com a companhia de veteranos tagarelas de dedos retorcidos e longas memórias do que em conversas com alquebrados *littérateurs*. Ainda assim, cabe aqui uma certa medida de espanto. Quem teria adivinhado que um jovem sem muita distinção intelectual, de uma cidade pequena do Mississippi, acabaria por se tornar não só um escritor famoso, celebrado em seu país e no exterior, mas o *tipo* de escritor em que acabou por se transformar: um dos inovadores mais radicais dos anais

---

1 Citado em: Joseph Blotner, *Faulkner: A Biography*. Nova York: Random House, 1984.

da ficção americana, um escritor que daria lições à vanguarda da Europa e da América Latina?

De educação formal Faulkner certamente teve um mínimo. Abandonou a escola secundária no primeiro ano do colegial (seus pais não parecem ter se importado muito) e, embora tenha frequentado brevemente a Universidade do Mississippi, foi só graças a uma permissão especial para os militares que voltavam da guerra (sobre as atividades militares de Faulkner na guerra, ver mais abaixo). Sua ficha universitária não revela distinção: um único semestre de inglês (nota D), dois semestres de francês e espanhol. Para esse grande explorador do espírito do Sul do pós-guerra, nenhum curso de história; para esse romancista capaz de entretecer o tempo bergsoniano na sintaxe da memória, nenhum estudo de filosofia ou psicologia.

O que o sonhador Billy Faulkner escolheu, no lugar da instrução formal, foi uma leitura limitada, mas intensa, da poesia inglesa do *fin-de-siècle*, especialmente Swinburne e Housman, e de três romancistas que criaram mundos ficcionais suficientemente vívidos e coerentes para rivalizar com o mundo real: Balzac, Dickens e Conrad. Some-se a isso sua familiaridade com as cadências do Antigo Testamento, Shakespeare e *Moby Dick*, e, alguns anos mais tarde, um rápido estudo do que seus contemporâneos mais velhos T. S. Eliot e James Joyce andavam aprontando, e ei-lo totalmente armado. Quanto ao material, o que ouvia à sua volta em Oxford, Mississippi revelou-se mais que suficiente: a epopeia, interminavelmente contada e recontada, do Sul, uma história de crueldade, injustiça, esperança, decepção, vitimização e resistência.

Billy Faulkner mal deixara os bancos escolares quando eclodiu a Primeira Guerra Mundial. Cativado pela ideia de se tornar piloto e participar de combates aéreos contra os alemães, candidatou-se à Royal Air Force em 1918. Desesperado por novos combatentes, o escritório de recrutamento da RAF mandou-o para um curso de treinamento em solo canadense. Antes que ele pudesse fazer seu primeiro voo solo, porém, a guerra acabou.

E ei-lo de volta a Oxford, envergando o uniforme de oficial da RAF, ostentando um sotaque britânico e puxando de uma perna, consequência, dizia ele, de um acidente aéreo. Aos mais próximos, revelava ainda que lhe tinham colocado uma placa de aço no crânio.

Sustentou a lenda do aviador por muitos anos; só começaria a deixar de divulgá-la quando se transformou em figura nacional e o risco de ser desmascarado ficou grande demais. Seus sonhos de voar, contudo, não foram abandonados. Assim que reuniu dinheiro suficiente, em 1933, fez aulas de pilotagem, comprou seu próprio avião e operou por um curto tempo um circo voador: "CIRCO AÉREO DE WILLIAM FAULKNER (Famoso Escritor)", dizia o anúncio.[2]

Os biógrafos de Faulkner deram relevo excessivo às suas histórias de guerra, tratando-as como mais do que simples invenções de um frágil e pouco imponente jovem, desesperadamente necessitado da admiração alheia. Frederick R. Karl acredita que "a guerra transformou [Faulkner] num narrador, um ficcionista, o que pode ter sido o momento decisivo da sua vida". A facilidade com que conseguiu lograr os bons habitantes de Oxford, diz Karl, provou para Faulkner que, quando é criada com arte e exposta de maneira convincente, a mentira pode suplantar a verdade e, assim, que é possível não só criar uma vida como ainda ganhar a vida com a fantasia.

2   Frederick R. Karl, *William Faulkner: American Writer*. Londres: Faber and Faber, 1989.

William Faulkner   253

De volta à cidade natal, Faulkner se viu à deriva. Escrevia poemas sobre mulheres "epicenas" (o que aparentemente se referia a seus quadris estreitos) e o desejo constante que lhe despertavam, poemas que, mesmo com a maior boa vontade do mundo, não podem ser qualificados como promissores; começou a assinar não "Falkner", como tinha nascido, mas "Faulkner", e, fiel ao padrão dos homens da família Falkner, bebia muito. Por alguns anos, até ser dispensado por seu desempenho insatisfatório, conservou uma sinecura como chefe de um pequeno posto dos correios, onde passava o horário comercial lendo e escrevendo.

Para alguém tão determinado a seguir as próprias inclinações, é estranho que, em vez de fazer as malas e seguir o rumo indicado pelas luzes fortes da metrópole, ele tenha decidido permanecer na pequena cidade onde nasceu, onde suas pretensões só despertavam o humor sardônico dos vizinhos. Jay Parini, seu biógrafo mais recente, sugere que devia achar difícil distanciar-se da mãe, mulher de alguma sensibilidade que parece ter mantido uma relação mais profunda com o filho mais velho que com o marido tedioso e submisso.[3]

Em idas a New Orleans, Faulkner criou um círculo de amigos boêmios e conheceu Sherwood Anderson, cronista de Winesburg, Ohio, cuja influência mais tarde faria o possível para minimizar. Começou a publicar textos curtos na imprensa de New Orleans; chegou até a se arriscar em teoria literária. Willard Huntingdon Wright, discípulo de Walter Pater, causou-lhe uma forte impressão. No livro de Wright, *The Creative Will* [A vontade criativa,

---

3   Jay Parini, *One Matchless Time: A Life of William Faulkner*. Nova York: HarperCollins, 2004; ver também: Frederick R. Karl, *William Faulkner: American Writer*.

254

1915], leu que o verdadeiro artista é solitário por natureza, "um deus onipotente que molda e dá forma ao destino de um mundo novo, e o comanda até chegar a uma completude inevitável em que passa a sustentar-se por si só, independente, respondendo pelo próprio movimento", exaltando o espírito do seu criador.[4] O tipo do artista-demiurgo, sugere Wright, é Balzac, muito preferível a Émile Zola, um mero copista de uma realidade preexistente.

Em 1925, Faulkner faz sua primeira viagem ao estrangeiro. Passa dois meses em Paris e gosta da cidade: compra uma boina, deixa a barba crescer e começa a trabalhar num romance – logo abandonado – sobre um pintor ferido na guerra que vai para Paris aperfeiçoar-se. Frequenta o café favorito de James Joyce e chega a ver lá o grande homem, mas não o aborda.

No fim das contas, nenhum elemento da história conhecida sugere algo além de um pretendente a escritor de obstinação incomum, mas sem grande talento. No entanto, logo depois da sua volta aos Estados Unidos ele se sentaria e escreveria um esboço de 14 mil palavras repleto de ideias e personagens, que serviria de base para toda a série de grandes romances dos anos de 1929 a 1942. O manuscrito continha, em embrião, o condado de Yoknapatawpha.

Na infância, Faulkner era inseparável de uma amiga um pouco mais velha chamada Estelle Oldham. Os dois, de certa forma, eram noivos. Quando chegou a hora, porém, os pais de Estelle, descontentes com o jovem inquieto, casaram a filha com um advogado de melhores perspectivas. Assim, quando Estelle voltou para a casa dos pais já divorciada, tinha 32 anos e dois filhos pequenos.

4 Citado por Joseph Blotner, *Faulkner: A Biography*.

William Faulkner 255

Embora Faulkner pareça ter tido dúvidas quanto à sensatez de reatar com Estelle, não as levou a sério, e em pouco tempo os dois estavam casados. Estelle também pode ter tido suas dúvidas. Durante a lua de mel, pode ou não ter tentado se matar afogada. O casamento acabou sendo infeliz, ou ainda pior que infeliz. "Eles eram simplesmente terrivelmente desajustados um ao outro", contou a filha do casal, Jill, a Parini muitos anos mais tarde. "Nada dava certo naquele casamento." Estelle era uma mulher inteligente, mas estava acostumada a gastar dinheiro a rodo e a ter criados para atenderem a todos seus desejos. A vida numa velha casa dilapidada, com um marido que passava as manhãs escrevinhando e as tardes trocando vigas carcomidas e consertando o encanamento deve ter sido um choque para ela. Tiveram um primeiro filho, que morreu com duas semanas. Jill nasceu em 1933. A partir de então, as relações sexuais entre os Faulkner parecem ter cessado.

Juntos e cada um por si, William e Estelle bebiam em excesso. Na meia-idade, Estelle tomou jeito e parou de beber; William nunca chegou a esse ponto. Começava casos com mulheres mais novas, sem ter competência ou cuidado para esconder. Com cenas de ciúme furioso, o casamento foi minguando, de degrau em degrau nas palavras do primeiro biógrafo de Faulkner, Joseph Blotner, até se transformar "numa vaga guerra de guerrilhas doméstica".

Ainda assim, por 33 anos, até a morte de Faulkner em 1962, o casamento resistiu. Por quê? A explicação mais rasteira é que, até quase o final da década de 1950, Faulkner não tinha como pagar as despesas oriundas de um divórcio: não poderia dar-se ao luxo de manter — além das tropas de Falkner ou Faulkner, para não falar dos Oldham, dependentes de seus ganhos — Estelle e seus três filhos no estilo que ela teria exigido e, ainda, tornar a situar-se de maneira decente na sociedade. Menos facilmente demonstrável é a afirmação de Karl de que, em algum nível profundo, Faulkner precisava de Estelle. "Estelle nunca pôde ser dissociada das camadas mais profundas da imaginação [de Faulkner]", escreve Karl. "Sem Estelle [...] ele não teria conseguido continuar [a escrever]." Ela era sua *belle dame sans merci* – "aquele objeto ideal que o homem adora à distância, mas que também [...] o destrói".

Ao decidir casar-se com Estelle, ao decidir radicar-se em Oxford em meio ao clã dos Falkner, Faulkner aceitou um desafio gigantesco: ser patrono, provedor e páter-famílias do que, intimamente, definia como "toda uma tribo [...] pairando em círculos como um bando de abutres em torno de cada centavo que eu ganho", ao mesmo tempo que atendia a seu *daimon* interior. Apesar de uma capacidade apolínea de mergulhar em seu trabalho – era "um monstro de eficiência", como o define Parini –, tanta atividade o desgastava demais. A fim de alimentar os abutres, o único grande gênio da literatura americana da década de 1930 precisou deixar de lado seus romances, tudo que realmente lhe importava, primeiro para criar contos para revistas populares e, mais tarde, para trabalhar como roteirista em Hollywood.

O maior problema não era o fato de Faulkner não ser devidamente apreciado pela comunidade das letras, mas o de que não havia espaço na economia dos anos 1930 para a profissão de romancista de vanguarda (hoje Faulkner seria candidato natural a alguma bolsa generosa). Os editores, revisores e agentes de Faulkner – com uma única e miserável exceção – zelavam por seus interesses e faziam o possível para ajudá-lo, mas nunca era o bastante. Foi só depois da publicação de *The Portable Faulkner*, uma coletânea habilidosamente organizada por Malcolm

Cowley em 1945, que os leitores americanos se deram conta do que tinham a seu alcance.

O tempo empregado escrevendo contos não fora de todo desperdiçado. Faulkner era um revisor extraordinariamente tenaz da própria obra (em Hollywood, impressionava por sua capacidade de consertar roteiros malsucedidos de outros escritores). Revisitados, reconcebidos e retrabalhados, textos publicados originalmente em revistas como *The Saturday Evening Post* ou *The Woman's Home Companion* retornaram à superfície transfigurados em *Os invictos* (1938), *O povoado* (1940) e *Desça, Moisés* (1942), livros com um pé de cada lado da divisa entre a coletânea de contos e o romance propriamente dito.

O mesmo potencial submerso já não pode ser encontrado nos seus roteiros. Quando chegou a Hollywood em 1932, cavalgando sua transitória notoriedade como autor de *Santuário* (1931), Faulkner nada sabia sobre a indústria local (na verdade, ele desprezava o cinema tanto quanto desgostava de música berrante). Não tinha facilidade para criar diálogos ágeis. Além do mais, logo adquiriu uma fama de excêntrico e indigno de confiança. Depois de ter chegado a um máximo de 1.000 dólares por semana, em 1942 seu salário caíra a 300. Ao longo de treze anos de carreira, trabalhou com diretores que lhe eram simpáticos, como Howard Hawks, travou amizade com atores célebres como Clark Gable e Humphrey Bogart, arranjou uma atraente e atenciosa amante hollywoodiana; mas nada que tenha escrito para o cinema merece ser resgatado.

Pior ainda: os roteiros tiveram um efeito negativo sobre a sua prosa. Durante os anos da guerra, Faulkner trabalhou numa sucessão de roteiros de caráter exortatório, inspiracional e patriótico. Seria um erro atribuir a esses projetos toda a culpa da retórica excessiva que prejudica sua prosa tardia, mas ele próprio acabaria reconhecendo o mal que Hollywood lhe fizera. "Compreendi recentemente o quanto escrever lixo e textos ordinários para o cinema corrompeu a minha escrita", admitiu em 1947.[5]

Não há nada de incomum na história das dificuldades de Faulkner para pagar suas contas. Desde o início ele se via como um *poète maudit*, e o destino do *poète maudit* é ser desconsiderado e mal pago. O surpreendente é que os fardos que se via obrigado a carregar − a mulher gastadeira, os parentes sem tostão, os contratos desvantajosos com os estúdios − fossem suportados com tamanha tenacidade (embora com muitas queixas em paralelo), mesmo em detrimento da sua arte. A lealdade é um tema tão forte na vida de Faulkner quanto na sua literatura, mas existe o que se pode chamar de lealdade enlouquecida, ou fidelidade enlouquecida (de que o Sul Confederado estava cheio de exemplos).

Com efeito, Faulkner passou sua meia-idade como um trabalhador migrante que remetia, todo mês, seu pagamento para o Mississippi; seus registros autobiográficos são, em grande parte, uma contabilidade de dólares e centavos. Nas preocupações de Faulkner com o dinheiro, Parini percebe, corretamente, uma absorção mais profunda. "Raramente o dinheiro é apenas dinheiro", escreve Parini. "A obsessão com o dinheiro que parece perseguir Faulkner por toda a vida deve ser entendida, a meu ver, como uma medida de seus sentimentos cambiáveis de estabilidade, valor, domínio do mundo [...] uma forma de avaliar sua reputação, seu poder, sua realidade."

A posição de escritor residente em algum tranquilo *campus* universitário do Sul poderia ter sido a salvação para

---

5 Citado em: Frederick R. Karl, *William Faulkner: American Writer*.

William Faulkner, trazendo-lhe uma renda constante sem exigir muito em troca, dando-lhe tempo para o seu trabalho. Previdente, Robert Frost vinha demonstrando desde 1917 que era possível abrir mão da aura de bardo em troca de uma sinecura acadêmica. No entanto, carecendo de um diploma secundário, desconfiado de todas as conversas que lhe soassem muito "literárias" ou "intelectuais", Faulkner só voltaria a frequentar os jardins da academia a partir de 1946, quando foi convencido a falar para os alunos de Universidade do Mississippi. A experiência não foi tão desagradável quanto ele temia; aos 60 anos, em troca de um salário mais ou menos nominal, ele entrou para a Universidade da Virginia como escritor residente, posição que conservaria até a morte.

Uma das ironias da vida desse acadêmico retardatário é que ele provavelmente tinha lido bem mais, embora de modo menos sistemático que a maioria dos professores universitários. O ator Anthony Quinn contava que, em Hollywood, embora não fosse visto como um grande roteirista, Faulkner tinha "uma reputação tremenda como intelectual". Outra ironia é que Faulkner foi adotado pelo chamado New Criticism como um mestre do tipo de prosa ideal para ser dissecado em aulas da universidade. "Revelando tudo que foi meticulosa e engenhosamente incluído no texto pelo autor", proclama com entusiasmo Cleanth Brooks, decano do New Criticism. E desse modo Faulkner se transformou no favorito dos formalistas de New Haven, assim como já era o favorito dos existencialistas franceses, mesmo sem ter uma noção muito exata do que fossem o formalismo ou o existencialismo.[6]

6　Anthony Quinn e Cleanth Brooks são citados por Jay Parini, *One Matchless Time*.

O Prêmio Nobel de Literatura, concedido a Faulkner em 1949 e entregue em 1950, tornou-o famoso até mesmo nos Estados Unidos. Turistas passaram a vir de longe para boquiabrir-se diante da sua casa em Oxford, para sua imensa irritação. Com grande relutância, emergiu das sombras e começou a comportar-se como figura pública. Do Departamento de Estado chegaram-lhe convites para viagens ao exterior como embaixador cultural, que aceitava sem muita convicção. Nervoso diante dos microfones, e mais nervoso ainda ao enfrentar perguntas de ordem "literária", preparava-se para essas sessões bebendo profusamente. No entanto, a partir do momento em que desenvolveu uma arenga que lhe permitia fazer frente aos jornalistas, passou a sentir-se mais confortável no novo papel. Tinha pouca informação sobre política externa — não lia jornais —, mas isso até convinha ao Departamento de Estado. Sua viagem ao Japão foi um sucesso notável de relações públicas; na França e na Itália, recebeu uma atenção maciça da imprensa. Como comentou em tom sardônico: "Se nos Estados Unidos acreditassem no meu mundo tanto quanto acreditam no resto do planeta, eu talvez até pudesse lançar um dos meus personagens candidato à presidência... Flem Snopes, quem sabe?".[7]

Menos impressionantes eram as intervenções de Faulkner no próprio país. A pressão de mudança sobre o Sul e suas instituições segregadas vinha crescendo. Em cartas a editores de jornais, Faulkner começou a se pronunciar contra os abusos do racismo e a instar os demais brancos do Sul a aceitarem a igualdade social dos negros.

---

7 Citado por Joseph Blotner, *Faulkner: A Biography*. [Flem Snopes é um pequeno empresário arrivista do "Novo Sil", personagem da "trilogia dos Snopes", de Faulkner, de que o ensaio falará mais adiante. N. T.]

O que provocou uma reação. *Weeping Willie Faulkner* [o Lacrimoso Willie Faulkner] logo foi tachado de fantoche dos liberais do Norte e simpatizante do comunismo. Embora nunca tenha chegado a correr perigo físico, contou, numa carta a um amigo sueco, que chegou a prever a chegada do tempo em que se veria obrigado a fugir do país "um pouco como o judeu precisou fugir da Alemanha de Hitler".[8]

Estava exagerando, claro. Suas opiniões sobre a questão racial nunca foram radicais e, à medida que a atmosfera política ia ficando mais carregada, envolvendo a questão dos direitos dos estados, recaíram numa certa confusão. A segregação era um mal, dizia ele; ainda assim, se a integração fosse imposta ao Sul, ele resistiria (num momento de exaltação, chegou a dizer que "pegaria em armas"). Ao final da década de 1950, sua posição era tão anacrônica que se tornou francamente excêntrica. Segundo ele, o movimento dos direitos civis devia adotar como palavras de ordem decência, discrição, cortesia e dignidade; os negros precisavam "aprender a merecer" a igualdade.

É muito fácil desqualificar os arroubos de Faulkner quanto à questão das relações raciais. Em sua vida pessoal, seu comportamento em relação aos afro-americanos parece ter sido sempre generoso e gentil, mas, como não podia deixar de ser, condescendente: afinal, pertencia à classe dos *patrons*. Em sua filosofia política, era um individualista jeffersoniano; e era isso, mais que qualquer resíduo de racismo em seu sangue, que o fazia desconfiar dos movimentos negros de massa. Embora seus escrúpulos e equívocos logo o tenham tornado irrelevante para a luta pelos direitos civis, foi corajoso da parte

8 Citado em Joseph Blotner, *Faulkner: A Biography*.

dele assumir uma posição clara nos momentos em que se manifestou. Suas declarações públicas o transformaram numa espécie de pária em sua cidade natal e tiveram bastante a ver com sua decisão de, após a morte da mãe em 1960, deixar o estado do Mississippi e mudar-se para a Virginia. (Ao mesmo tempo, é bom lembrar, a ideia de cavalgar atrás dos cães nas famosas caçadas do condado de Albemarle era um poderoso atrativo: em seus últimos anos, Faulkner considerava-se praticamente esgotado como escritor, e a caça à raposa se transformou na nova paixão da sua vida.)

As intervenções de Faulkner nas questões públicas eram ineficazes não porque ele fosse uma nulidade em matéria de política, mas porque o veículo apropriado para as suas visões políticas não era o ensaio, muito menos a carta ao editor, mas o romance, e mais especificamente o tipo de romance que ele inventou, com seus recursos retóricos inigualáveis ao entrelaçar o passado e o presente, a memória e o desejo.

O território em que o romancista Faulkner lançava mão dos seus melhores recursos era um Sul marcado por uma forte semelhança com o Sul verdadeiro do seu tempo – ou pelo menos o Sul da sua juventude –, mas que não era a totalidade do Sul. O Sul de Faulkner é um Sul branco, assombrado por presenças negras. Mesmo *Luz em agosto*, seu romance que aborda mais diretamente a questão da raça e do racismo, tem no centro não um negro, mas um homem cujo destino é enfrentar ou ser confrontado pela negritude como uma interpelação dos outros, uma acusação de fora para dentro.

Enquanto historiador do Sul moderno, o maior triunfo de Faulkner é a chamada "trilogia dos Snopes" – *O povoado* (1942), *A cidade* (1957) e *A mansão* (1959) –, em que ele acompanha a tomada do poder político por uma classe ascendente de brancos pobres numa revolução tão silenciosa, implacável e amoral quanto uma invasão de cupins. Sua crônica da ascensão do pequeno empresário é ao mesmo tempo mordaz e elegíaca, além de desesperada: mordaz porque ele detesta a situação, ao mesmo tempo que se deixa fascinar pelo que vê; elegíaca porque adora o antigo mundo que está sendo devorado diante dos seus olhos; e desesperada por muitos motivos, entre os quais, antes de mais nada, o fato de o Sul que ele tanto ama ter sido construído, como ele sabe melhor que ninguém, com base no duplo crime da expropriação e da escravidão; segundo, que os Snopes não passam de outro avatar dos Falkner, ladrões e predadores da terra no passado; e portanto, terceiro, que ele, William "Faulkner", não tem a menor base em que se apoiar para afirmar-se como crítico e juiz.

A menos que recorra às verdades eternas. "Coragem e honra e orgulho, e devoção e amor à justiça e à liberdade" é a litania de virtudes recitada em *Desça, Moisés* por Ike McCaslin, basicamente um porta-voz da identidade ideal que Faulkner almejava – um homem que, depois de passar em revista a sua história e o mundo restrito (e que encolhia cada vez mais) à sua volta, renuncia a seu patrimônio, abjura a paternidade (pondo fim desse modo à sucessão de gerações) e se transforma num simples carpinteiro.

Coragem e honra e orgulho: a essa litania Ike poderia acrescentar a persistência, como faz em outro ponto da narrativa: "Persistência […] e devoção e tolerância e comedimento e fidelidade e amor pelas crianças…". Existe uma forte veia moralista na obra tardia de Faulkner, um humanismo cristão reduzido ao essencial a que o autor se aferrava com obstinação, num mundo do qual Deus se ausentou. E sempre que esse moralismo se mostra pouco convincente, como ocorre tantas vezes, em geral é porque Faulkner não conseguiu encontrar um veículo ficcional adequado para ele. As frustrações que sentiu ao compor *Uma fábula*, escrito em 1944-1953 e publicado em 1954, destinado a seu ver a tornar-se sua *magnum opus*, deveram-se precisamente às suas dificuldades para encontrar um modo de dar corpo a seu tema de oposição à guerra. A figura exemplar em *Uma fábula* é Jesus reencarnado e ressacrificado na forma do soldado desconhecido; noutras passagens de sua obra tardia, é o negro simples e sofredor ou, mais frequentemente, uma mulher negra que, ao suportar um presente insuportável, mantém vivo o germe de um futuro.

Para um homem que teve uma vida sem grandes acontecimentos e em grande parte sedentária, William Faulkner mobilizou prodigiosas energias biográficas. O primeiro desses monumentos biográficos foi-lhe erguido em 1974 por Joseph Blotner, um colega mais jovem da Universidade da Virginia em quem Faulkner tinha uma confiança e um afeto evidentes, e cujo livro em dois volumes, *Faulkner: A Biography*, traz um tratamento completo e justo da vida aparente de seu biografado. No entanto, mesmo a forma condensada pelo próprio Blotner, num único volume e em 400 mil palavras (1984), pode revelar-se excessivamente rica em detalhes para a maioria dos leitores.

O volumoso tomo de Frederick R. Karl, *William Faulkner: American Writer* (1989), afirma ter por finalidade "compreender e interpretar a vida [de Faulkner] psicológica, emocional e literariamente". Há muito de admirável no livro de Karl, inclusive audazes incursões ao labirinto das práticas composicionais de Faulkner, que envolviam trabalhar em vários projetos ao mesmo tempo, transferindo material de um para outro.

Como observa Karl com justeza, Faulkner é "o mais histórico dos escritores [americanos] importantes"; nesse espírito, ele trata Faulkner como um americano que responde através da sua criação às forças históricas e sociais que o cercam. Na qualidade de biógrafo *literário*, o que ele tenta compreender é de que maneira um homem tão profundamente desconfiado da modernização e do que ela causou ao Sul podia ao mesmo tempo, em sua prática de romancista, ter sido um modernista radical.

O Faulkner de Karl emerge como uma figura patética, mas dotada de grandeza, um homem que, talvez por força da imagem romântica do artista maldito, mostrou-se disposto a sacrificar-se para levar até o fim um destino que teria provocado a fuga em qualquer pessoa racional. Mas o livro de Karl é prejudicado por uma constante psicologização redutiva. Por exemplo: a caligrafia clara de Faulkner — o sonho de qualquer editor — é apresentada como indício de uma personalidade anal; suas mentiras inconsequentes sobre suas façanhas na RAF, como um sinal de personalidade esquizoide; sua atenção para com os detalhes, como uma prova de obsessividade; seu caso com uma mulher mais jovem, como indício claro de seus desejos incestuosos pela própria filha.

"Muitas vezes, um romance menor pode trazer mais revelações biográficas decisivas que um dos mais importantes", diz Karl. Se é assim — e não são muitos os biógrafos de hoje que discordariam —, temos aqui um problema de ordem geral quanto à biografia literária e à validade de suas chamadas percepções biográficas. Afinal, se a obra menor parece revelar mais que a maior, aquilo que ela revela não merecerá apenas ser conhecido de maneira menor? Faulkner — para quem as odes de John Keats eram uma obra-prima poética — talvez fosse de fato o que julgava ser: um ser de aptidão negativa, um ser que se dissolvia, que se perdia, em suas criações mais profundas. "Minha ambição é ser um indivíduo reservado, abolido e expurgado da história, deixando-a sem marca", escreveu ele a Cowley; "Minha meta é [...] que o resumo e a história da minha vida [...] possam ser: produziu seus livros e morreu".[9]

Jay Parini é autor de biografias de John Steinbeck (1994) e Robert Frost (1999) e de dois romances com forte conteúdo biográfico: *A última estação* (1990), sobre os últimos dias de Lev Tolstói, e *A travessia de Benjamin* (1997), sobre os últimos dias de Walter Benjamin.

A vida de Steinbeck segundo Parini é sólida, mas nada tem de notável. O livro sobre Frost é mais autorreflexivo: a biografia, reflete Parini, pode ser menos a forma de historiografia que costumamos imaginar e mais parecida com a composição de um romance. De seus romances biográficos, o que fala de Tolstói é o mais bem-sucedido, talvez devido à grande multiplicidade de relatos sobre a vida em Yasnaya Polyana que lhe serviu de fonte. No livro sobre Benjamin, Parini precisa gastar um tempo excessivo explicando quem foi esse herói absorvido em si mesmo e por que devemos nos interessar por ele.

No caso de Faulkner, Parini tenta o que nem Blotner nem Karl nos proporcionaram: uma biografia crítica, ou seja, um relato razoavelmente abrangente da vida de Faulkner, acompanhado de uma análise de sua produção literária. E muito pode ser dito sobre o que ele nos apresenta. Embora recorra muito a Blotner para os fatos, vai bem mais longe que ele ao realizar entrevistas com a última geração de pessoas a ter conhecido Faulkner em primeira mão, algumas das quais têm coisas bem interessantes a dizer. Tem um respeito de escritor pela

9 Citado em Joseph Blotner, *Faulkner: A Biography*.

William Faulkner 267

linguagem de Faulkner e manifesta claramente sua admiração. Para ele, por exemplo, a prosa de *O urso* avança "com uma espécie de ferocidade inexorável, como se Faulkner a tivesse composto num devaneio exaltado". Embora não caia de modo algum na hagiografia, seu livro traz um tributo eloquente ao biografado: "O que mais impressiona em Faulkner como escritor é sua mera persistência, a força de vontade que o trazia de volta à mesa de trabalho a cada dia, ano após ano [...] [Sua] energia era [...] tão física quanto mental; progredia como um boi avançando pela lama, puxando todo um mundo atrás de si".

Num livro de não especialista como esse, uma das primeiras decisões que o autor precisa tomar é se ele deverá refletir o consenso crítico ou assumir uma linha marcadamente individual. Quase sempre, Parini escolhe uma versão da opção pelo consenso. Seu esquema é acompanhar a vida de Faulkner em ordem cronológica, interrompendo a narrativa com curtos ensaios críticos introdutórios sobre cada uma de suas obras. Nas mãos certas, esse esquema poderia ter resultado numa amostra exemplar da arte da crítica. Mas os ensaios de Parini não se mostram à altura do padrão. Os que falam dos livros mais conhecidos de Faulkner tendem a ser os melhores; dos demais, muitos consistem em sinopses não especialmente bem construídas, acompanhadas de um sumário do debate crítico que as obras despertaram, no qual o que é apresentado como discussão tende antes a ser uma tediosa pesquisa acadêmica.

Como ocorre no livro de Karl, aqui também encontramos uma boa dose de questionável psicologismo. Parini, por exemplo, decide propor uma leitura bastante extravagante de *Enquanto agonizo* – uma novela construída em torno da jornada grotesca dos irmãos Bundren para levar o corpo da mãe ao túmulo – como um ato simbólico de agressão de Faulkner contra a própria mãe, bem como um "perverso" presente de casamento para a sua mulher. "Será que Estelle conseguirá suplantar Miss Maud [a mãe do autor] no espírito de Faulkner?", pergunta Parini. "Perguntas como essa não admitem respostas, mas é privilégio da biografia formulá-las, permitindo que se apliquem ao texto e o tornem mais turvo." Talvez seja de fato privilégio do biógrafo turvar o texto com fantasias que extrai do ar; talvez não. Importaria mais saber se a mãe de Faulkner, ou sua mulher, teria entendido o romance como um ataque pessoal contra elas. E nada indica que tenha sido o caso.

As incursões de Parini à mente de Faulkner envolvem muita discussão sobre a personalidade múltipla, ou identidades dentro da identidade. Condenará Faulkner os amores adúlteros de *Palmeiras selvagens*? Resposta: enquanto "parte de sua mente de romancista" os condena, outra parte não. E por que, no final da década de 1930, Faulkner terá decidido concentrar-se em Flem Snopes, o alpinista social de olhos inexpressivos e coração gelado? "Desconfio que isso tenha algo a ver com o exame de seu lado agressivo", escreve Parini. Tendo obtido "um sucesso que superava os seus sonhos mais ambiciosos [...] [Faulkner] pretendia refletir sobre esse sucesso e entender melhor os impulsos que podiam tê-lo conduzido até esse ponto".

Terá sido mesmo "a parte agressiva" de Faulkner que produziu seus grandes romances da década de 1930 – realização aliás que Flem teria considerado desprezível, devido ao pouco dinheiro que renderam para o seu autor? Será que a genialidade malévola de Flem assemelha-se de fato à relação complexa de Faulkner com o dinheiro, em que a ingenuidade do escritor o levou a assinar um contrato com a Warner Brothers, o mais obstinadamente

William Faulkner 269

conservador dos estúdios em matéria de risco, que na prática o transformou em escravo da empresa por sete anos?

No fim das contas, o livro de Parini é uma mistura desconcertante: se, por um lado, demonstra uma admiração genuína por Faulkner como escritor, por outro insiste numa disposição excessiva de vulgarizá-lo. O pior exemplo vem de suas observações sobre Rowan Oak, a propriedade de 15 mil metros quadrados que Faulkner comprou em péssimo estado em 1929 e na qual viveria até a morte. Faulkner estava sempre disposto a gastar um dinheiro de que não dispunha nas reformas de Rowan Oak, escreve Parini, porque "tinha uma visão do luxo anterior à Guerra Civil que, acima de tudo, desejava recriar em sua vida cotidiana [...] O filme... *E o vento levou* foi lançado [em 1939], criando furor em todo o país. Mas Faulkner não precisava assistir a ele. Era a história da sua vida." Qualquer pessoa que tenha lido as palavras de Blotner sobre o cotidiano em Rowan Oak sabe o quanto o lugar diferia da fantasia de Tara.

"Os livros são a vida secreta do escritor, o gêmeo obscuro de um homem: não há como reconciliar um e os outros", diz um dos personagens de *Mosquitoes* (1927).

Reconciliar escritor e seus livros é um desafio que Blotner, muito sensatamente, prefere não enfrentar. E se ou Karl ou Parini, cada qual a seu modo, conseguiu reunir o homem que assinava "William Faulkner" a seu gêmeo obscuro é uma questão em aberto.

O teste decisivo é o que os biógrafos de Faulkner decidem dizer sobre o seu alcoolismo, tema em torno do qual não se pode andar na ponta dos pés. As anotações na ficha do hospital psiquiátrico de Memphis, ao qual Faulkner era regularmente conduzido num estado de estupor alcoólico, falam, conta Blotner, de "um alcoólatra agudo e crônico". Embora, mesmo depois dos 50 anos, Faulkner ainda conservasse uma bela aparência, cheia de energia, ela era apenas uma casca. Uma vida inteira de consumo de álcool já começara a prejudicar seu funcionamento mental. "É mais que um caso de alcoolismo agudo", escreveu seu editor Saxe Commins em 1952. "A desintegração desse homem é uma tragédia." Parini acrescenta o depoimento terrível da filha de Faulkner: quando se embriagava, seu pai podia ficar tão violento que "alguns homens" precisavam ficar por perto para proteger a ela e à sua mãe.[10]

Blotner não tenta entender o vício de Faulkner, limitando-se a fazer a crônica dos seus estragos, descrever seus padrões e citar a ficha do hospital. De acordo com a leitura de Karl, a bebida era a forma que a rebelião assumia em Faulkner, a maneira que ele encontrava para manter sua arte a salvo das pressões da família e da tradição. "Se o álcool fosse removido da sua vida, é muito provável que o escritor não existisse; e talvez nem mesmo uma pessoa bem definida." Parini não hesita em ver também uma finalidade terapêutica no alcoolismo de Faulkner. As bebedeiras do escritor eram "um tempo de descanso para a mente criadora", diz ele. E seriam "úteis de algum modo. Espanavam teias de aranha, reajustavam o relógio interno, permitiam que o inconsciente, como um poço, se enchesse lentamente". Cada vez que emergia de uma bebedeira, "era como se ele despertasse de um sono longo e repousante".

É da natureza dos vícios serem incompreensíveis para quem os vê de fora. E o próprio Faulkner, aqui, não nos ajuda em nada: jamais escreveu sobre seu alcoolismo

---

10 Sake Commins, citado por Frederick R. Karl, *William Faulkner: American.*

William Faulkner 271

e nem, ao que se saiba, de dentro dele (estava quase sempre sóbrio quando se sentava à mesa de trabalho). Nenhum biógrafo conseguiu ainda explicá-lo, mas talvez a tentativa de explicar um vício, procurar as palavras capazes de dar conta do que ele seja ou atribuir-lhe um determinado lugar na economia da existência de alguém, seja sempre um empreendimento equivocado.

(2005)

Saul Bellow, os primeiros romances

Entre os romancistas americanos da segunda metade do século XX, Saul Bellow (1915-2005) assoma como um dos gigantes, talvez o maior de todos. Seu apogeu se estende do começo da década de 1950 (*As aventuras de Augie March*) ao final da década de 1970 (*O legado de Humboldt*), embora ainda em 2000 ele continuasse a produzir notáveis textos de ficção (*Ravelstein*). Em 2003, enquanto ele ainda vivia, a Library of America admitiu-o em sua versão do cânone clássico reeditando seus três primeiros romances – *Por um fio* (1944), *A vítima* (1947) e *As aventuras de Augie March* (1953) – e prometendo publicar todo o resto da sua obra.

Por um fio e *A vítima* atraíram a atenção favorável da crítica, mas eram ambas obras bastante literárias e europeias em sua inspiração. Foi o espalhafatoso e espraiado *Augie March* que conquistou um público para Bellow.

O herói que dá nome a *Augie March* vem à luz em torno de 1915 – ano do nascimento do próprio Bellow –, numa família de um bairro polonês de Chicago. O pai de Augie não aparece, e sua ausência não suscita praticamente nenhum comentário. Sua mãe, uma figura triste e apagada, é quase cega. Ele tem dois irmãos, um deles deficiente mental. A família subsiste, com algum grau de fraudulência, graças ao dinheiro da previdência social e às contribuições de uma pensionista nascida na

Rússia, a Avó Lausch (sem nenhum parentesco com eles), para quem o jovem Augie vai buscar livros na biblioteca ("Quantas vezes preciso lhe dizer que, se não disser *romance*, eu não quero?... *Bozhe moy!*[1]") e que lhe transmite algum verniz de cultura.

É a Avó Lausch quem na verdade cria os irmãos March. Quando a esperança que mais a anima é frustrada — de que um deles acabe se revelando um gênio cuja carreira poderia caber-lhe administrar —, ela assesta sua mira na ideia de transformá-los em bons funcionários de escritório. E se decepciona terrivelmente quando eles crescem desagradáveis e incivis. Na verdade, é ainda pior: como outros meninos da área onde mora, Augie costuma praticar pequenas transgressões. Mas tem consciência demais para entregar-se a uma vida de crimes. O primeiro roubo organizado de que participa deixa-o tão infeliz que ele acaba abandonando sua gangue.

Refletindo retrospectivamente sobre sua infância a partir dos seus 30 e tantos anos, quando escreve a narrativa que estamos lendo, Augie se pergunta que efeitos terá sofrido por ter crescido não na "Sicília pastoral" dos poetas, mas submetido às "humilhações profundas da cidade". Mas nem precisava se dar ao incômodo. As partes mais fortes do livro da sua vida vêm da rememoração intensa de uma infância urbana rica em espetáculos e em experiências sociais, juventude de um tipo que poucas crianças americanas ainda conhecem nos dias de hoje.

Rapaz nos anos da Depressão, Augie continua a trafegar à beira da criminalidade. Com um especialista, aprende a arte de roubar livros, que em seguida vende a estudantes da Universidade de Chicago. Mas guarda o coração mais ou menos puro, racionalizando aquele

---

1 "Meu Deus!", em russo. [N. T.]

roubo de livros como um caso especial, uma forma benigna de furto.

E encontramos também influências no sentido contrário, entre eles um empregador paternal que presenteia Augie com uma coleção completa, embora levemente estragada, dos Harvard Classics. Augie guarda os livros num caixote debaixo da cama, mergulhando neles sempre que sente o impulso. Mais adiante, irá atuar como assistente de pesquisa para um rico estudioso amador. Assim, embora jamais entre para a universidade, de uma forma ou de outra suas incursões na leitura continuam. E ele lê a sério, até mesmo para os padrões da Universidade de Chicago: Hegel, Nietzsche, Marx, Weber, Tocqueville, Ranke e Burckhardt, para não falar dos gregos e romanos e dos Padres da Igreja. Nenhum *romancier*.

Simon, um dos irmãos mais velhos de Augie, é um homem de grande voracidade. Embora não seja propriamente um fariseu, atribui às leituras de Augie o principal obstáculo a seu plano de levá-lo a encontrar uma noiva rica e casar-se com ela, estudar direito à noite e tornar--se seu sucessor num negócio de venda de carvão. Em obediência a Simon, Augie passa algum tempo levando uma vida dupla, trabalhando na companhia de carvão o dia inteiro antes de vestir-se bem para frequentar os *salons* dos *nouveaux riches*.

Sob a tutela de Simon, Augie tem a primeira oportunidade de experimentar as coisas boas da vida, especialmente a calidez sedosa dos hotéis caros. "Procurei não me sentir esmagado por toda aquela grandeza", escreve ele.

Mas [...] finalmente elas [as dependências do hotel] são o que se revela tão maravilhoso — os inúmeros banheiros com a infalível água quente, os enormes aparelhos de ar condicionado central e todo o maquinário sofisticado.

Saul Bellow 275

Nenhuma grandeza oposta é admitida, e a pessoa perturbadora será aquela que não servirá pelo uso ou se negará por não desejar usufruir.

Nenhuma grandeza oposta é admitida. Augie é suficientemente lúcido e pragmático para reconhecer que qualquer um que negue o poder que se manifesta no grande hotel americano corre o risco de se marginalizar, seja qual for a autoridade que invoque para apoiá-lo dentre os autores dos Harvard Classics. Visto que não está escrevendo o resumo final de sua vida, mas um relatório intermediário, Augie recusa-se a tomar posição pró ou contra os hotéis de Chicago, pró ou contra o futuro que eles representam. E alega o que, na prática, equivaleria à incompetência jurídica. "Mas como alguém pode tomar uma decisão de ser contra e continuar contra? Quando é que a pessoa escolhe e quando, em vez disso, é escolhida?"

A postura cautelosa de Augie não é dessemelhante à de Henry Adams perante a Exposição de Chicago em 1893; e o próprio Adams evoca com ironia o fantasma de Edward Gibbon contemplando as ruínas de Roma. "Em 1893, Chicago perguntou pela primeira vez", escreve Adams, "se o povo americano sabia aonde estava indo". A resposta, ao que lhe parece, é que não sabia. Ainda assim, o povo americano podia estar "seguindo ou deixando-se levar inconscientemente", rumo a um ponto a partir do qual poderia então articular a finalidade daquilo tudo. A posição mais sensata a ser assumida por qualquer observador — especialmente um observador que fosse ele próprio americano — seria simplesmente posição nenhuma, meramente observar e esperar.[2]

2 Henry Adams, *The Education of Henry Adams*. Nova York: Library of America, 2003.

Outra presença ao lado de Augie, assinalada por aumentos do teor de ruminações grandiloquentes e linguagem rarefeita, é Theodore Dreiser, o grande antecessor de Bellow no registro da vida de Chicago. Em personagens como Carrie Meeber (*Sister Carrie*) e Clyde Griffiths (*An American Tragedy*), Dreiser apresentou-nos algumas almas descomplicadas e ansiosas do Meio-Oeste americano, nem boas nem más por natureza, atraídas como Augie para a órbita do luxo da cidade grande, cujo acesso, logo descobrem, não requer credenciais, nem sangue tradicional, nem senha — nada além de dinheiro.

Clyde Griffiths é um personagem errante no sentido dreiseriano: não escolhe seu destino, o que constitui sua versão americana da tragédia, mas é conduzido para ele. Augie também corre o risco de se tornar um personagem à deriva: um jovem de boa aparência, cujas aventuras de consumo as mulheres ricas mostram-se mais que dispostas a subsidiar. Mas se o pouco que diferencia Augie de Clyde — o contato com o romance russo e os Harvard Classics — não lhe proporciona a capacidade de resistir ao poder do grande hotel, o que torna a história de Augie diferente da história de outro filho qualquer do seu tempo?

A essa pergunta Bellow só apresenta uma resposta proustiana: o jovem que começa sua história com as palavras: "Sou um americano, nascido em Chicago [...] e falo das coisas da maneira como aprendi por conta própria, em estilo livre, e vou contar a história a meu modo" e termina rememorando como escreveu aquelas palavras e em seguida comparando-se a Colombo — "Colombo também achou que tivesse fracassado [...] O que não prova que a América não existe"[3] — não fracassa, muito embora

---

3 Saul Bellow, *Novels 1944-1953*. Nova York: Library of America, 2003.

não consiga imaginar um poder capaz de opor-se ao gigantismo cego da América, porque a própria rememoração construída constitui esse poder. A literatura, afirma Bellow, interpreta o caos da vida e lhe dá sentido. Em sua disposição primeiro de deixar-se levar pelas forças da vida moderna e depois de tornar a confrontar-se com elas por meio da sua arte "em estilo livre", Augie, somos levados a compreender, está mais bem equipado do que acredita para opor-se às seduções de um estilo de vida à deriva.

Um elemento de Dreiser que Bellow não incorpora são os mecanismos deterministas do destino. O destino de Clyde é sombrio; o de Augie, não. Um ou dois descuidos e Clyde termina na cadeira elétrica; de todos os perigos que o rodeiam, Augie, por sua vez, sempre emerge são e salvo.

Assim que se torna claro que seu herói irá levar uma vida encantada, *Augie March* começa a pagar por sua falta de estrutura dramática e, no fim das contas, de organização intelectual. O livro vai ficando cada vez menos envolvente à medida que avança. O método de composição cena a cena, em que cada uma delas principia com um *tour de force* de descrição do ambiente, começa a parecer mecânico. As muitas páginas dedicadas ao tempo que Augie passa no México envolvido num esquema estúpido de treinar uma águia para capturar iguanas rendem muito pouco, apesar da riqueza de recursos composicionais nelas investida. A principal aventura de Augie no tempo da guerra, torpedeado e perdido na companhia de um cientista louco a bordo de um bote salva-vidas ao largo da costa africana, é simplesmente uma trama de história em quadrinhos.

O que não significa que o próprio Augie seja exatamente um enigma intelectual. Por convicção ele é um idealista filosófico, até mesmo um idealista radical, para quem o mundo se constitui de um emaranhado complexo de ideias-do-mundo, milhões delas, tantas quantas são as mentes humanas que existem. Cada um de nós, acredita ele, tenta defender sua ideia singular por meio do recrutamento de outros seres humanos para desempenharem algum papel nela. A regra de Augie, desenvolvida ao longo de quase metade da sua vida, é evitar ser recrutado para atuar nas ideias de outras pessoas.

Seu modelo do mundo parte de um imperativo de simplificação. O mundo moderno, a seu ver, tende a sobrecarregar-nos com sua infinitude nociva. "Um excesso de tudo [...] um excesso de história e cultura [...] um excesso de detalhes, de notícias, de exemplos, de influências [...] E quem precisa interpretar isso tudo? Eu?" Sua resposta a esse excesso de tudo é, primeiro, "tornar-se o que eu sou"; depois, comprar terras, casar-se, criar um lar, tornar-se professor, fazer carpintaria doméstica e aprender a consertar seu carro. Como comenta um amigo dele: "Boa sorte".

Segundo ele próprio conta, Bellow se divertiu muito escrevendo *Augie March*, e nas primeiras centenas de páginas sua animação criadora é palpável e contagiosa. O leitor é arrebatado pela prosa ousada, veloz e picante, pela fluência casual com que um *mot juste* se sucede a outro ("Karas, de terno caro de jaquetão e ostentando dificuldades para barbear-se e pentear-se suplantadas de maneira incrível"). Desde Mark Twain, nenhum escritor americano tinha manejado o vernáculo com tamanha verve. O livro conquistou seus leitores com sua variedade, sua energia inesgotável, sua impaciência com os bons modos. Acima de tudo, dava a impressão de dizer um *Sim!* enfático à América.

Hoje, em retrospecto, pode-se ver que esse *Sim!* tinha um certo preço: o preço da consciência crítica. *Augie*

Saul Bellow   279

March, num certo sentido, apresenta-se como a história do amadurecimento da geração de Bellow. Mas será que Augie é um bom representante dessa geração? Ele conversa com estudantes de esquerda, lê Nietzsche e Marx, milita como sindicalista, chega até a cogitar de empregar-se como guarda-costas de Trótski no México; entretanto, mal registra o quadro mais amplo do que ocorre no mundo. Quando a guerra começa, ele fica atônito: "Bum! A guerra começou [...] Caí da cadeira, eu odiava o inimigo, mal podia esperar para entrar na briga". A partir de que ponto esse grau de absorção no aqui e agora se transforma em idiotia?

A edição compilada da Library of America traz quinze páginas de notas de James Wood, especialmente úteis no caso de *Augie March*, em que nomes e alusões se espalham como confete. Wood localiza muitas das referências de passagens de *Augie*, mas um bom número delas é esquecido. Quem foi, por exemplo, que foi posto por suas irmãs em prantos em cima de um cavalo para ir estudar grego em Bogotá? Que embaixador de qual país terá injetado goma-laca na tubulação de água de Lima para deter a oxidação dos canos?

Por um fio, que Bellow escreveu quase uma década antes, durante os anos da guerra, é um romance curto na forma de diário. Quem mantém o diário é um jovem morador de Chicago chamado Joseph, desempregado, formado em história e sustentado pela mulher que trabalha. Joseph usa seu diário para descobrir como se transformou em quem é, e especialmente para entender por que, cerca de um ano antes, ele abandonara os ensaios filosóficos que vinha escrevendo e começara a "pairar"[4], palavra que

4 No original, *dangle*: "pender" ou "pairar" – o título original de *Por um fio* é *The Dangling Man*. [N. T.]

na gíria americana da época significava estar no limbo à espera de notícias da Junta de Recrutamento, mas à qual Bellow atribui um sentido mais existencial.

Tão vasta parece a lacuna entre ele como é agora e a pessoa esforçada e inocente que fora no passado que, em alguns momentos, Joseph, o autor do diário, considera-se um simples duplo do Joseph anterior, só usando as roupas que aquele descartara. A pessoa anterior era capaz de funcionar em sociedade, de manter um equilíbrio entre o emprego numa agência de viagens e seus interesses acadêmicos. No entanto, mesmo antes já sentia premonições perturbadoras, sensações de alienação do mundo. Da sua janela, ele passa em revista a paisagem urbana − chaminés, armazéns, imensos cartazes, carros estacionados. Será que esse ambiente não deforma a alma?, pergunta-se ele. "Onde ainda existiria uma partícula daquilo que, em outro lugar, ou no passado, falara em favor do homem? [...] O que Goethe poderia dizer do panorama visto desta janela?"

Pode parecer cômico que, na Chicago de 1941, alguém pudesse dedicar-se a reflexões grandiosas como essas, diz Joseph em seu diário, mas em cada um de nós sempre existe um elemento do fantástico. Quando zomba dessas especulações filosóficas em tom cômico, na verdade ele está negando o que tem de melhor.

Embora em abstrato o jovem Joseph estivesse preparado para aceitar que o homem é agressivo por natureza, quando examinava o próprio coração só detectava uma natureza gentil. Uma de suas ambições mais frívolas era fundar uma colônia utópica onde o despeito e a crueldade seriam proibidos. Eis por que um dos desdobramentos que mais desalentam o Joseph posterior é constatar-se tomado por acessos imprevisíveis de uma violência inesperada. Ele perde a cabeça com sua

Saul Bellow 281

sobrinha adolescente e a espanca, deixando os pais da moça em choque. Agride o senhorio. Grita com uma caixa de banco. Sente que virou "uma espécie de granada humana cujo pino foi retirado". O que está acontecendo com ele?

Um amigo artista tenta convencê-lo de que a cidade monstruosa à volta deles não é o mundo real: o mundo real é o mundo da arte e do pensamento. Em abstrato, Joseph está disposto a respeitar essa posição e constatar seus efeitos benéficos: embora dividindo com outros os produtos da sua imaginação, o artista permite que um agregado de indivíduos solitários se transforme numa espécie de comunidade. Mas ele, Joseph, não é um artista. Sua potencialidade é ser um homem bom. Mas viver como ele vive, "isolado, alienado, desconfiado", é o mesmo que estar na cadeia. De que serve ao homem ser bom numa cela de prisão? A bondade precisa ser praticada na companhia dos outros; precisa ser acompanhada pelo amor.

Num trecho especialmente vigoroso, ele atribui seus acessos de violência às intoleráveis contradições da vida moderna. Submetidos a uma lavagem cerebral que nos convence de que cada um de nós é um indivíduo de valor inestimável contemplado com um destino individual, que não há limite para o que podemos conseguir, estamos, todos nós, em busca da grandeza individual. E não temos como deixar de encontrá-la. Então começamos a "odiar-nos imoderadamente e submeter-nos, a nós mesmos e aos demais, a castigos imoderados. O medo de sermos deixados para trás nos persegue e nos enlouquece [...] criando um clima interno de trevas. E ocasionalmente sobrevém uma tempestade de ódio e a capacidade de ferir despeja-se como chuva para fora de nós". Noutras palavras, entronizando o Homem no centro do universo, o Iluminismo, especialmente em sua fase romântica, impôs exigências psíquicas impossíveis a cada um de nós, exigências que extravasamos não só em pequenos acessos de violência como os de Joseph, ou em aberrações morais como a tentativa de alcançar a grandeza através do crime (vide o Raskólnikov de Dostoiévski), mas talvez também na guerra que consome o mundo. E é por isso que, numa atitude paradoxal, Joseph, o autor do diário, encerra suas reflexões, pousa sua pena e se alista. O isolamento redobrado – o isolamento imposto pela ideologia do individualismo e mais o isolamento do autoexame – acabou por levá-lo, pensa ele, à beira da insanidade. E talvez a guerra possa lhe ensinar o que não aprendeu com a filosofia. E ele encerra seu diário com uma exclamação:

Viva o horário regular!
E a supervisão do espírito!
Longa vida à arregimentação!

Joseph estabelece uma distinção entre um indivíduo meramente obcecado consigo mesmo como ele, sempre engalfinhado com seus pensamentos, e o artista que, por meio da faculdade demiúrgica da imaginação, transforma seus pequenos problemas pessoais em questões de alcance universal. Mas o caráter dos seus engalfinhamentos particulares, na forma de pretensas entradas de diário destinadas apenas a seus olhos, não se sustenta. Porque em meio a essas entradas encontram-se páginas – na maioria descrições de cenas da cidade ou de pessoas que Joseph conhece – cuja dicção elevada e inventividade metafórica denunciam-nas como produto de uma imaginação poética que não só clama por um leitor como inventa e se dirige a um leitor. Joseph pode fazer de conta que deseja ser visto por nós como um erudito fracassado,

Saul Bellow 283

mas sabemos, como ele deve suspeitar, que na verdade ele é um escritor nato.

Por um fio tem longas reflexões e pouca ação. Ocupa um terreno pouco firme entre a novela e o ensaio pessoal ou a confissão. São várias as figuras que sobem ao palco e trocam palavras com o protagonista, mas além de Joseph, em suas duas manifestações mal definidas, não existem outros personagens no sentido próprio. Por trás da silhueta de Joseph é possível discernir os funcionários modestos e humilhados de Gógol e Dostoiévski, ruminando sua vingança; o Roquentin de *A náusea*, de Sartre, o intelectual que sofre uma estranha crise metafísica que o torna estranho ao mundo; e o jovem poeta solitário de *Os cadernos de Malte Laurids Brigge*, de Rilke. Nesse seu delgado primeiro livro, Bellow ainda não desenvolveu um veículo adequado ao tipo de romance rumo ao qual avançava às cegas, o romance que pudesse proporcionar ao leitor a habitual satisfação romanesca, inclusive o envolvimento no que parece ser um conflito real num mundo da vida real, mas deixando o autor com um manejo desembaraçado do seu conhecimento da literatura e do pensamento europeus para discutir a vida contemporânea e seus mal-estares. Para esse passo na evolução de Bellow, precisaremos esperar por *Herzog* (1964).

Asa Leventhal, que pode ser ou não ser a vítima no romance curto *A vítima*, é editor de uma pequena revista comercial em Manhattan. No trabalho, precisa suportar as ocasionais alfinetadas antissemitas. Sua mulher, que ele ama profundamente, está passando uma temporada fora da cidade.

Um dia, na rua, Leventhal tem a sensação de estar sendo observado. Um homem o aborda e o cumprimenta. Ele se lembra vagamente do nome do homem:

Allbee. Por que ele está atrasado, pergunta-lhe Allbee. Não lembra que eles tinham um encontro? Leventhal não se lembra de nada. Então por que compareceu?, pergunta-lhe Allbee. (E repetidas vezes Allbee irá derrubar Leventhal com esse tipo de jiu-jitsu lógico.)

Tendo encurralado Leventhal, Allbee começa a contar uma aborrecida história do passado em que Allbee conseguira uma entrevista para Leventhal com seu patrão (dele, Allbee), durante a qual Leventhal tinha (propositalmente, diz Allbee) adotado um comportamento ofensivo, o que resultara na demissão de Allbee.

Leventhal tem uma lembrança apenas nebulosa dos acontecimentos, mas nega a insinuação de que aquela entrevista fizesse parte de uma conspiração contra Allbee. Se tinha ido embora no meio da entrevista, diz ele, foi porque o patrão de Allbee não demonstrara o menor interesse em contratá-lo.

Mesmo assim, retruca Allbee, agora ele está desempregado, não tem onde morar e precisa dormir em albergues. Que providência Leventhal pretende tomar a respeito?

E assim começa a perseguição de Allbee a Leventhal – ou pelo menos o que assim parece a este último. Leventhal teima em resistir ao argumento de Allbee de que o prejudicara e, portanto, é credor de uma dívida. Toda essa resistência é apresentada de dentro: não há nenhuma indicação do autor que nos ajude a decidir qual lado devemos tomar, qual dos dois é a vítima e qual o perseguidor. E nem nos é fornecida nenhuma orientação de ordem moral. Estará Leventhal resistindo a ser envolvido por palavras, por força da devida prudência, ou estará se recusando a aceitar que somos todos responsáveis por nossos semelhantes? *Por que eu?* – eis o único grito de Leventhal. Por que esse desconhecido

Saul Bellow 285

vem me culpar e me odiar e exigir que eu lhe forneça uma reparação?

Leventhal reafirma que tem as mãos limpas, mas os amigos que consulta já não têm a mesma certeza. Para começo de conversa, perguntam eles, por que ele se envolveu com um personagem tão desagradável como Allbee? Estará sendo inteiramente honesto consigo mesmo quanto aos seus motivos?

Leventhal rememora seu primeiro encontro com Allbee, numa festa. Uma garota judia tinha cantado uma balada, e Allbee dissera a ela que devia tentar cantar salmos. "Essas outras [as baladas americanas], se você não nasceu cantando, nem adianta tentar." Será que ele, Leventhal, naquele momento marcara inconscientemente Allbee como antissemita e decidira vingar-se?

Com a consciência pesada, Leventhal oferece a Allbee refúgio em seu apartamento. Mas a coabitação da dupla é um desastre. Os hábitos de Allbee são deploráveis. Ele remexe os papéis pessoais de Leventhal. (Allbee: Se você não confia em mim, por que deixa sua escrivaninha destrancada?) Leventhal perde a paciência e bate em Allbee, mas Allbee continua a retrucar.

Allbee faz um longo discurso que (segundo ele) Leventhal deveria ser capaz de entender *apesar de judeu*, dizendo que todos precisamos nos arrepender e nos converter em homens novos. Leventhal duvida da sinceridade de Allbee e declara que duvida do que ele diz. Você duvida de mim porque é judeu e eu não, responde Allbee. Mas por que *eu*?, torna a perguntar Leventhal. "Por quê?", responde Allbee. "Por bons motivos; os melhores do mundo [...] Estou lhe dando uma oportunidade de ser justo, Leventhal, e de fazer a coisa certa."

Voltando para casa certa noite, Leventhal encontra a porta trancada e Allbee na cama com uma prostituta –

não apenas na cama, mas na cama *dele*, Leventhal. Allbee acha graça da indignação de Leventhal. "Onde mais, a não ser na cama? [...] Talvez você conheça algum outro meio, mais refinado, diferente. Mas vocês não vivem dizendo que são iguais a todo mundo?"

Quem é Allbee? Um louco? Um profeta encoberto por um pesado disfarce? Um sádico que escolhe suas vítimas ao acaso?

Allbee tem a sua versão. É como se ele fosse um índio da planície, afirma, que com a chegada da ferrovia antevê o fim de seu antigo modo de vida. E decide aderir à nova ordem. Leventhal, o judeu, membro da nova raça dominante, precisa conseguir-lhe um emprego na ferrovia do futuro. "Eu quero apear do [meu] cavalo e tornar-me o condutor do trem."

Às vésperas de sua mulher voltar para casa, Leventhal manda Allbee procurar outras acomodações. No meio da noite, acorda e descobre que o apartamento está tomado pelo gás. Allbee, sem sucesso, tentou suicidar-se com gás na cozinha.

Allbee desaparece da vida de Leventhal. Passam-se anos. Aos poucos Leventhal se livra da sensação de que "escapei daquela". Mas não precisava sentir-se culpado, reflete ele. Allbee não tinha o direito de invejar seu bom emprego, seu casamento feliz. Esse tipo de inveja baseia-se numa premissa falsa: a de que a cada um de nós foi feita alguma promessa. Mas nunca nos prometeram nada desse tipo – nem Deus nem o Estado.

E, então, certa noite ele esbarra em Allbee no teatro. Allbee está na companhia de uma atriz decadente; e cheira a bebida. Encontrei meu lugar no trem, informa Allbee a Leventhal, mas não como condutor, só como passageiro. Entrei num acordo com "quem quer que controle as coisas". "E qual é sua ideia de quem controla

Saul Bellow 287

as coisas?", pergunta Leventhal. Mas Allbee tinha desaparecido na multidão.

O Kirby Allbee de Bellow é uma criação inspirada, cômica, patética, repulsiva e ameaçadora. Às vezes seu antissemitismo parece quase aceitável por sua franqueza; às vezes ele próprio parece ter sido possuído por sua caricatura do judeu, que agora vive dentro dele, um anti-judeu que fala por sua boca. Vocês, os judeus, estão se apoderando do mundo, choraminga ele. A única coisa que nós, os pobres americanos, podemos fazer é procurar um canto humilde que possamos ocupar. Por que vocês nos vitimizam tanto? Que mal fizemos a vocês?

Existe também certo traço do americano puro-sangue no antissemitismo de Allbee. "Sabe, um dos meus antepassados foi o governador Winthrop", diz ele. "Não é mesmo um absurdo [o estado de coisas atual]? É como se os filhos de Calibã estivessem comandando tudo."

Mas, acima de tudo, Allbee é desprovido de vergonha, como o id, e igualmente impuro. E mesmo seus momentos de simpatia são ofensivos. Deixe-me passar a mão pelo seu cabelo, pede ele a Leventhal — "parece a pelagem de um animal".

Leventhal é um bom marido, um bom tio, um bom irmão, um bom trabalhador em circunstâncias difíceis. É um homem esclarecido, e não costuma criar caso. Tudo que quer é fazer parte da melhor sociedade americana. Seu pai não se incomodava com o que os gentios pensavam dele, contanto que pagassem o que lhe deviam. "Era a opinião do seu pai. Mas não a dele, que a rejeitava e achava repulsiva." Ele tem uma consciência social. Sabe o quanto é fácil, especialmente na América, recair em meio "aos perdidos, aos marginalizados, aos vencidos, aos apagados, aos arruinados". É inclusive um bom vizinho — afinal, nenhum dos amigos gentios de Allbee se mostrara disposto a hospedá-lo. O que mais se podia esperar dele?

A resposta é: tudo. *A vítima* é o mais dostoievskiano dos livros de Bellow. O enredo é adaptado de *O eterno marido*, de Dostoiévski, a história de um homem que é inesperadamente abordado pelo marido de uma mulher com quem tivera um caso anos antes, cujas insinuações e exigências vão se tornando cada vez mais insuportavelmente íntimas. Mas não é só o enredo que Bellow deve a Dostoiévski, ou o motivo de um duplo odioso. O próprio espírito de *A vítima* é dostoievskiano. Os elementos em que nossas vidas limpas e bem arrumadas se apoiam sempre podem desmoronar de um momento para o outro; exigências desumanas podem ser-nos feitas sem aviso prévio, e vindas das partes mais estranhas; claro que é natural resistir (*Por que eu?*); mas, se pretendemos ser salvos, não temos escolha: devemos deixar tudo de lado e acatá-las. Entretanto, essa mensagem essencialmente religiosa é posta na boca de um repelente antissemita. Será realmente surpreendente que Leventhal responda fincando pé?

Mas o coração de Leventhal não está fechado; sua resistência não é completa. Existe alguma coisa em todos nós, reconhece ele, que se opõe à sonolência do cotidiano. Na companhia de Allbee, em momentos isolados, ele se sente à beira de ultrapassar os limites de sua antiga identidade e ver o mundo com novos olhos. Alguma coisa parece estar ocorrendo na área do seu coração, algum tipo de premonição, não sabe dizer se de um ataque cardíaco ou de algo mais elevado. Num certo momento ele olha para Allbee e Allbee lhe devolve o olhar, e os dois quase poderiam ser a mesma pessoa. Noutro ponto – descrito com a prosa mais magistralmente atenuada de Bellow – somos de algum modo convencidos

Saul Bellow 289

de que Leventhal se encontra no limiar de uma revelação. Mas nesse momento ele é tomado por uma grande fadiga. Tudo isso é demais para ele.

Ao passar em revista sua carreira, Bellow sempre tendeu a menosprezar *A vítima*. Se *Por um fio* foi seu mestrado como escritor, diz ele, *A vítima* foi seu doutoramento. "Eu ainda estava aprendendo, confirmando minhas credenciais, provando que um jovem de Chicago tinha o direito de reivindicar a atenção do mundo."[5] Excesso de modéstia. *A vítima* está a poucos centímetros de *Billy Budd* na primeira fila das novelas americanas. Se tem uma fraqueza, é uma fraqueza não de execução, mas de ambição. Estaria nos poderes de Bellow transformar Leventhal num peso-pesado intelectual, capaz de discutir com Allbee (e, por trás dele, com Dostoiévski) a universalidade do modelo cristão da conclamação ao arrependimento. Mas ele decidiu de outro modo.

(2004)

---

5   Entrevista de 1979, em: Gloria L. Cronin e Ben Siegel (orgs.), *Conversations with Saul Bellow*. Jackson: University of Mississippi Press, 1994.

Arthur Miller, *Os desajustados*

Os desajustados (*The Misfits*, 1961) foi realizado por um notável conjunto de criadores. O filme se baseia num roteiro original de Arthur Miller (1915-2005). Foi dirigido por John Huston; e é estrelado por Marilyn Monroe e Clark Gable nos que acabaram sendo seus derradeiros papéis importantes. Embora não tenha sido um grande sucesso de bilheteria, continua a atrair, e com justiça, certa atenção da crítica.

O enredo é simples. Uma mulher, Roslyn, em visita a Reno, Nevada, para obter um divórcio rápido, fica amiga de um grupo de vaqueiros ocasionais e parte com eles para o deserto numa incursão para a captura de cavalos selvagens. Lá ela descobre que os cavalos não seriam usados como montaria, mas vendidos como carne para a fabricação de ração de animais domésticos. A descoberta precipita a quebra de confiança entre ela e os homens, uma ruptura que o filme só remenda do modo mais canhestro e inconvincente.

Tirando o final, o roteiro é forte. Arthur Miller opera na ponta final de uma longa tradição literária de reflexão sobre o fechamento da fronteira do Oeste americano e os efeitos desse fechamento sobre a psique americana. Huckleberry Finn, ao fim do livro sobre ele escrito por Mark Twain, ainda tinha o recurso de partir para os territórios do Oeste de modo a escapar da civilização (e Nevada, na década de 1840 da infância de Huck, era um desses territórios). Já os vaqueiros de Miller, cerca de cem anos mais tarde, não têm para onde ir. Um deles, Gaye (Clark Gable), tornou-se um gigolô pronto a aproveitar-se de divórcios. Outro, Perce (Montgomery Clift), vive em condições precárias com o que ganha participando de rodeios. O terceiro, Guido (Eli Wallach), exibe o lado sombrio da homossocialidade masculina da fronteira, a saber, uma misoginia malévola.

São esses os desajustados de Miller, homens que ou não conseguiram fazer a transição para o mundo moderno ou estão fazendo essa transição de maneira ignominiosa. Os três são apresentados com uma clareza e integridade raras no cinema, consequência da habilidade de Miller como dramaturgo.

Mas é claro que o título de Miller tem um segundo sentido oculto. Se os vaqueiros não têm lugar na América dc Eisenhower, os cavalos selvagens de Nevada têm menos ainda. Antes eram dezenas de milhares; agora se reduziram a míseras tropas no alto das montanhas, que quase nem compensa capturar. De representação da liberdade da fronteira, transformaram-se num anacronismo, criaturas sem nenhuma utilidade numa civilização mecanizada. O destino que lhes resta é serem cercados e caçados do ar; só não são baleados do alto porque assim sua carne iria estragar-se antes que os magarefes pudessem chegar até eles com seus caminhões refrigerados.

E Roslyn (Marilyn Monroe), claro, também é uma desajustada, de maneiras menos fáceis de definir, maneiras que nos conduzem ao cerne criativo do filme. Miller era casado com ela na época da filmagem; e desconfiamos que Roslyn tenha sido construída em torno de Marilyn, ou em torno do que Miller achava que era ou podia ser a Marilyn interior. Numa das cenas mais impressionantes do filme, Miller e Huston limitam-se a criar um espaço em que Marilyn pode representar a si mesma, criar-se a si mesma na película.

As ironias aqui são especialmente profundas, pois Marilyn Monroe em parte representava e em parte combatia o tipo da loura burra que lhe era prescrito pelo *star system* hollywoodiano. E com uma complicação suplementar: nem sempre é fácil separar o encanto difícil de definir de Roslyn de um certo humor lerdo, induzido pelo Nembutal, da atriz em crise.

A cena crucial nesse sentido ocorre a uns trinta minutos do início do filme. Roslyn está dançando com Guido, enquanto Gaye e Isabelle, uma velha amiga de Roslyn, assistem à cena. Roslyn está encantadora, cheia de energia; mas todos os outros sinais que ela envia Guido interpreta erradamente. Para ele aquela dança é uma corte sexual; mas Roslyn insiste em evitá-lo para além da mera timidez. Finalmente ela sai dançando da casa ao sol do fim da tarde ("Cuidado!", grita Gaye — "Não tem degrau!") e continua sua dança em torno do tronco de uma árvore, finalmente caindo semidespida em coma.

Gaye não entende melhor que Guido o que está havendo com Roslyn, mas sabe que precisa conter o companheiro. Os dois homens, e Isabelle, ficam assistindo perplexos enquanto Roslyn — que a essa altura, temos como reconhecer a partir da perspectiva histórica, pode perfeitamente ser a própria Marilyn, ou pelo menos a Marilyn de Arthur Miller — leva seu número até o fim.

E qual é o número de Roslyn-Marilyn? Em parte é a entrega a uma angústia de segunda mão, cuja culpa deve ser atribuída a um existencialismo de café da Rive Gauche. Mas em parte tem a ver também com a resistência aos modelos altamente concentrados e até regulamentados de sexualidade difundidos não só por Hollywood e os meios de comunicação como também pela sexologia acadêmica. Roslyn dança com uma difusa e – à luz do resto do filme – triste sensualidade para a qual nem a vocação de predador sexual de Guido nem o comedimento gentil e antiquado de Gaye seriam uma resposta adequada.

Outra cena impressionante ocorre mais perto do final do filme, quando Roslyn percebe com uma clareza brutal que os homens mentiram para ela e que no fim das contas importam-se mais com o feito machista em que estão empenhados – a captura dos pobres cavalos – do que com ela, e que nenhuma súplica ou suborno poderá lhe valer de nada. Desesperada e furiosa, ela se afasta dos homens; grita, esbraveja e chora por eles serem tão desalmados. Para um diretor mais convencional, esse momento alto – o momento em que todos os véus caem diante dos olhos de Roslyn e ela percebe que, como mulher e talvez como ser humano, está totalmente sozinha – poderia parecer uma oportunidade para uma encenação à moda antiga: *close-ups* intensos, cortes de rosto em rosto, mostrando as expressões de raiva. Mas Huston filma a cena contrariando essas convenções. A câmera permanece do lado dos homens; Roslyn está tão distante que é quase engolida pela vastidão do deserto; sua voz falha; suas palavras são incoerentes. O efeito é perturbador.

Mas as cenas – a longa sequência de cenas – que se gravam mais indelevelmente no espírito do espectador são as que envolvem os cavalos.

Nos créditos de qualquer filme envolvendo a participação de animais feito nos dias de hoje, pelo menos de qualquer filme feito no Ocidente, aparece um aviso assegurando aos espectadores que nenhum dano foi causado aos animais e que o que pode parecer sofrimento foi apenas um truque cinematográfico. Pode-se supor que essas justificativas tenham sido impostas à indústria cinematográfica por organizações de defesa dos animais. Mas não em 1960. Os cavalos usados na filmagem de *Os desajustados* eram de fato cavalos selvagens; a exaustão, a dor e o terror que vemos na tela são reais. Os cavalos não estão representando. Os cavalos são reais, explorados por Huston e pelas pessoas por trás de Huston por sua força, sua beleza e sua resistência; pela integridade espiritual da sua reação a seu inimigo, o homem; e por serem de fato o que pareciam ser e o que representavam na mitologia do Oeste: criaturas soltas e indômitas.

Esse ponto merece ser enfatizado porque ele nos leva bem para perto do cerne da questão do cinema como meio de representação. O cinema, ou pelo menos o componente visual do cinema naturalista, não funciona por meio de símbolos intermediários. Quando você lê, num livro, "Os dedos dele tocaram nos dela", o que se vê não são dedos reais tocando outra mão real, mas a ideia de dedos que tocam na ideia de outros dedos. Já num filme, o que se contempla é o registro visual de uma coisa que aconteceu concretamente num dado momento: dedos reais que entraram em contato com outros dedos reais.

Parte do motivo pelo qual o debate em torno da pornografia ainda está vivo no que se refere aos meios fotográficos, quando praticamente morreu com respeito à palavra impressa, é que a fotografia é lida, justificadamente, como o registro de alguma coisa que de fato aconteceu. O que está representado no celuloide foi de fato feito em algum momento do passado por pessoas de verdade diante de uma câmera. A história em que esse momento está incluído pode ser fictícia, mas o evento foi real, pertence à história, a uma história que se revive cada vez que o filme é exibido.

Apesar de toda a inteligência investida na teoria do cinema desde a década de 1950 para caracterizar o cinema como apenas mais um sistema de signos, continua a existir uma diferença irredutível da imagem fotográfica, a saber, que ela traz em si ou consigo o rastro de um passado histórico verdadeiro. E é por isso que as sequências da captura dos cavalos em *Os desajustados* são tão perturbadoras: por um lado, fora do campo da lente da câmera, um bando de vaqueiros, diretores, escritores e técnicos de som congregados para tentar fazer os cavalos enveredarem pelo caminho prescrito para eles numa construção ficcional chamada *Os desajustados*; por outro, diante da lente, um rebanho de cavalos selvagens que não fazem nenhuma distinção entre atores, dublês e técnicos, que não sabem ou nem querem saber do roteiro do famoso dramaturgo Arthur Miller em que podem ou não ser, dependendo do ponto de vista, os desajustados a que se refere o título, que nunca ouviram falar do fechamento da fronteira do Oeste, mas naquele momento a vivenciam na própria carne, e da maneira mais traumatizante. Os cavalos são de verdade, os dublês são de verdade, os atores são de verdade; e todos estão, naquele momento, envolvidos numa luta terrível em que os homens desejam subjugar os cavalos para seus fins e os cavalos só desejam escapar; de tempos em tempos, a loura grita ou berra; tudo isso aconteceu de fato; e é isso que temos aqui, revivendo pela décima milésima vez diante dos nossos olhos. Quem ousaria dizer que tudo não passa de uma história?

(2000)

Philip Roth, *Complô contra a América*

Em 1993, sob o nome "Philip Roth", foi lançado um livro intitulado *Operação Shylock: uma confissão*, que, além de ser uma incursão alucinante num território que parecia reservado a John Barth e aos metaficcionistas, também tratava de Israel e de suas relações com a Diáspora Judaica. *Operação Shylock* apresenta-se como a obra de um escritor americano chamado Philip Roth (no interior do livro, contudo, existem dois personagens chamados Philip Roth), que admite ter auxiliado secretamente os serviços de informação de Israel. Podemos decidir aceitar essa confissão ao pé da letra. Por outro lado, ela pode fazer parte de uma criação ficcional mais ampla: *Operação Shylock – uma confissão: um romance*. Qual seria a leitura mais fiel? A "Nota ao Leitor" que encerra o livro parece prometer uma resposta. A nota começa dizendo: "Este livro é uma obra de ficção", e termina dizendo: "Esta confissão é falsa". Estamos, noutras palavras, em pleno paradoxo do Mentiroso Cretense.[1]

Se Roth pretende e não pretende que seu livro sobre Israel seja lido como uma mentira, uma invenção, será

---

1 Philip Roth, *Operation Shylock: A Confession*. Londres: Cape, 1993. [Ed. brasileira: *Operação Shylock: uma confissão*. São Paulo: Companhia das Letras, 1994.]

que seu livro sobre os Estados Unidos – que contém uma nota semelhante, começando com as palavras: "*Complô contra a América* é uma obra de ficção" – deve ser lido da mesma forma, ou seja, com sua verdade mantida em suspenso? Num certo sentido, não, e obviamente não. O enredo de *Complô contra a América* não pode ser verdadeiro porque todos sabem que muitos dos acontecimentos em torno dos quais ele se desenvolve jamais ocorreram. Por exemplo, nunca houve um presidente Charles Lindbergh na Casa Branca nos anos 1941-1942, atendendo a ordens secretas recebidas de Berlim. É igualmente óbvio, porém, que Roth não inventou essa longa fantasia sobre os Estados Unidos nas mãos dos nazistas como um mero exercício literário. Qual é então a relação entre sua história e o mundo real? O livro, afinal, é "sobre" o quê?[2]

O presidente Lindbergh do livro de Roth prefere usar um estilo de oratória baseado na frase declaratória entrecortada. Seu governo comanda iniciativas sinistras com nomes reconfortantes como "Gente Simples" e "Nossa Terra 42" (que podem ser justamente comparados com o Ato de Segurança Nacional e o Ato Patriótico de anos recentes). Por trás de Lindbergh, percebe-se um vice-presidente ideólogo e impaciente para pôr as mãos nas alavancas do poder. As semelhanças entre o governo Lindbergh e o governo de George W. Bush são difíceis de ignorar. Será então esse romance de Roth falando dos EUA sob o domínio fascista um livro "sobre" os EUA sob o segundo Bush?

Na época em que o livro foi lançado, Roth fez o possível para desencorajar essa leitura. "Parte dos leitores

---

2 Philip Roth. *The Plot Against America*. Nova York: Houghton Mifflin, 2004. [Ed. brasileira: *Complô contra a América*. São Paulo: Companhia das Letras, 2015.]

irá querer considerar meu livro um *roman à clef* sobre o momento atual dos Estados Unidos", escreveu ele no suplemento literário do *The New York Times*. "Mas isso seria um erro [...] Meu interesse [pelos anos 1940-1942] não é apenas simulado – estou *de fato* interessado nesses dois anos."[3]

A advertência soa inequívoca, e de fato é. Ainda assim, um romancista experiente como Roth sabe que as histórias que começamos a escrever muitas vezes começam a escrever-se sozinhas; a partir de então sua veracidade ou falsidade nos escapa das mãos, e as declarações de intenção do autor perdem qualquer peso. Além disso, depois que um livro é lançado no mundo ele se torna propriedade dos seus leitores, que, à menor oportunidade, irão certamente distorcer seu significado de acordo com as próprias concepções e os próprios desejos. Novamente, Roth sabe disso: no mesmo artigo publicado no *The New York Times* ele nos lembra que, embora Franz Kafka não tenha escrito seus romances como alegorias políticas, os europeus orientais dominados por governos comunistas os liam dessa maneira e chegaram mesmo a utilizá-los com fins políticos.

Finalmente, podemos notar que essa não é a primeira vez que Roth nos convida a pensar sobre uma guinada rumo ao fascismo conduzida de cima para baixo. Em *Pastoral americana* (1997), o pai do herói, quando assiste às audiências de Watergate na televisão, observa a respeito do círculo que rodeava Richard Nixon:

Esses patriotas de meia-tigela... Por eles, pegavam este país e transformavam numa Alemanha nazista. Conhecem

---

3 Philip Roth, "The Story Behing 'The Plot Against America'", in: *The New York Times*, 19 set. 2004.

Philip Roth 299

o livro *Não vai acontecer aqui*? É um livro maravilhoso, esqueci quem escreveu, mas a ideia não podia ser mais atual. Essas pessoas nos levaram até a beira de uma coisa terrível.

O livro a que ele se refere mal é legível nos dias de hoje. *Não vai acontecer aqui* (1935), em que Sinclair Lewis imagina uma tomada do governo americano por uma mistura instável de forças populistas e de extrema direita. Como modelo para o seu presidente fascista, Lewis não usava Lindbergh, mas o demagogo populista Huey Long.

Para qualquer leitor mais sensato, *Complô contra a América* só pode ser "sobre" o governo de George W. Bush de maneira muito periférica. Um grau extremo de paranoia seria necessário para transformá-lo num *roman à clef* falando do início do século XXI. Entretanto, uma das coisas de que trata *Complô contra a América* é, justamente, a paranoia. Na história de Roth, a conspiração de cima para baixo, em termos mais imediatos uma trama contra os judeus americanos, mas, em última instância, um complô contra a república norte-americana, funciona de maneira tão insidiosa que, num primeiro momento, as pessoas sensatas não conseguem percebê-la. Qualquer um que fale de trama ou conspiração é desqualificado e tachado de louco.

A história fictícia de Roth começa em 1940, quando, a reboque de uma campanha para manter os EUA fora da guerra recém-irrompida na Europa, o aviador Charles Lindbergh derrota Franklin Delano Roosevelt nas eleições presidenciais. Muita gente fica horrorizada com a eleição de um conhecido simpatizante do nazismo para presidente. Mas, em face do seu sucesso em manter os EUA prósperos e em paz, a oposição aos poucos se enfraquece. Roosevelt se retira para lamber suas feridas. As primeiras leis visando os judeus são aprovadas e nem provocam protestos.

A pouca resistência que se manifesta cristaliza-se em torno de um núcleo pouco provável. Semana após semana, o jornalista Walter Winchell usa seu programa de rádio para fustigar Lindbergh. Fora da comunidade judaica, porém, encontra pouco apoio. O *The New York Times* critica suas investidas por seu "gosto discutível" e aplaude os anunciantes quando eles retiram o programa do ar. Winchell reage denunciando os proprietários do *Times* como *"quislings*[4] judeus ultracivilizados". Destituído do seu único acesso aos meios de comunicação, Winchell candidata-se à indicação do Partido Democrata para 1944. Num comício na terra de Lindbergh, porém, acaba assassinado. Durante o funeral, Fiorello La Guardia faz um discurso que lembra o de Marco Antônio, carregado de ironia cortante, ao lado do caixão. Em resposta, Lindbergh embarca em seu aeroplano, levanta voo e nunca mais se tem notícias suas.

Depois do desaparecimento de Lindbergh, as coisas ainda pioram antes de começarem a melhorar. Seu vice-presidente e sucessor, Burton K. Wheeler, é um extremista, e sob seu governo ocorre um breve reino de terror. Revoltas eclodem nas ruas; judeus, escritórios e lojas de judeus são atacados. Anne Morrow Lindbergh, logo ela, levanta a voz em protesto, é imediatamente capturada pelo FBI e posta sob custódia. Fala-se de começar uma guerra contra o Canadá, que vem dando abrigo aos judeus perseguidos pelo poderoso vizinho do sul.

---

4 Sobrenome de um oficial norueguês que colaborou com os nazistas. É usado como sinônimo de traidor de uma nação. [N. T.]

Mas logo o país corrige seus rumos. A resistência aproxima figuras políticas como La Guardia e Dorothy Thompson, mulher de Sinclair Lewis e espírito que inspirou *Não vai acontecer aqui*, dos americanos decentes de todas as origens. Numa eleição presidencial extraordinária realizada em novembro de 1942, Roosevelt recupera o cargo, e o Japão imediatamente bombardeia Pearl Harbor. Assim, exatamente com um ano de atraso, a nau da história — da história americana, aliás — retorna a seu curso traçado.

A década de 1940 nos é mostrada pelos olhos de certo Philip Roth, nascido em 1933, menino cuja disposição estável e feliz se deve ao fato de ser "o filho americano de pais americanos numa escola americana numa cidade americana numa América em paz com o mundo". À medida que o programa de Lindbergh começa a entrar em ação, porém, o jovem Philip é obrigado a absorver, passo a passo, uma lição que pode justamente encontrar-se no cerne da intenção do seu autor: que a história que aprendemos nos livros escolares é uma versão censurada e domesticada do que realmente ocorreu. A verdadeira história é o imprevisível, "o imprevisto implacável". "O terror do imprevisto é o que a ciência da história oculta." E na medida em que nos transmite a crônica da irrupção do imprevisto na vida de uma criança, *Complô contra a América* é um livro de história, mas de um tipo fantástico, dotado de uma verdade própria: o tipo de verdade que Aristóteles tinha em mente quando disse que a poesia é mais verdadeira que a história — mais verdadeira devido a seu poder de condensar e representar a multiplicidade pelo que é típico.

O pai de Philip, Herman Roth — cujo avatar da vida real já teve seus louvores cantados pelo filho em *Patrimônio* (1991) —, é um homem de qualidades impecáveis, dotado de uma lealdade mais intensa, ou talvez mais romântica, aos ideais da democracia americana que qualquer outro personagem do livro. Herman faz o possível para manter sua família a salvo da tempestade que se anuncia; mas, a fim de evitar que sejam relocados de sua Newark natal para o interior do país (a finalidade real do programa Nossa Terra 42 — a segregação dos judeus), ele precisa deixar seu trabalho de corretor de seguros e aceitar um emprego noturno carregando caixotes no mercado; e mesmo ali não está a salvo das ameaças do agente McCorkle e do FBI.

O espetáculo da impotência de seu pai diante do Estado desencadeia um colapso psíquico profundo em Philip. A crise começa com pequenos delitos, prossegue manifestando-se sob a forma de alienação ("Ela é outra pessoa", diz ele para si mesmo, observando a sua mãe — "*todo mundo* é outra pessoa") e culmina quando ele foge de casa e procura refúgio num orfanato católico. E se exprime com toda a clareza quanto ao significado de fugir de casa. "Eu não queria ter nada a ver com a história. Eu queria ser só um menino, na menor escala possível."

A crise de Philip é tratada com leveza — apesar da ameaça sinistra que paira no ar, o tom do livro é cômico. A fuga do menino manifesta antes o pânico que sua rejeição à família ou ao seu legado. Um dos alter egos de Roth, Nathan Zuckerman, já insinuou no passado que o Roth filho obediente e cumpridor dos deveres é um impostor, e que o verdadeiro Roth é o rebelde dissimulado e escabroso que primeiro se manifestou em *O complexo de Portnoy* (1969). *Complô contra a América*, na verdade, contesta as palavras de Zuckerman, apresentando-nos um pedigree para o Roth mais filial e "cidadão".[5]

---

5 Philip Roth, *The Facts: A Novelist's Autobiography*. Londres: Cape, 1989. [Ed. brasileira: *Os fatos*. São Paulo: Companhia das Letras, 2016.]

Philip Roth 303

Ainda assim, Lindbergh, e o que Lindbergh representa — a licença para a manifestação desenfreada de tudo que existe de mais abjeto na psique americana —, força Philip a crescer depressa demais, a perder cedo demais suas ilusões infantis. A prazo mais longo, que efeito esse despertar abrupto da infância tem sobre Philip? Num certo sentido, a pergunta não cabe. Como o romance de Roth termina em 1942, não chegamos a ver Philip para além dos 9 anos de idade. Mas, se o autor Philip Roth pretendia escrever sobre uma criança fictícia que só existe nas páginas de um romance, não teria dado a esse menino o nome de Philip Roth, nascido no mesmo ano em que ele e de pais com nomes idênticos aos dos seus. *De alguma forma*, o jovem Philip Roth sobre cuja infância lemos no livro teve sua vida continuada pela vida do Philip Roth que, seis décadas mais tarde, não só narra a história do menino como ainda a escreve.

De alguma forma, então, estamos diante não só da história de um representativo menino judeu americano da geração que chegou à consciência na década de 1940 — embora essa década nos seja apresentada aqui numa versão pervertida —, mas também da história do Philip Roth histórico e real. Tentar decifrar em que medida se pode dizer que o verdadeiro Philip Roth traz as marcas da infância devastada do jovem Philip poderia ajudar-nos então a responder àquela pergunta: do que realmente trata esse livro, essa obra de ficção?

Quaisquer marcas que Philip traga adquirem uma aparência cada vez mais estranha à medida que as examinamos. Oskar Matzerath, em *O tambor*, de Günter Grass, traz dentro de si ou em si, bem mais obviamente que Philip Roth, a prova de que nada queria ter a ver com a história. Oskar afirma seu direito à infância sem esconder-se da história, o que seria impossível, nem mesmo num orfanato, mas parando de crescer, o que – de certa forma – até pode ser feito. Mas a história com que Oskar colide, a história do Terceiro Reich, não é um "imprevisto" abstrato: ela de fato aconteceu, como ficou atestado na memória comum e registrado em milhares de livros e milhões de fotografias. Já a história que deixa cicatrizes em Philip, por outro lado, só aconteceu na cabeça de Philip Roth e só se encontra registrada em *Complô contra a América*. Explicar *Complô contra a América* e seu mundo imaginário, portanto, é bem menos fácil e óbvio que explicar *O tambor*.

Mas o quanto, afinal, é imaginário o mundo descrito no livro de Roth? Uma presidência Lindbergh pode ser imaginária, mas o antissemitismo do verdadeiro Lindbergh não era. E Lindbergh não estava sozinho. Dava voz a um antissemitismo americano que tinha uma longa pré-história no cristianismo católico e protestante, cultivado em inúmeras comunidades de imigrantes europeus e alimentado ainda pelo fanatismo contra os negros com o qual era, pela lógica irracional do racismo, cerradamente entrelaçado (entre todos os "indesejáveis históricos" da América, sugere Roth, não podia haver grupos mais díspares que os negros e os judeus).[6] Um eleitorado volátil e caprichoso cativado antes pela aparência que pela substância – perigo antevisto por Tocqueville muito tempo antes – tanto poderia em 1940 ter-se deixado seduzir pelo aviador heroico com uma mensagem simples como pelo candidato à reeleição. Nesse sentido, a fantasia de um governo Lindbergh é apenas uma concretização, uma realização para fins poéticos, de um certo potencial da vida política americana.

6 Philip Roth, *The Human Stain*. Nova York: Vintage, 2001. [Ed. brasileira: *A marca humana*. São Paulo: Companhia das Letras, 2000.]

Tendo em mente essa leitura de Lindbergh, podemos retornar à questão das cicatrizes que o filho da década de 1940 apresenta no futuro. E aqui, em vez de vasculharmos a vida e o caráter do verdadeiro Philip Roth, empreendimento questionável em qualquer circunstância, pode ser útil voltarmo-nos para outro menino da família Roth, o irmão mais velho de Philip, Sandy, aquele que não foge da história (tampouco escreve um livro sobre a sua infância). Philip, apaixonadamente patriota, coleciona ícones (selos) de americanos exemplares. Sandy, possuidor de dotes artísticos, prefere desenhar seus heróis. Ambos colecionam imagens do aviador Lindbergh, que adoram; como judeus, porém, os dois entram em crise quando Lindbergh revela sua verdadeira coloração política. Philip não quer se desfazer de seus selos de Lindbergh; Sandy esconde seus retratos de Lindbergh debaixo da cama.

Sob a influência de um rabino colaboracionista com quem a irmã da mãe deles é casada, mas contrariando a vontade de seus pais, Sandy alista-se voluntariamente no programa Gente Simples, que leva jovens judeus para passar o verão fora das grandes cidades e os hospeda na casa de típicas (isto é, simpatizantes de Lindbergh) famílias não judias em áreas rurais. Sandy passa o verão numa propriedade rural do Kentucky e volta para casa forte e bronzeado, incapaz de entender por que seus pais, a quem define com desprezo de "judeus do gueto" atacados por um "complexo de perseguição", mostram-se tão nervosos por causa de Hitler. E leva um ano inteiro para entender que aquilo que lhe parece um complexo de perseguição pode ser, na verdade, um mecanismo de sobrevivência.

A julgar por qualquer padrão objetivo, Sandy emerge dos anos Lindbergh tão coberto de cicatrizes quanto seu irmão mais novo, e talvez ainda mais, pois é obrigado a viver como um estranho no lar dos pais que o reprovam. Se esses anos tivessem de fato acontecido, o irmão mais velho histórico de Philip Roth – que é tão verdadeiro quanto Philip e viveu a mesma história – também traria suas marcas. No entanto, o governo de Lindbergh não aconteceu, e não existem marcas desse período como tal. Qual será então a natureza das cicatrizes que *os dois* irmãos, o escritor e o não escritor, trazem em decorrência de uma história que é chamada *poeticamente* (no sentido dado por Aristóteles) de governo Lindbergh? Ou será apenas o irmão escritor quem traz uma cicatriz? Ou na verdade não existirá cicatriz alguma?

Embora o jovem Philip vá, é claro, crescer e transformar-se num escritor famoso, *Complô contra a América* não é um livro sobre a incubação da alma do escritor. Em nenhum momento Roth evoca a imagem do artista ferido pela vida cuja dor se transforma na fonte da sua arte. A única explicação que parece fazer sentido para a cicatriz dos anos Lindbergh é a própria condição judaica, uma condição judaica, entretanto, de etiologia peculiar: a condição judaica como a ideia que alguém de fora – e alguém hostil, além do mais – faz do que seja ser judeu, uma ideia imposta cedo demais ao menino que começa a crescer e por meios que, embora possam não ser propriamente extremos, podem facilmente – e a década de 1940, a época por excelência do imprevisto, nos trouxe provas abundantes – tornar-se extremos.

O que o complô contra a América causa ao jovem Philip entre seus 7 e 9 anos de idade é terrível. Impõe ao menino – embora menos, deve-se dizer, em primeira mão do que por meio dos noticiários cinematográficos e jornais radiofônicos, além das conversas inquietas entre os pais que ele escuta aqui e ali – uma visão do mundo baseada no ódio e na desconfiança, um mundo dividido entre

Philip Roth 307

"eles" e "nós". Faz com que ele deixe de ser um americano judeu e se transforme em judeu americano ou, aos olhos dos seus inimigos, simplesmente um judeu na América. Ao despertá-lo cedo demais para a "realidade", o complô o despoja de sua infância. Ou, diriam os sionistas, o complô o despoja de suas ilusões. Um judeu não pode esperar outro lar no planeta que não a pátria judaica.

O que é ser judeu na América? Um judeu tem lugar na América? Pode a América ser o verdadeiro lar de um judeu? Herman e Bess Roth, os pais de Philip, nasceram nos Estados Unidos no início do século XX, de pais imigrantes. Amam o país em que nasceram e trabalham muito para abrir caminho nele. Philip presta um tributo à geração de seus pais que não deixa de ter suas nuances de elegia:

> Era o trabalho que identificava e distinguia nossos vizinhos para mim, mais que a religião. Ninguém [...] tinha barba ou se vestia ao estilo antiquado do Velho Mundo ou usava solidéu [...] Os adultos não eram mais judeus praticantes de maneira manifesta e reconhecível [...] [O único] desconhecido que usava uma barba [...] [e] aparecia a cada poucos meses depois que anoitecia para pedir, em inglês precário, uma contribuição para a criação de uma pátria nacional judaica na Palestina [...] parecia incapaz de admitir que já tínhamos uma pátria havia três gerações.

Esses judeus não precisavam de termos amplos de referência, de profissão de fé ou de credo doutrinário para serem judeus, e certamente não precisavam de nenhuma outra língua — já tinham a sua, sua língua materna, cuja expressividade vernácula manejavam sem esforço... O que eram era aquilo de que não conseguiam livrar-se — aquilo de que nem mesmo teriam modo de começar a livrar-se. O fato de serem judeus vinha de serem quem eram, tanto quanto o fato de serem americanos.

A descrição que Roth nos apresenta do judaísmo de pessoas como seus pais é totalmente afirmativa. Não há sinal aqui do que ele sugere noutras passagens: que, para alguns judeus, a religião reduzida a um código de ética e mais algumas práticas sociais pode ser vista como árida demais, e que para darem um sentido mais completo às suas vidas podem mergulhar histericamente em algum culto (a mulher de Mickey Sabbath em *O teatro de Sabbath*) ou na violência revolucionária (Meredith Levov em *Pastoral americana*).

A condição judaica de Herman Roth e de seus semelhantes pode ser desprovida de uma dimensão metafísica, mas corporifica uma química que nem os sionistas nem os arquitetos do programa Nossa Terra 42 conseguem compreender. A condição de judeu americano é um composto, e não uma mistura simples. Não é possível subtrair simplesmente um dos seus elementos ("judeu" ou "americano") e ficar com o outro. Ser americano — falar a língua americana, participar do modo de vida americano, estar impregnado da cultura americana — não requer que o indivíduo deixe de ser judeu nem acarreta uma perda do judaísmo; no sentido oposto, ser realocado arbitrariamente de uma comunidade judaica a uma "americana" (isto é, de gentios) não faz de ninguém mais americano do que era. O mesmo se aplica ou se aplicava aos judeus da Europa. Roth cita com aprovação a observação mordaz de Aharon Appelfeld: "Sempre gostei dos judeus assimilados, porque é neles que o caráter judeu, e também, talvez, o destino judaico, apresenta-se concentrado com maior força". Depois da eleição de Lindbergh, Herman leva sua família numa viagem a Washington, onde espera que o contato com os monumentos duradouros da democracia americana consiga eliminar o travo desagradável dos acontecimentos recentes. Em vez disso, a família aprende que sabor vem tomando a vida pública na América mais ampla. São expulsos do seu quarto de hotel sob um falso pretexto e submetidos a ameaças antissemitas de outros turistas. O triunfo de Lindbergh foi claramente entendido pelos americanos médios como um sinal de abertura da temporada de caça.

Um homem desconhecido se associa à família Roth. Afirma ser guia profissional e não aceita ser dispensado. Quem será ele, na verdade? Em seu novo estado de paranoia, o casal Roth suspeita que seja um agente do FBI e decidem testá-lo. Mas ele passa em todas as provas. A verdade, bem mais simples, é que ele é exatamente o que diz ser: um guia turístico, e dos bons, ainda por cima. Mas na nova América nada era simples. Uma viagem destinada a confirmar aos meninos o legado comum a todos transforma-se numa verdadeira aula de exclusão. Philip: "Paraíso patriótico, o Jardim do Éden americano se estendia à nossa frente, e ali nos encolhemos uns contra os outros, a família expulsa". Nos termos mais crus, é isso que o complô do título de Roth pretende e, no nível do imaginário, consegue: expulsar os judeus da América. *Juden raus*. Eis o que Philip não consegue esquecer.

E para finalmente pôr em perspectiva qualquer cicatriz metafórica: não devemos nos esquecer do terceiro filho da família Roth: Alvin, o agregado de 21 anos, órfão no sentido próprio da palavra, que foge de casa para se alistar no exército canadense e lutar contra os nazistas, perde uma perna de forma inglória e volta para Newark numa cadeira de rodas, medalha no peito e uma raiva surda contra tudo e contra todos. Com uma determinação sinistra, Alvin ingressa numa vida de crimes, livrando-se do passado militante antifascista, que passa a considerar um tolo capricho juvenil. Com cicatrizes mais profundas que as dos dois irmãos, Alvin está no livro para nos recordar, mais sobriamente, o que a história real pode fazer em matéria de destruição das vidas humanas.

Embora a mente pela qual os acontecimentos de 1940--1942 nos são apresentados seja um espírito de criança, o relato que lemos não é nunca *faux-naïf*. A voz que nos fala é a da criança já crescida, mas submetida à visão que tinha quando mais nova e, em contrapartida, emprestando a essa identidade mais jovem uma percepção concentrada de si mesma que criança alguma possui.

Não há nenhum sinal particular de que essa voz adulta chegue a nós da primeira década do século XXI (mal se encontra no livro alguma perspectiva do futuro além de 1945), mas diante dos vestígios autobiográficos podemos considerar que pertence ao Philip Roth histórico ou a seu alter ego ficcional "Philip Roth", de cujo repertório o conhecimento trazido pela retrospectiva é deliberadamente excluído e que consegue deixar passar todas as oportunidades de mostrar-se inteligente à custa da criança. Se podemos falar do afeto de um homem adulto pela criança que ele próprio foi, o afeto respeitoso que o escritor demonstra pelo jovem Philip é um dos aspectos mais atraentes do livro. A modulação entre o frescor de uma visão jovem e a percepção adulta é conduzida com tamanha habilidade que perdemos a noção de quem está falando em nossos ouvidos num dado momento, a criança ou o homem feito. Só raramente a mão de Roth falha, como quando o menino Philip vê sua tia Evelyn como realmente é: "Seu belo rosto, com seus traços grandes e a maquiagem aplicada em camadas grossas, de repente me pareceu absurdo – o rosto carnal de [uma] mania insaciável".

Philip Roth   311

Submeter-se à visão de mundo de uma criança significa que Roth precisa abster-se de toda uma gama de recursos estilísticos, em especial o gume mais afiado da ironia e as perorações e rasgos de eloquência desesperada que distinguem romances como *O animal agonizante* (2001) e o grande *O teatro de Sabbath* (1995), eloquência desencadeada pela resistência bruta do mundo à vontade humana ou pela perspectiva da extinção que se avizinha. Por outro lado, põe Roth fora do alcance de William Faulkner, cuja influência da prosa densa o sobrecarregou algumas vezes nos anos recentes, especialmente em *A marca humana* (2000).

Roth só ganhou em estatura como escritor à medida que foi envelhecendo. No seu melhor, ele é hoje um romancista de alcance autenticamente trágico; no seu ponto alto, é capaz de atingir alturas shakespearianas. Pelo padrão estabelecido por *O teatro de Sabbath*, *Complô contra a América* não é uma de suas obras maiores. O que ela oferece a seus leitores, no lugar da tragédia, é um *pathos* dilacerante que se salva do sentimentalismo pelo humor aguçado, um desempenho de alto risco e no fio da navalha que Roth executa sem um escorregão.

O personagem que apresenta o *pathos* mais tocante não é o jovem Philip — muito embora, quando sai pela noite agarrado a seu álbum de selos, determinado a voltar a ser um simples garoto, Philip seja uma figura bastante patética —, mas o vizinho de Philip, e sua sombra, Seldon Wishnow. Como Philip, Seldon é um menino inteligente, impressionável e obediente. Também sofre de um azar fatal, sendo uma vítima de nascença, e Philip não quer nada com ele (Seldon, claro, adora Philip). Em seus esforços para livrar-se da maldição de Seldon, Philip sugere à tia Evelyn, que trabalha no escritório de realocação, que os Wishnow, a viúva e seu filho, sejam despachados para o Kentucky. Para seu desalento, a tia atende a seu pedido. Meses depois de chegar à cidade de Danville, a mãe de Seldon é atraída para uma armadilha e assassinada por milicianos antissemitas, e Seldon precisa ser devolvido a Newark, agora órfão. Assim, Philip se vê diante da culpa não só de ter enviado a sra. Wishnow para a morte como ainda do castigo do convívio diário compulsório com Seldon.

Na noite do desaparecimento de sua mãe, Seldon telefona para Newark (não conhece ninguém no Kentucky), e a sra. Roth, lançando mão de todos os seus recursos de firmeza materna, desincumbe-se de nada menos que a tarefa de conservar a sanidade daquele menino nervoso. A conversa entre os dois pelo interurbano contém alguns dos diálogos mais dilacerantes (sabemos que a mãe de Seldon morreu, mas nem Seldon nem a sra. Roth sabem disso, embora ela tema o pior) e ainda assim mais engraçados que Roth jamais escreveu.

Um romance histórico, por definição, transcorre num passado histórico real. O passado em que *Complô contra a América* se desenrola não é real. Desse modo o *Complô*, em termos de gênero, não é propriamente um romance histórico, mas um romance distópico, embora fora do comum, pois normalmente os romances distópicos transcorrem no futuro, um futuro rumo ao qual o presente parece tender. O *1984* de George Orwell é um romance distópico exemplar, escrito da perspectiva de um 1948 em que a ameaça do controle total parecia assustadoramente forte.

No típico romance distópico, existe uma conveniente lacuna entre o presente e o futuro – conveniente porque libera o autor da obrigação de demonstrar passo a passo como o presente se transforma nesse futuro. E ele só

Philip Roth 313

precisa nos apresentar duas linhas de sutura: os imaginários anos Lindbergh precisam ser cosidos de um lado à história real da qual divergem a partir de meados de 1940, e na outra ponta à história real em que desembocam, no final de 1942. À luz dos padrões mais estritos, a cirurgia de Roth é um fracasso, e só poderia mesmo fracassar. Mesmo sob o controle de um governo obstinadamente isolacionista, a história americana não teria como avançar independentemente da história mundial. A América, ausentando-se do palco internacional por dois anos, teria inevitavelmente afetado o curso da guerra e assim mudado o mundo.

Se, por sua natureza, a história alternativa de Roth não tem como passar no teste da realidade, passará pelo teste menos exigente da plausibilidade? Será plausível, por exemplo, que o Congresso americano não se incomodasse com o espetáculo do avanço das forças japonesas pela Indonésia, a Índia e a Austrália, criando assim as bases de uma vasta Esfera de Prosperidade Mútua governada a partir de Tóquio? Será plausível que aquilo que as forças armadas americanas levaram quatro anos de história real para conseguir (1942-1945) pudesse ter sido realizado nos três anos da história revista (1943-1945)?

Perguntas como essas seriam menos relevantes se Roth tivesse se entregado a uma fábula especulativa do tipo "e se...?". Mas o desafio que ele se propõe a enfrentar é mais rigoroso. Roth escreve um romance realista sobre eventos imaginários. Da premissa da eleição de um fascista para a Casa Branca, tudo mais precisa decorrer segundo a lógica da plausibilidade. E é por isso que, a fim de explicar a inação americana, Roth precisa dar-se ao trabalho de criar todo um emaranhado de acordos secretos entre a Alemanha nazista e o Japão imperial de um lado e, de outro, com o fantoche de ambos instalado na Casa Branca. É por isso que ele precisa reformar a cronologia da guerra. Confrontado com o padrão de plausibilidade a que ele próprio se submete, porém, esse pano de fundo histórico mostra-se mais que precário.

Na vida real, Charles Lindbergh reagiu a Pearl Harbor juntando-se ao esforço de guerra e participando, como piloto, de *raids* de bombardeio contra os japoneses. Morreu em 1974. O que acontecerá com o Lindbergh da ficção depois de outubro de 1942, quando decola num voo solo e nunca mais é visto?

Nenhuma resposta sólida nos é fornecida, só rumores. De acordo com um deles, Lindbergh teria sido forçado a pousar em solo canadense por aviões britânicos. Segundo os alemães, teria sido sequestrado pelo complô judaico internacional. Os britânicos afirmam que ele teria pousado com seu avião nas águas do Atlântico, sendo recolhido por um submarino alemão que o conduzira ao Reich. Anne Morrow Lindbergh divulga uma história segundo a qual o filho do casal não teria sido assassinado depois do sequestro de 1932, mas levado para a Alemanha, onde era usado como refém para garantir que seus pais cumprissem as ordens de seus controladores alemães; e que o próprio Charles Lindbergh tivera seu avião derrubado por agentes alemães porque deixara de ser considerado merecedor de confiança. Diante dessas versões mutuamente excludentes, tudo que nós, os leitores dessa história fictícia, podemos dizer é que ficamos sem saber o que terá havido com Lindbergh e, o que é mais grave, sem saber por que a presidência ou a conspiração de Lindbergh precisava acabar no momento em que acaba, dado que a resistência a ela ainda não ultrapassara o estágio da mera oratória.

O espírito que reina à distância sobre as últimas páginas de *Complô contra a América*, que soam um tanto apressadas, é o de Jorge Luis Borges. Mas Borges teria utilizado melhor a camada sólida de pesquisa histórica com base na qual Roth edificou seu livro. Enquanto Lindbergh desaparece em pleno ar, deixa apenas rastros na mente do garoto, que, ao crescer, irá tornar-se o escritor Philip Roth. Com a exceção do livro que temos nas mãos, não existe nenhum outro legado do governo Lindbergh. Esses dois anos fantasmagóricos e paralelos da história americana — e, como o mundo é indivisível, da história do mundo — poderiam perfeitamente não ter ocorrido.

O que Borges sabia é que os caminhos da história são mais complexos e mais misteriosos do que isso. Se tivesse havido um presidente Lindbergh, nossas vidas hoje seriam diferentes e provavelmente bem piores, embora não tenhamos como saber ao certo exatamente de que modo.

(2004)

Nadine Gordimer

Num conto escrito por Nadine Gordimer na década de 1980, um casal britânico da classe trabalhadora hospeda como pensionista um rapaz tranquilo e estudioso do Oriente Médio. Ele trava relações íntimas com a filha do casal, engravida a moça e propõe-lhe casamento. Os pais consentem com alguma hesitação. Mas para que ele possa casar-se com a jovem, anuncia o pensionista, ela precisa viajar desacompanhada até seu país natal para conhecer a família dele. Quando a leva ao aeroporto para se despedir, ele enfia uma bomba em sua mala. O avião explode; todos os passageiros morrem, inclusive sua suposta futura noiva iludida e o filho que ela levava no ventre.[1]

No conto, não se vê nenhuma indicação de que Gordimer cultive qualquer interesse pela motivação que o pensionista pudesse ter para um gesto tão desumano, na verdade diabólico, e, de maneira mais geral, pelas forças que atuam sobre os jovens muçulmanos e os levam a cometer atos de terror. Dez anos mais tarde, como para penitenciar-se dessa falta de curiosidade, ela revisita a situação nuclear do conto — o árabe que, por motivos próprios, corteja e se casa com uma mulher ocidental — e

---

1 Nadine Gordimer, "Some Are Born to Sweet Delight", in: *Jump and Other Stories*. Londres: Bloomsbury, 1991.

descobre nela a semente de uma linha de desenvolvimento muito mais original e interessante. O romance *O engate* (2001) é o fruto dessa nova exploração.[2]

Julie Summers é uma sul-africana branca, de família rica. É jovem, tem um bom emprego, tudo corre bem na sua vida. Um dia seu carro enguiça no centro da cidade. O mecânico que o conserta é bonito, de olhos negros e é estrangeiro. Ficam amigos; mais adiante, começam um caso amoroso.

Logo descobrimos que Abdu, como ele diz chamar-se, é mais um "ilegal" entre as centenas de milhares de estrangeiros que vivem na África do Sul sem documentos, trabalhando à margem da economia formal. A maioria desses ilegais vem de outros países africanos, mas Abdu vem de um país não identificado do Oriente Médio, um país desprovido de petróleo ou qualquer outro recurso natural. A África do Sul é uma das várias rotas que Abdu já tentara para fugir da pobreza e do atraso: passara períodos na Alemanha e na Grã-Bretanha, respondendo por trabalhos que faziam os locais torcerem o nariz.

Pela terra em que nasceu, Abdu só sente desprezo. Não é nem mesmo um país digno desse nome, diz ele, só um trecho de deserto demarcado por linhas que algum europeu morto tinha traçado num mapa muito tempo atrás. Sua ambição mais ardorosa era tornar-se um imigrante legal, de preferência em alguma democracia rica do Ocidente.

O sexo entre Abdu e Julie é maravilhoso; quanto ao resto, têm muito pouco em comum. Ela lê Dostoiévski; ele lê os jornais. Ela vê as pessoas através de um enquadramento de raça e de classe; ele as vê como legais ou

2   Nadine Gordimer, *The Pickup*. Nova York: Penguin, 2001. [Ed. brasileira: *O engate*. São Paulo: Companhia das Letras, 2004.]

ilegais. Ele não gosta do círculo de amigos dela, membros descontentes da nova *intelligentsia* sul-africana pós-*apartheid*, tanto negros como brancos, cujo estilo de vida ele reprova, considerando-os ingênuos e ignorantes do mundo real. Ele prefere o pai dela e os colegas banqueiros do sogro, de cujos valores grosseiros e vazio moral Julie se envergonha, e que por sua vez nada querem ter a ver com o estrangeiro sem tostão com quem ela se meteu.

Abdu pressiona Julie para que mobilize a família em favor de sua luta para tornar-se um imigrante legalizado. Mas começa tarde demais: logo as autoridades da imigração avisam-no de que vai ser deportado.

A essa altura ele julga que Julie irá abandoná-lo, como ele próprio abandonaria qualquer pessoa cuja utilidade para ele tivesse expirado. Em vez disso, ela sai e compra duas passagens de avião, que exibe para ele sem dizer nada. O gesto o deixa comovido. Por um momento ele a vê em todo o seu mistério, uma criatura autônoma dotada de esperanças e desejos próprios. E então as velhas barreiras tornam a se erguer: se aquela mulher se aferra a ele, deve ser porque sexualmente não consegue largá-lo ou porque se entregou a algum complicado jogo moral, do tipo que só os ricos desocupados têm tempo de disputar.

A decisão tomada por Julie, de acompanhá-lo de volta a seu país, cria-lhe um problema de ordem prática. Ele não pode apresentar à sua família uma mulher que não se diferencia em nada de uma meretriz. Primeiro precisa casar-se com ela. E assim eles se casam às pressas num cartório.

Por que Julie dá o passo momentoso e aparentemente insensato de abandonar uma vida nada insatisfatória, num meio nada desinteressante, para fugir para um recanto esquecido do mundo com um homem que, e não é

Nadine Gordimer 319

possível ignorar isso, não a ama e que chega a acender e apagar o próprio sorriso como um modo de controlá-la?

Um dos motivos é o sexo, com o significado que Julie, e Gordimer por trás dela, atribui ao sexo. As palavras podem mentir, mas o sexo sempre diz a verdade. Como o sexo com Abdu continua a ser intensamente satisfatório, deve haver algum potencial profundamente oculto para aquela relação. Além disso, os sentimentos de Julie por Abdu ainda têm algo de maternal e protetor. Por baixo da superfície do seu duro menosprezo de macho, ela o acha pungentemente infantil e vulnerável, e não seria capaz de abandoná-lo.

Acima de tudo, porém, Julie está cansada da África do Sul de um modo que, embora possa ser difícil achar crível em alguém tão jovem, é muito fácil de acreditar numa pessoa da geração de Gordimer — cansada do profundo desgaste diário que um país com uma história centenária de espoliação e violência, além dos desalentadores contrastes entre a pobreza e a prosperidade, impõe a uma consciência moral. Melancolicamente, Julie cita para Abdu (que é indiferente à poesia) os versos de William Plomer: "Vamos para outro país/ Nem o seu nem o meu/ E começar de novo". Se James Baldwin já não tivesse se apropriado dele, *Another Country* [Outro país][3] seria um ótimo título para o livro de Gordimer, captando a inquietação que move seu duo de protagonistas — começar uma vida nova — muito melhor do que *O engate*.

E assim Julie e Abdu chegam ao desprezado país de origem dele, e o verdadeiro nome do sequestrador de Julie é revelado: Ibrahim ibn Musa, cujos três irmãos são,

3 No Brasil, o livro de James Baldwin recebeu o título de *Terra estranha*. [N. T.]

respectivamente, ajudante de açougueiro, garçom e empregado doméstico. Ibrahim chega ao lar não coberto de glória, como o filho que construiu uma vida de sucesso no estrangeiro, mas como um deportado, um rejeitado.

Deixando a mulher aos cuidados da mãe na desolada cidadezinha do interior onde vive sua família, Ibrahim parte para a capital, onde aplica seu tempo em percorrer as embaixadas e perseguir contatos em busca do difícil visto para o Ocidente.

Para Hamlet, ver-se obrigado à deferência diante de um burocrata é um dos insultos da vida cotidiana que envenena a vontade de viver. Nos tempos modernos, ninguém se vê submetido a maior insolência de ofício que um cidadão do Terceiro Mundo que requeira um visto. Ibrahim, entretanto, está disposto a engolir toda a insolência que for preciso engolir, contanto que possa manter acesa a chama da residência permanente. Os residentes permanentes são os donos do mundo. De posse de seus papéis mágicos, todas as portas se abrem para eles.

O que Ibrahim tem a oferecer em troca de uma vida nova é muito pouco: um diploma duvidoso de uma obscura universidade árabe, um domínio vacilante do inglês, uma ânsia profunda de abandonar a identidade com que nasceu, uma disposição estratégica a aceitar o Ocidente nos termos da avaliação que este faz de si mesmo e, agora, uma esposa-troféu, do "tipo certo de estrangeira".

Enquanto espera notícias do alto, Ibrahim passa os dias nos cafés com seus amigos, falando de política. Seus amigos representam o jovem nacionalismo árabe. Querem o mundo moderno e seus aparelhos, mas não querem ser esmagados por ele. Querem livrar-se dos governos corruptos, pela revolução se for o caso, contanto que a revolução possa acomodar a moral e a religião tradicionais.

Nadine Gordimer 321

Ibrahim mantém um ceticismo silencioso. Envolver-se na política do Oriente Médio irá condená-lo, a seu ver, a uma residência permanente na pobreza e no atraso. Suas aspirações são de outro tipo; elas o animam de um modo que ele não consegue articular, mantendo-o apartado dos seus semelhantes.

A Austrália o recusa, depois o Canadá e a Suécia. Mas ao cabo de um ano inteiro de petições, os Estados Unidos lhe concedem dois vistos. Ibrahim é tomado de júbilo. Ele e Julie irão viver na Califórnia ("É onde todo mundo quer viver"); ele ingressará no mundo da informática, ou então, com a ajuda do padrasto de Julie, no negócio dos cassinos. E não consegue acreditar quando Julie lhe comunica que não pretende ir com ele. Prefere ficar com a família dele, diz ela; encontrou seu outro país, e não é a América, é aqui.

Os amigos de Ibrahim querem um Islã novo e melhor, que incorpore alguns aspectos bem definidos do Ocidente. A família de Ibrahim tem a mesma visão, embora de uma forma mais pé no chão. O que querem são carros grandes, telenovelas, celulares, eletrodomésticos. Quanto ao resto do Ocidente, preferem manter-se à distância. O Ocidente é um "mundo de falsos deuses". Não conseguem entender por que Ibrahim resolveu ir para lá.

Uma das explicações mais plausíveis para a democracia do tipo ocidental, não obstante todo um século de movimentos e levantes de inspiração democrática, não ter conseguido firmar raízes no Oriente Médio é que os nacionalistas árabes sempre quiseram determinar quais elementos da cornucópia do Ocidente eles se dispunham a admitir, escolhendo a ciência e a tecnologia e/ou os sistemas educacionais e/ou as instituições de governo sem jamais se prontificarem a absorver também seus fundamentos filosóficos – os falsos deuses do racionalismo, do ceticismo e do materialismo. Se, nesse aspecto, os amigos de Ibrahim estão prestes a cair na mesma armadilha que seus pais e avós, enquanto Ibrahim persegue simplesmente uma ilusão, qual é a posição de Julie nisso tudo?

Mergulhada numa família do Oriente Médio, Julie num primeiro momento desanima-se diante da posição inferior que ocupa ali por ser mulher, sem falar na privação dos confortos aos quais estava habituada. Mas logo ela se submete e acaba por se transformar numa boa nora, tornando-se responsável pelas tarefas domésticas mais humildes, contribuindo com a comunidade com aulas gratuitas de inglês, encetando o estudo do Alcorão e, de maneira geral, adaptando-se àquele novo ritmo de vida.

O que não é mero jogo de cena nem um simples exercício de turismo cultural. Sem a menor ambiguidade, nos é dado a entender que, no decorrer do ano que passa na casa da família de Ibrahim, Julie sofre uma transformação fundamental, de natureza pelo menos espiritual, se não religiosa. Começa a compreender o que pode significar fazer parte de uma família; e começa a compreender como a vida pode ser tão profundamente impregnada pelo código islâmico, que o comportamento cotidiano e a observância religiosa mal se distinguem.

E nada disso ocorre porque a família de Ibrahim seja especialmente exemplar. Embora a mãe de Ibrahim, que se transforma num modelo para Julie e aos poucos se afeiçoa à esposa estrangeira do filho, leve uma vida profundamente espiritual, os outros membros da família são indivíduos em nada excepcionais do seu lugar e do seu tempo. E nem a transformação ocorre porque ela se entrega ao Islã. Seu desenvolvimento espiritual se dá por efeito daquilo que só pode ser descrito como o espírito

Nadine Gordimer   323

do lugar. A poucos quarteirões da casa da família começa o deserto. Julie adquire o hábito de acordar pouco antes do amanhecer e sentar-se à beira do deserto, deixando--se penetrar por ele.

Ibrahim não quer saber do compromisso entre sua mulher e o deserto, que considera uma tola brincadeira romântica. A própria Julie conhece bem a romantização ocidental do deserto, o que ela chama de as "farsas" de pessoas como T. E. Lawrence e Hester Stanhope. Para ela, o deserto tem outro significado, que só consegue definir dizendo que "está sempre ali". É difícil deixar de inferir que, em seu confronto solitário e diário com o deserto, essa jovem mulher, que já deu as costas aos modos do Ocidente materialista em quase todas as formas mais importantes, está aprendendo a enfrentar a própria morte.

Em outro romance de Gordimer, *O pessoal de July* (1981), transcorrido num futuro que por sorte nunca chegou a acontecer, a África do Sul está mergulhada numa guerra civil. Um casal branco, cujo mundo foi virado de cabeça para baixo, procura refúgio numa área isolada do interior, sob a proteção de um antigo criado negro. Sua visão do mundo sofre uma revisão que os deixa bem mais humildes. Como ocorre em *O engate*, é antes a mulher que o homem quem tem a sensibilidade e a maleabilidade necessárias para crescer a partir da experiência.

O engate tem uma dimensão interior, espiritual, ausente em *O pessoal de July*. Mas sua motivação política é comparável, não só na maneira como explora a mente do migrante impelido pela economia, ou o tipo de migrante que é assim impelido, mas em sua crítica aos falsos deuses do Ocidente e, em última instância, sua recusa deles — capitaneados pelo deus do capital e do mercado, a cujos caprichos a África do Sul de Julie se entregou sem reservas e que estendeu seu domínio inclusive ao desprezado areal de onde vem Ibrahim (o pai de Ibrahim ganha um salário modesto como testa de ferro numa operação internacional de lavagem de dinheiro).

Em sua inspiração, *O engate* é claramente devedor do conto *A adúltera*, de Albert Camus, em que a protagonista, uma franco-argelina, escapa ao marido toda noite para expor-se ao deserto e experimentar o êxtase místico, tanto físico como espiritual, a que ele induz. Apesar de sua extensão, *O engate* é antes uma novela que um romance, de alcance mais estreito que outros produtos da fase mais importante de Gordimer, como *O conservador* (1974) e *A filha de Burger* (1979). O gênero a que pertence fica mais claro depois que um enredo secundário envolvendo um tio ginecologista de Julie, falsamente acusado de conduta antiprofissional – enredo secundário que só apresenta uma conexão muito tênue com a história de Julie e Ibrahim –, é encerrado.

Há outros modos em que *O engate* é menos que perfeito em sua arte narrativa. O enredo principal, por exemplo, baseia-se numa premissa implausível. Ibrahim não tinha a necessidade objetiva de humilhar-se para obter um visto. Sua mulher, com uma formação acadêmica dispendiosa e alguma experiência nos negócios, dona de investimentos feitos em seu nome e tendo a mãe casada com um americano rico, poderia num piscar de olhos obter a abençoada condição de residente nos Estados Unidos, trazendo Ibrahim sob a asa marital. Se Gordimer escolhe seguir uma linha de enredo implausível, só pode ser porque é imperativo que sua heroína termine no Oriente Médio árabe, e não na Califórnia.

Apesar dessas imperfeições, contudo, *O engate* ainda é um livro profundamente interessante, tanto pelo que sugere quanto à trajetória que a obra de Gordimer vem seguindo como pelos dois tipos que ela examina em suas páginas: o jovem confuso e conflitado, sem nenhuma curiosidade quanto à história e à cultura que o formaram, e, mesmo cego para elas, ligado à mãe em sua vida psíquica mais profunda, desprezando os desejos do próprio corpo, imaginando-se capaz de reinventar-se por meio da mudança para outro continente; e a jovem sem qualidades excepcionais que confia nos seus impulsos e acaba se encontrando por meio da humildade. Não é apenas um livro interessante, na verdade, mas um livro surpreendente: difícil imaginar uma apresentação mais compassiva e mais íntima da vida dos muçulmanos comuns do que encontramos aqui, e produzida além do mais pela mão de uma escritora judia.

Se houve um princípio único a animar a obra de Gordimer entre a década de 1960 e a democratização da África do Sul nos anos 1990, foi a busca da justiça. As pessoas bondosas que ela apresenta são incapazes de viver num estado de injustiça ou auferir ganhos graças a ele; aqueles a que ela submete às interrogações mais frias são os que encontram maneiras de calar suas consciências e acomodar-se ao mundo tal como ele é.

A justiça pela qual Gordimer anseia é mais ampla que uma ordem social justa e um tratamento político justo. De maneira mais difícil de definir, ela almeja também que as relações sejam justas no âmbito privado. Pode-se dizer, assim, que a justiça de Gordimer tem uma qualidade ideal. O que não se pode dizer é que tivesse uma dimensão espiritual. A imersão de Julie Summers em si mesma, sua comunhão com a inumanidade do deserto, indica assim um novo ponto de partida na obra de Gordimer.

Dois anos depois de *O engate*, Gordimer publicou uma coletânea de contos, *Loot* [Saque], em que o aspecto espiritual do seu pensamento é levado ainda mais longe, embora não, é bom assinalar, mais fundo. A pérola da coletânea é um ciclo de contos de 99 páginas intitulado *Karma*, em que, com mais que um mero aceno a Italo Calvino, Gordimer acompanha as aventuras de uma alma à medida que reencarna ou deixa de reencarnar em várias vidas humanas.

A mais poderosa dessas narrativas trata da camareira de um hotel de Moscou que se apaixona por um empresário italiano ali em visita e se deixa levar para Milão. Lá, cansando-se dela, o executivo a casa com um primo distante, açougueiro e criador de gado. Numa visita ao lugar onde o açougueiro cria seus animais, ela reconhece pela primeira vez o que representa para aqueles europeus do Ocidente: um animal, uma reprodutora, uma fêmea dotada de um sistema reprodutivo funcional. Recusando esse papel, ela decide abortar o filho que leva no ventre, a criança que poderia ter acolhido a alma desabrigada.

Noutro dos contos da série *Karma*, um casal de sul-africanas lésbicas, brancas e liberais, com uma história dolorosa de militância contra o apartheid, decide ter um filho. Mas aí lhes ocorre que nunca poderão ter certeza de que o esperma que obterão no banco não terá vindo de algum torturador daquele tempo. Com medo de que a criatura que tragam ao mundo possa reencarnar o espírito da antiga África do Sul, elas recuam da sua decisão.

Nessas duas histórias, a alma bate à porta, mas tem sua entrada barrada; para o bem dela, as mulheres que guardam a passagem decidem não admiti-la no mundo tal qual ele é no presente. Noutro conto da série, porém, a alma desconcertada recebe a concessão não só da encarnação como de uma dupla encarnação, numa sul-africana encerrada no limbo pelas leis de classificação racial do antigo Estado dominado pelo apartheid, com uma identidade genética que a identifica como "branca" e uma identidade social que a identifica como "de cor".

A série *Karma* combina crítica histórica, especialmente da nova ordem mundial, com observações impiedosas, algumas cósmicas em sua perspectiva (*E isso também passará*, parece dizer Gordimer) e outras ainda de ordem metaficcional: participar de uma vida após a outra, reflete a alma, é muito parecido com a condição do romancista, que habita um personagem atrás do outro.

O outro texto substancial de *Loot* foi escrito na veia de Gordimer que consideramos mais familiar: um relato ao mundo sobre o estado das coisas na África, na forma de um conto, *Mission Statement* [Declaração de missão].

Roberta Blayne é inglesa, divorciada, com 40 e poucos anos, mulher contida e sensata. Trabalha para um organismo de assistência internacional que, por quase todos os padrões, seria considerado muito esclarecido: sua atuação é pautada pela visão de que a África não é "ontologicamente incurável", embora a cura ainda não tenha sido descoberta. Com essa opinião concorda Roberta, que representa o pessimismo discreto quanto à melhoria do mundo presente em todo o livro.[4]

No país africano não identificado de língua inglesa para o qual é enviada, Roberta conhece e trava um prolongado caso amoroso com um alto funcionário do governo, Gladstone Shadrack Chabruma, um homem casado, tão contido e reservado quanto ela. Para todos efeitos, os dois se transformam num casal.

Quando se aproxima o final da missão de Roberta, Chabruma lhe propõe que ela permaneça no país. Ele se casará com ela: como sua segunda esposa, a esposa para

---

4 Nadine Gordimer, *Loot and Other Stories*. Nova York: Farrar, Straus and Giroux, 2003.

ocasiões oficiais, ela poderá dar apoio ao avanço da carreira dele ao mesmo tempo que progride na sua própria. É uma solução tipicamente africana: a primeira esposa de Chabruma, mulher sem nenhuma educação formal, caracterizada por uma colega de Roberta como "uma mulher caseira de um tipo novo, [uma] camponesa urbana", há de se ajustar à situação.

Como acontece tantas vezes nas obras de Gordimer, esse conto opera na interseção entre o público e o privado. Embora Roberta tenha nascido e sido criada na Inglaterra, descobrimos que tem um esqueleto africano no armário. Na verdade, não existe ninguém na Inglaterra, é o que somos levados a perceber — pelo menos ninguém de uma certa classe social —, a salvo da sombra do envolvimento imperial daquele país com a África. No caso de Roberta, um avô seu foi diretor de uma mina naquela mesma província, avô de quem ela se lembra vagamente contando a história de como, uma vez por semana, mandava um empregado africano ir buscar uma caixa de uísque no depósito da sede da empresa, uma viagem que levava vários dias a pé. O empregado voltava com a caixa na cabeça, "e que cabeças eles [os africanos] têm... chatas e grossas como uma tora de madeira", dizia o avô, provocando as gargalhadas dos amigos.

Num momento comovente, Roberta, aninhada nos braços de Chabruma, prorrompe em prantos devido a esse legado de desprezo racista, resistindo a custo ao impulso de abraçar e acariciar a maltratada e ofendida cabeça do amante. Como escritora, é nessas epifanias que Gordimer se revela mais poderosa: nesses gestos ou configurações dos corpos em que a verdade de uma situação emerge crua e completamente.

Chabruma tenta consolar o pranto de Roberta. Essa fala racista era "a tradição deles", diz; ela não precisa

Nadine Gordimer   329

sentir-se culpada por isso. Mas isso a deixa num impasse: se for sentir-se liberada do fardo do passado porque a história é apenas a história, como poderá rejeitar o argumento de Chabruma de que os costumes são apenas os costumes e que sua tradição lhe permite duas esposas? O conto se encerra com Roberta em profundo desconforto. Se aceitar a proposta de Chabruma, não será apenas por um desejo de penitenciar-se do passado? E se recusar — não será apenas pelo orgulho de mulher ocidental que exige o tratamento que lhe é devido?

Loot contém ainda muitos contos ligeiros e menos memoráveis, em comparação com as coletâneas anteriores como *Livingstone's Companions* (1972), *Algo lá fora* (1980) ou *Um abraço de soldado* (1984). Um dos seus contos mais curtos, *A mina de diamante*, merece, no entanto, ser assinalado. É uma narrativa maravilhosamente competente e confiante sobre o despertar sexual de uma menina e nos lembra como Gordimer sempre escreveu sobre sexo.

Desde o início da sua carreira, Gordimer se viu às voltas com a questão do lugar, presente e futuro, que ela própria ocupa na história. E a questão ainda se bifurca: primeiro, qual será o veredicto da história sobre o projeto europeu de colonização da África subsaariana, em que ela teve participação deliberada? E, segundo, que papel histórico se encontra disponível para uma escritora como ela, nascida numa comunidade colonial tardia?

O arcabouço ético de toda a sua obra foi definido na década de 1950, quando leu pela primeira vez Jean-Paul Sartre e Albert Camus, este último nascido na Argélia. Sob a influência dessas leituras, ela assumiu o papel de testemunha do destino da África do Sul. "A função do escritor", escreveu Sartre, "é agir de tal maneira que ninguém possa ignorar o mundo, nem dizer que não tem culpa do que está acontecendo".[5] Os contos e romances que Gordimer escreveu nas três décadas seguintes são povoados de personagens, muitos deles sul-africanos brancos, que vivem plenamente a má-fé sartriana, fingindo para si mesmos que não sabem o que se passa à sua volta; a tarefa que ela se impôs foi obrigá-los a enfrentar a evidência da realidade a fim de demolir suas mentiras.

No cerne do romance do realismo está o tema da desilusão. Ao final de *Dom Quixote*, Alonso Quijano, que partira decidido a reformar os males do mundo, volta para casa tristemente consciente não só de que não é um herói, mas de que, no mundo tal como se tornou, não há mais lugar para heróis. Como desnudadora de ilusões convenientes e desmascaradora da má-fé colonial, Gordimer é uma herdeira da tradição de realismo que Cervantes inaugura. E conseguiu produzir muito satisfatoriamente de acordo com essa tradição até o final da década de 1970, quando foi levada a perceber que, para os sul-africanos negros, as pessoas cuja luta ela testemunhava historicamente, o nome de Zola, para não falar no de Proust, não trazia nenhuma ressonância — que ela era europeia demais para ser importante para as pessoas que mais importavam para ela. Seus ensaios desse período mostram-na esforçando-se inconclusivamente em torno da pergunta sobre o que significava escrever *para* um povo — escrever em favor dele e em nome dele, além de ser lida por ele.[6]

5 Jean-Paul Sartre, *What Is Literature?* Londres: Methuen. 1967. [Ed. brasileira: *Que é a literatura?* São Paulo: Vozes, 2014.]

6 Cf. "A Woman's Freedom" (1975), "Living in the Interregnum" (1982) e "The Essential Gesture" (1984) in: *The Essential Gesture*. Stephen Clingman (org.). Cidade do Cabo: David Philip, 1988; "References: The Codes of Culture", *Living in Hope and History: Notes from Our Century*. Londres: Bloomsbury, 1999.

Nadine Gordimer 331

Com o fim do apartheid e o afrouxamento dos imperativos ideológicos que nos tempos do apartheid pairavam sobre todos os assuntos culturais, Gordimer se viu liberada dessa autoflagelação. As obras de ficção que publicou no novo século mostram uma bem-vinda disposição a percorrer novas avenidas e um novo sentido do mundo. Se a escrita tende a parecer um tanto menos encorpada e um pouco mais rascunhada em comparação com os textos do seu período mais importante, se a devoção à textura do real que caracteriza seus melhores textos hoje é apenas intermitente, se de certa forma ela se contenta em indicar com um gesto o que quer dizer, em vez de descrever sua intenção com palavras exatas, isso ocorre, é o que sentimos, porque ela acha que já mostrou a que veio, e não precisa tornar a realizar esses trabalhos hercúleos.

(2003)

Gabriel García Márquez,
Memórias de minhas putas tristes

O romance *O amor nos tempos do cólera* (1985), de Gabriel García Márquez, termina com Florentino Ariza, finalmente reunido à mulher que amou à distância durante sua vida inteira, navegando para cima e para baixo pelo rio Magdalena, a bordo de um vapor que ostenta a bandeira amarela do cólera. O casal tem 76 e 72 anos, respectivamente.

Para poder dedicar uma atenção integral à sua amada Fermina, Florentino precisa pôr fim à sua ligação então corrente, um caso com uma protegida sua de 14 anos de idade, que ele inicia nos mistérios do sexo em encontros de domingo à tarde no seu apartamento de solteiro (e ela se revela uma aluna que aprende depressa). E termina o caso com ela numa sorveteria. Confusa e desesperada, a menina comete um suicídio discreto, levando seu segredo consigo para o túmulo. Florentino derrama uma lágrima sem testemunhas e sente pontadas intermitentes de dor por sua perda, mas é só.

América Vicuña, a menina seduzida e abandonada por um homem mais velho, é uma personagem saída diretamente de Dostoiévski. O arcabouço moral de *O amor nos tempos do cólera*, obra de considerável alcance emocional, mas ainda assim uma comédia, só que da variedade outonal, simplesmente não é vasto o suficiente para contê-la. Em sua determinação de tratar América como um personagem secundário, mais uma na extensa linhagem das amantes de Florentino, e de deixar inexploradas as consequências para Florentino do mal que fez a ela, García Márquez ingressa num território moralmente perturbador. E, na verdade, dá sinais de insegurança quanto ao modo de tratar a história dela. Normalmente, seu estilo verbal é ágil, animado, inventivo e unicamente reconhecível, mas nas cenas das tardes de domingo entre Florentino e América podemos captar ecos arcanos de *Lolita*, de Nabokov: Florentino despe a garota "uma peça de roupa de cada vez, com pequenas brincadeiras de criança: primeiro os sapatinhos para o ursinho bebê [...] depois essas calcinhas floridas para o coelhinho, e um beijinho no delicioso passarinho do seu papai".

Florentino foi solteiro a vida inteira, é poeta amador, escreve cartas de amor para pessoas com problemas para usar as palavras, é frequentador devoto de concertos, um tanto avarento em seus hábitos e tímido com as mulheres. Ainda assim, a despeito de sua timidez e de sua falta de atrativos físicos, meio século de romances sub-reptícios lhe rende 622 conquistas, sobre as quais mantém anotações numa série de cadernos.

Em todos esses aspectos, Florentino se assemelha muito ao narrador anônimo da mais recente novela de García Márquez. Como seu predecessor, esse homem mantém um rol de suas conquistas como guia para um livro que planeja escrever. Na verdade, tem um título pronto desde já: *Memórias de minhas putas tristes*, traduzido para o inglês por Edith Grossman como *Memories of My Melancholy Whores*. Sua lista chega a 514 quando ele desiste de seguir contando. Mais adiante, com uma idade avançada, ele encontra o verdadeiro amor, na pessoa não de uma mulher da sua geração, mas de uma garota de 14 anos.

Os paralelos entre os dois livros, publicados com duas décadas de intervalo, são notáveis demais para serem ignorados. Sugerem que, em *Memórias de minhas putas tristes*, García Márquez possa estar tentando abordar de novo a história artística e moralmente insatisfatória de Florentino e América em *O amor nos tempos do cólera*.

O herói, narrador e autor putativo de *Memórias de minhas putas tristes* nasceu na cidade portuária de Barranquilla, na Colômbia, em torno de 1870. Seus pais pertencem à burguesia culta; quase um século mais tarde, ele ainda vive na decadente residência da família. Ganhava a vida como jornalista e professor de espanhol e latim; agora subsiste graças a uma pensão e à coluna que escreve toda semana para o jornal da cidade.

A narrativa que ele nos transmite, cobrindo o tempestuoso 91º ano da sua vida, pertence a uma certa subespécie de memórias: as confissões. Tipificadas pelas *Confissões* de Santo Agostinho, as confissões nos falam de uma vida desperdiçada que culmina numa crise interior e numa experiência de conversão, seguida de um renascimento espiritual para uma existência nova e mais rica. Na tradição cristã, as confissões têm uma pronunciada finalidade didática. Olhai o meu exemplo, dizem elas; eis como, pela ação misteriosa do Espírito Santo, até uma criatura tão miserável quanto eu pode ser salva.

Os primeiros noventa anos da vida do nosso herói foram sem dúvida desperdiçados. Não só ele gasta toda a sua herança e emprega mal os seus talentos como sua vida emocional também é extremamente árida. Jamais se casou (esteve noivo muitos anos atrás, mas largou a noiva no último minuto). Nunca foi para a cama com uma mulher

Gabriel García Márquez 335

que não tenha pagado: mesmo quando a mulher não queria dinheiro, ele a obrigava a aceitar, transformando-a em mais uma das suas putas. A única relação duradoura que mantém é com a sua empregada doméstica, que monta ritualmente uma vez por mês enquanto ela lava roupa, sempre *en sentido contrario*, um eufemismo que Grossman traduz como "por trás", tornando possível para ela alegar, já na velhice, que ainda era uma *virgo intacta*.

Em seu 90º aniversário, ele decide dar-se um presente especial: sexo com uma garota virgem. Uma cafetina chamada Rosa, com quem faz negócios há muito tempo, o conduz a um quarto do seu bordel onde uma garota de 14 anos está deitada à espera dele, nua e drogada.

> Ela era morena e quente. Fora submetida a um tratamento completo de higiene e embelezamento que não descuidara sequer da penugem incipiente do seu púbis. Seus cabelos tinham sido encaracolados, e ela usava esmalte incolor nas unhas das mãos e dos pés, mas sua pele cor de melaço parecia-lhe áspera e maltratada. Seus seios recém-nascidos ainda lembravam os de um menino, mas davam a sensação de uma iminência de rebentar com uma energia secreta pronta a explodir. A melhor parte do seu corpo eram os pés grandes e silenciosos, com seus dedos longos e sensíveis como os dedos da mão. A despeito do ventilador, ela estava ensopada de uma transpiração fosforescente [...] Era impossível imaginar como seria seu rosto por baixo de tanta pintura [...] mas os adornos e cosméticos não tinham como esconder seu caráter: o nariz altaneiro, as sobrancelhas grossas, os lábios intensos. E pensei: um jovem touro miúra.

A primeira reação do velho experiente à visão da menina é inesperada: terror e confusão, um impulso de bater em retirada. No entanto, ele se deita ao lado dela na cama e, sem muito entusiasmo, tenta explorar entre as suas pernas. Ela se afasta no sono. Desprovido de desejo, ele começa a cantar para ela: "Anjos rodeiam a cama de Delgadina." E logo ele se descobre também rezando por ela. E em seguida adormece. Quando ele desperta às cinco da manhã, a garota está deitada com os braços abertos em cruz, "senhora absoluta da sua virgindade". Deus a abençoe, pensa ele, e se retira.

A intermediária telefona para ele, queixando-se da sua pusilanimidade e oferece-lhe uma segunda oportunidade de provar sua macheza. Ele declina. "Não posso mais", diz ele, e sente um alívio imediato, "finalmente livre de uma escravidão" — escravidão ao sexo, no sentido estrito — "que me manteve cativo desde os 13 anos de idade".

Mas Rosa insiste até que ele cede e regressa ao bordel. Novamente a garota está dormindo, novamente ele se limita a enxugar a transpiração do seu corpo e a cantar: "Delgadina, Delgadina, serás a minha amada". (E seu canto não deixa de ter um tom um tanto sombrio: no conto de fadas em que aparece, Delgadina é uma princesa que se vê obrigada a fugir aos avanços amorosos do próprio pai.)

Ele volta para casa no meio de uma violenta tempestade. Um gato que adquirira pouco antes parece ter se transformado numa presença satânica. A chuva entra pelos buracos do telhado, um cano de água quente se rompe, o vento espatifa várias vidraças. Enquanto se esforça por salvar os livros que tanto ama, ele percebe a figura fantasmagórica de Delgadina a seu lado, a ajudá-lo. Agora ele está convencido de que encontrou o amor verdadeiro, "o primeiro amor da minha vida aos 90 anos de idade". E uma revolução moral ocorre dentro dele. Confronta-se com a desolação, a mesquinharia e a obsessividade da sua vida passada, e termina por repudiá-la. E se transforma, diz ele, "num outro homem". É o amor que move o mundo, começa ele a perceber — não tanto o amor consumado como o amor em suas inúmeras formas não correspondidas. Sua coluna no jornal se transforma numa ode aos poderes do amor, e seu público leitor responde com adulação.

Durante o dia — embora ele nunca a veja —, Delgadina, como uma autêntica heroína de conto de fadas, vai para a fábrica onde trabalha abrindo casas para botões. Toda noite ela retorna a seu quarto no bordel, agora adornado por seu amante com quadros e livros (ele tem vagas ambições de cultivar o seu espírito), para dormir castamente ao lado dele. Ele lê histórias em voz alta para ela; de vez em quando ela deixa escapar algumas palavras no sono. Mas no geral ele não gosta da voz dela, que soa como a voz de uma estranha falando de dentro dela. Ele a prefere inconsciente.

Na noite do aniversário dela, uma consumação erótica *sans pénétration* ocorre entre os dois.

> Beijei todo o seu corpo até perder o fôlego [...] Enquanto eu a beijava a temperatura de seu corpo ia subindo, e ela exalava uma fragrância indômita e selvagem. Ela me respondia com novas vibrações ao longo de cada centímetro da pele, e em cada um deles eu encontrava um calor diferente, um sabor único, um outro gemido, e todo o seu corpo ressoava por dentro com um arpejo, e seus mamilos se abriram e floresceram sem que eu os tocasse.

E então sobrevém o infortúnio. Um dos clientes do bordel é apunhalado, a polícia invade o local, um escândalo ameaça irromper, Delgadina precisa ser levada embora. E seu amante, mesmo percorrendo toda a cidade atrás dela, não consegue mais encontrá-la. Quando ela finalmente reaparece no bordel, parece anos mais velha e perdeu seu ar de inocência. Ele é tomado por um ciúme furioso e vai embora.

Passam-se meses e a ira dele se atenua. Uma antiga namorada dá-lhe um bom conselho: "Não vá morrer sem conhecer o encantamento de foder com amor". Seu 91º aniversário chega e passa. Ele faz as pazes com Rosa. Os dois concordam em deixar ambos seus bens materiais em herança para a moça que, afirma Rosa, nesse meio-tempo teria ficado completamente apaixonada por ele. O coração repleto de alegria, o pressuroso pretendente passa a viver a expectativa de "finalmente, uma vida de verdade".

As confissões dessa alma renascida podem de fato ter sido escritas, como diz ele, para aliviar sua consciência, mas a mensagem que transmitem não é, de modo algum, a de que abjuremos dos desejos da carne. O deus que ele ignorou a vida inteira é de fato o deus por cuja graça os perversos são salvos, mas ao mesmo tempo um deus do amor, que pode instigar um velho pecador à busca de um "amor louco" por uma virgem − "meu desejo naquele dia era tão urgente que parecia uma mensagem de Deus" − e em seguida insuflar o espanto e o terror em seu coração quando ele pousa os olhos em sua presa pela primeira vez. Por interveniência divina, o velho é instantaneamente transformado de frequentador de putas em adorador de uma virgem, venerando o corpo da menina adormecida como um crente mais simples pode venerar uma imagem ou um ícone, cuidando dele, trazendo-lhe flores, prestando-lhe tributo, cantando para ela, rezando em sua presença.

Há sempre algo de imotivado nas experiências de conversão: é da sua essência que o pecador esteja tão cego de desejo ou orgulho que a lógica psíquica que conduz ao ponto de virada em sua vida só se torne visível para ele em retrospecto, depois que seus olhos se abrem. De maneira que existe um certo grau de incompatibilidade intrínseca entre a narrativa de conversão e o romance moderno, da maneira como foi aperfeiçoado no século XVIII, com sua ênfase antes no caráter que na alma, e seu programa de mostrar passo a passo, sem saltos inesperados ou intervenções sobrenaturais, como aquele que costumava ser chamado de herói ou heroína, mas agora é mais propriamente chamado de personagem principal, percorre o seu caminho do começo ao fim.

Embora continue ostentando o rótulo de "realista mágico" que lhe foi aplicado, García Márquez opera na tradição do realismo psicológico, com sua premissa de que as operações da psique individual têm uma lógica que pode ser acompanhada. Ele próprio já observou que o dito realismo mágico é uma simples questão de contar histórias nas quais é difícil de acreditar com uma expressão impassível, truque que teria aprendido com sua avó em Cartagena; ademais, diz ele, muito daquilo que os leitores de fora acham tão difícil de acreditar em suas histórias é muitas vezes lugar-comum na América Latina. Achemos ou não aceitável essa alegação, o fato é que a mistura do fantástico com o real – ou, para ser mais preciso, a elisão do "ou então" que separa a "fantasia" da "realidade" – que causou tamanha sensação quando *Cem anos de solidão* foi publicado, em 1967, tornou-se lugar-comum no romance para muito além das fronteiras da América Latina. Será o gato de *Memórias de minhas putas tristes* um simples gato ou um visitante do mundo inferior? Delgadina vem de fato em auxílio do amante na noite da tempestade, ou será que ele, transido pelo amor, apenas imagina essa visita? Essa Bela Adormecida é mesmo uma simples jovem trabalhadora que procura faturar alguns pesos por fora, ou será uma criatura de outro domínio, no qual princesas dançam a noite inteira, fadas-madrinhas concedem poderes sobre-humanos e donzelas são adormecidas por feiticeiras? Pedir respostas inequívocas para perguntas como essas é equivocar-se acerca da natureza do narrador de histórias. Roman Jakobson gostava de lembrar a fórmula usada pelos contadores de histórias de Maiorca como preâmbulo para suas narrativas: *Foi assim e também não foi.*[1]

O mais difícil de aceitar pelos leitores de inclinação secular, pois não tem base psicológica aparente, é que o mero espetáculo de uma jovem nua possa causar tamanha reviravolta espiritual num velho depravado. Toda essa disponibilidade do velho para ser convertido podia fazer mais sentido psicológico caso supuséssemos que sua existência se estende bem mais para o passado que o início da sua narrativa, no corpo das obras ficcionais anteriores de García Márquez e especialmente em *O amor nos tempos do cólera.*

Avaliado pelos padrões mais rigorosos, *Memórias de minhas putas tristes* não é uma grande obra. E não se pode dizer que essa ligeireza se deva à sua brevidade. *Crônica de uma morte anunciada* (1981), por exemplo, embora tenha mais ou menos a mesma extensão, é um acréscimo significativo ao cânone de García Márquez: uma narrativa cerrada e arrebatadora, e ao mesmo tempo uma vertiginosa aula magna sobre a maneira como múltiplas narrativas – múltiplas verdades – podem ser construídas para dar conta dos mesmos acontecimentos. Não obstante, a finalidade das *Memórias* é

---

1 Roman Jakobson, "Linguistics and Poetics", in: *Essays on the Language of Literature.*

Gabriel García Márquez 341

corajosa: falar em defesa do desejo dos mais velhos por meninas menores de idade, ou seja, falar em defesa da pedofilia, ou pelo menos mostrar que a pedofilia não precisa ser um fim de linha nem para aquele que ama nem para a criatura amada. A estratégia conceitual que García Márquez emprega para tanto é derrubar o muro entre a paixão erótica e a paixão de veneração, tal como se manifesta especialmente nos cultos à Virgem tão vigorosos no sul da Europa e na América Latina, com seus fortes fundamentos arcaicos, pré-cristãos no primeiro caso e pré-colombianos no segundo. (Como a descrição que seu amante nos faz dela deixa claro, Delgadina possui uma certa qualidade feroz de uma deusa virgem arcaica: "o nariz altaneiro, as sobrancelhas grossas, os lábios intensos [...] um jovem touro miúra".)

A partir do momento em que aceitamos uma continuidade entre a paixão do desejo sexual e a paixão da veneração, aquilo que se origina como um desejo "mau", do tipo praticado por Florentino Ariza com sua protegida, pode sem mudar a sua essência transfigurar-se num desejo "bom", do tipo sentido pelo amante de Delgadina, constituindo assim o germe de uma vida nova para ele. *Memórias de minhas putas tristes* faz mais sentido, em outras palavras, como uma espécie de suplemento a *O amor nos tempos do cólera*, em que o responsável pelo abuso da confiança da menina virgem se transforma em seu fiel adorador.

Quando Rosa ouve sua funcionária de 14 anos sendo chamada de Delgadina (de *delgada*), ela se espanta e tenta ensinar a seu cliente o verdadeiro nome da menina. Mas ele não quer ouvir, da mesma forma como prefere que a própria mocinha não fale. Quando, depois da sua longa ausência do bordel, Delgadina reaparece usando pintura e joias que nunca exibira, ele fica indignado: traiu não só a ele como à própria natureza. Nos dois incidentes nós o vemos desejando que a moça tenha uma identidade imutável, a identidade de princesa virgem.

A inflexibilidade do velho, sua insistência para que sua amada assuma apenas a forma com que a idealiza, tem um poderoso precedente na literatura de língua espanhola. Obedecendo à regra de que todo cavaleiro errante precisa ter uma dama a quem possa dedicar seus feitos de armas, o velho que se faz chamar de Dom Quixote declara-se criado de Dona Dulcineia de Toboso. Dona Dulcineia tem alguma tênue relação com uma jovem camponesa da aldeia de Toboso em quem Quixote pusera os olhos no passado, mas essencialmente é uma figura de fantasia que ele inventa, tal como inventa a si próprio.

O livro de Cervantes começa como uma paródia cômica do romance cavaleiresco, mas transforma-se em coisa muito mais interessante: um estudo do poder misterioso que tem o ideal de resistir ao desencanto em seus confrontos com o real. O retorno de Quixote à sanidade ao final do livro, seu abandono do mundo ideal que tentara habitar com tanta valentia em favor do mundo real dos seus detratores, atinge todos à sua volta, e o leitor também, com uma tristeza profunda. Será isso o que realmente queremos? Desistir do mundo da imaginação e conformar-nos com o tédio da vida num rincão distante de Castela?

O leitor de *Dom Quixote* nunca sabe ao certo se o herói de Cervantes é um louco entregue a seu delírio ou se, ao contrário, representa um papel em plena consciência — vivendo sua vida como se fosse uma ficção. Ou ainda, se a sua mente não se alterna, em saltos imprevisíveis, entre esses dois estados, de delírio e consciência.

Gabriel García Márquez 343

Há momentos em que Quixote parece sem dúvida afirmar que dedicar-se a uma vida de serviço pode fazer de qualquer um uma pessoa melhor, seja ou não ilusório esse serviço. "Desde que me converti em cavaleiro errante", diz ele, "fui valente, bem-comportado, liberal, polido, generoso, cortês, ousado, gentil, paciente e muito resistente". Embora possamos cultivar algumas reservas quanto a ele ter sido tão valente, bem-comportado etc. quanto diz, não temos como ignorar a afirmativa muito sofisticada que faz aqui sobre o poder que um sonho pode ter de servir de âncora para toda a nossa vida moral, ou negar que, a partir do dia em que Alonso Quixana assumiu sua identidade de cavaleiro, o mundo transformou-se num lugar melhor, ou, se não melhor, pelo menos mais interessante, mais animado.

Quixote parece um sujeito bizarro à primeira vista, mas a maioria dos que entram em contato com ele acabam meio convertidos a seu modo de pensar e, portanto, eles mesmos meio quixotescos. Se existe uma lição que ele nos transmite, é que no interesse de um mundo melhor e mais animado pode não ser má ideia cultivarmos em nós uma certa capacidade de dissociação, não necessariamente sob controle consciente, muito embora isso possa levar os outros a concluírem que sofremos de delírio intermitente.

Os diálogos entre Quixote e o duque e a duquesa na segunda metade do livro de Cervantes exploram em profundidade o que significa empregar nossas energias em viver uma vida ideal e, portanto, talvez irreal (fantástica, fictícia). A duquesa formula a pergunta-chave com graça, mas com firmeza: "Não é verdade que Dulcineia não existe no mundo, mas é uma dama imaginária e que foi Vossa Graça [ou seja, Dom Quixote] quem a engendrou e deu-lhe vida em seu espírito?".

"Deus sabe se Dulcineia existe ou não no mundo", responde Quixote, "ou se é imaginária ou não imaginária; não existe um modo certo de verificar essas coisas até as últimas consequências. Mas nem engendrei nem dei vida à minha dama...".

A cautela exemplar da resposta de Quixote é um bom indício de que conhecia mais que de passagem o longo debate sobre a natureza do ser, desde os pré-socráticos até Santo Tomás de Aquino. Mesmo admitindo a possibilidade de ironia do autor, Dom Quixote parece de fato sugerir que, se aceitarmos a superioridade moral de um mundo em que as pessoas agem em nome de ideais sobre um mundo em que as pessoas agem em nome do interesse, questões ontológicas desconfortáveis como a pergunta da duquesa podem perfeitamente ser deixadas de lado, ou até varridas para baixo do tapete.

O espírito de Cervantes está fundamente entranhado na literatura de língua espanhola. Não é difícil ver na transformação da jovem operária sem nome na virgem Delgadina o mesmo processo de idealização graças ao qual a jovem camponesa de Toboso é transformada em Dona Dulcineia, ou na preferência do herói de García Márquez para que o objeto de seu amor permaneça inconsciente e sem palavras, o mesmo desgosto pelo mundo real em toda a sua teimosa complexidade que conserva Dom Quixote a uma distância segura de sua dama. Assim como Dom Quixote pode afirmar ter se tornado uma pessoa melhor por meio do serviço a uma dama que nem sabe da sua existência, o velho das *Memórias* pode alegar ter chegado ao limiar de uma vida "finalmente real" ao aprender a amar uma jovem que, na realidade, ele não conhece e certamente tampouco conhece a ele. (O momento mais essencialmente cervantesco das *Memórias* ocorre quando seu autor consegue ver a

Gabriel García Márquez 345

bicicleta em que sua amada vai – ou dizem que vai – para o trabalho, e no fato de uma bicicleta da vida real representar "prova tangível" de que a jovem com o nome de conto de fadas – cuja cama ele compartilha noite após noite – "existia na vida real".)

Em sua autobiografia *Viver para contar*, García Márquez conta como compôs sua primeira obra de ficção mais longa, a novela *La hojarasca* [*O enterro do diabo*, 1955]. Tendo – achava ele – finalizado o original, ele o mostrou a seu amigo Gustavo Ibarra, que para seu desalento mostrou-lhe que a situação dramática – a luta para enterrar um homem contra a resistência das autoridades civis e clericais – fora copiada da *Antígona* de Sófocles. García Márquez releu *Antígona* "com uma estranha mistura de orgulho por ter coincidido em boa-fé com um escritor tão grande e tristeza pela vergonha pública do plágio". Antes de publicar seu livro, reviu drasticamente o original e acrescentou-lhe uma epígrafe de Sócrates para assinalar sua dívida.

No caso das *Memórias*, a dívida para com Yasunari Kawabata é bastante conspícua. Em 1982, García Márquez escreveu um conto, *O avião da Bela Adormecida*, em que aludia especificamente a Kawabata. Sentado na primeira classe de um jato que cruza o Atlântico, ao lado de uma jovem de extraordinária beleza que dorme durante todo o voo, o narrador García Márquez lembra-se de um romance de Kawabata sobre homens mais velhos que pagam um bom dinheiro para passar a noite com jovens drogadas e adormecidas. Como obra de ficção, o conto é insuficientemente desenvolvido, pouco mais que um esboço. Talvez seja por isso que García Márquez se sinta liberado para reutilizar sua situação básica – o admirador envelhecido ao lado da moça que dorme – em *Memórias de minhas putas tristes*.

Em *A casa das belas adormecidas* (1981), de Kawabata, um homem à beira da velhice, Yoshio Eguchi, recorre a uma cafetina que fornece jovens drogadas para homens com gostos especiais. Por um tempo, passa noites com várias dessas garotas. As regras da casa proíbem a penetração sexual, mas são praticamente supérfluas, pois a maior parte da clientela é idosa e impotente, mas Eguchi – como ele diz se chamar – não é nem uma coisa nem outra. Flerta com a ideia de desrespeitar as regras, de estuprar uma das meninas, engravidá-la ou até mesmo asfixiá-la, como forma de afirmar sua masculinidade e seu repúdio a um mundo que trata os velhos como crianças. Ao mesmo tempo, também é atraído pela ideia de tomar uma overdose de drogas e morrer nos braços de uma virgem.

A novela de Kawabata é um estudo das atividades de eros na mente de um sensualista do tipo intensivo e autocrítico, profundamente – talvez morbidamente – sensível a odores, fragrâncias e nuances do tato, absorvido pela singularidade física das mulheres com quem trava intimidades, tendendo a ruminar imagens do seu passado sexual, sem medo de confrontar a possibilidade de que sua atração por mulheres jovens possa encobrir seu desejo pelas próprias filhas, ou que sua obsessão com os seios femininos possa ter origem em memórias da primeira infância.

Acima de tudo, o quarto solitário contendo apenas uma cama e um corpo vivo a ser usado ou abusado, dentro de certos limites, como ele quiser, sem testemunhas e, portanto, sem nenhum risco de ver-se exposto à vergonha, constitui um teatro em que Eguchi consegue ver-se como de fato é: velho, feio e próximo da morte.

Gabriel García Márquez

Suas noites com as meninas sem nome são repletas de tristeza em lugar da alegria, de remorso e angústia em lugar do prazer físico.

A feia senilidade dos homens tristes que procuravam aquela casa não estava muitos anos distante para o próprio Eguchi. A imensurável extensão do sexo, sua profundeza sem fundo – que proporção dela Eguchi tinha conhecido em seus 67 anos? E em torno dos velhos, carne nova, carne jovem, carne linda nasce o tempo todo. Não seria o desejo dos tristes velhos pelo sonho inacabado, o remorso por dias perdidos sem sequer terem sido desfrutados, o que se escondia naquela casa?[2]

García Márquez imita Kawabata menos do que responde a ele. Seu herói é muito diferente em temperamento de Eguchi, menos complexo em seu sensualismo, menos introvertido, menos explorador e menos poeta, também. Mas é pelo que ocorre na cama das respectivas casas de encontros que a verdadeira distância entre García Márquez e Kawabata pode ser medida. Na cama com Delgadina, o velho de García Márquez encontra um novo júbilo que o eleva. Já para Eguchi, sempre é um mistério infinitamente frustrante que os corpos inconscientes de mulher cujo uso pode ser comprado por hora e cujos membros flácidos, largados como os de um manequim, podem ser dispostos conforme os desejos do freguês, tenham sobre ele tamanho poder que o façam voltar mais e mais vezes àquela casa.

2   Yasunari Kawabata, *The House of the Sleeping Beauties and Other Stories*. [Ed. brasileira: *A casa das belas adormecidas*. São Paulo: Estação Liberdade, 2012.]

A pergunta que cabe em relação a todas as belas adormecidas é, claro, o que acontecerá quando elas acordarem. No livro de Kawabata, simbolicamente falando, não há despertar; a sexta e última das garotas de Eguchi morre a seu lado, envenenada pela droga que a fez cair no sono. No de García Márquez, por outro lado, Delgadina parece absorver pela pele todas as atenções que lhe são dispensadas com tanta minúcia e estar a ponto de despertar, pronta para retribuir a paixão de seu adorador.

A versão que García Márquez nos dá do conto da Bela Adormecida é assim muito mais solar que a de Kawabata. De fato, na forma abrupta como termina, ela parece fechar deliberadamente os olhos para a questão do futuro de qualquer velho com um amor mais jovem, depois que a amada adquire permissão para deixar seu pedestal de deusa. Cervantes leva seu herói a visitar a aldeia de Toboso e apresentar-se de joelhos perante uma jovem escolhida quase ao acaso para incorporar Dulcineia. Em troca, ele é contemplado com um chorrilho de pungentes insultos camponeses cheirando a cebola crua e deixa o local confuso e desconcertado.

Não fica claro se a pequena fábula de redenção escrita por García Márquez é sólida o suficiente para suportar uma conclusão desse tipo. García Márquez talvez pudesse levar igualmente em conta a história do Mercador, a sátira sobre um casamento intergeracional nos *Contos de Canterbury*, de Chaucer, especialmente seu flagrante do casal surpreendido pela luz da aurora depois dos entreveros da noite de núpcias, o velho marido sentado na cama com seu gorro, a papada flácida tremendo sob o queixo, a jovem esposa a seu lado tomada pela irritação e a repulsa.

(2005)

Gabriel García Márquez

V. S. Naipaul, *Meia vida*

Ao longo da década de 1930, o escritor inglês W. Somerset Maugham (1874-1965) cultivou um interesse pela espiritualidade indiana. Visitou Madras e foi levado até um *ashram* para conhecer um homem que, nascido Venkataraman, retirara-se para uma vida de silêncio, automortificação e oração, e agora era conhecido simplesmente como o Maharishi. Enquanto esperava sua audiência, Maugham desmaiou, talvez devido ao calor. Quando voltou a si, descobriu que não conseguia falar (e cabe dizer aqui que Maugham foi gago a vida inteira). O Maharishi o consolou declarando que "O silêncio também é conversa".[1]

A notícia do desmaio, conta Maugham, espalhou-se pela Índia. Graças aos poderes do Maharishi, dizia o rumor, um peregrino do Ocidente tinha sido trasladado por algum tempo ao reino do infinito. Embora Maugham não tenha recordação de nenhuma visita ao infinito, o encontro deixou-lhe marcas claras, que ele descreve em *A Writer's Notebook* [Diário de um escritor, 1949] e novamente num dos ensaios de *Pontos de vista* (1958); e também incluiu o episódio em *O fio da navalha* (1944), o romance que fez sua fama nos Estados Unidos.

---

1 W. Somerset Maughan, *Points of View*. Londres: Heinemann, 1958. [Ed. brasileira: *Pontos de vista*. São Paulo: Editora Globo, 1964.]

O fio da navalha tem como herói um americano que, depois de preparar-se adquirindo um bronzeado intenso e envergando trajes indianos, visita o guru Shri Ganesha e, sob sua orientação, tem uma experiência de êxtase espiritual, "uma experiência da mesma ordem da que os místicos vêm tendo por todo o mundo há séculos". Com as bênçãos de Shri Ganesha, esse proto-hippie retorna ao Illinois, onde planeja praticar "a calma, a paciência, a compaixão, o desprendimento e o comedimento", ao mesmo tempo que ganha a vida como motorista de táxi. "É um erro achar que os homens santos da Índia levam vidas inúteis", diz ele. "Eles são uma luz que brilha nas trevas."[2]

A história do encontro entre Venkataraman, o santo, e Maugham, o escritor, e de sua feliz colaboração, em que Venkataraman apresentou a Maugham uma versão vendável da espiritualidade indiana e Maugham rendeu a Venkataraman uma boa publicidade e uma enorme clientela, é o germe do romance de V. S. Naipaul, *Meia vida*, de 2001.[3]

No romance, Naipaul preocupa-se menos com a questão de determinar se Venkataraman e outros fornecedores comparáveis de sabedoria aforística são farsantes — o que ele considera certo — que com o fenômeno mais geral da prática religiosa baseada no sacrifício. Por que as pessoas — particularmente na Índia — resolvem dedicar suas vidas ao jejum, ao celibato e ao silêncio? E por que são reverenciadas por isso? Quais consequências humanas decorrem do seu exemplo de santidade?

---

2   W. Somerset Maughan, *The Razor's Edge*. Londres: Heinemann, 1944. [Ed. brasileira: *O fio da navalha*. São Paulo: Editora Globo, 1984.]

3   V. S. Naipaul, *Half a Life: a Novel*. Londres: Deutsch, 1964. [Ed. brasileira: *Meia vida*. São Paulo: Companhia das Letras, 2002.]

Para compreendermos o prestígio do sacrifício, sugere Naipaul, precisamos enquadrar historicamente o ascetismo hindu. Houve tempo em que os templos hinduístas sustentavam toda uma casta sacerdotal. E depois, em consequência das invasões estrangeiras, primeiro muçulmanas e finalmente britânicas, os templos foram perdendo receita. Os sacerdotes se viram aprisionados em um círculo vicioso: a pobreza levava à perda de energia e do desejo, que levava à passividade, que levava a uma pobreza mais profunda. A casta parecia em declínio terminal. No entanto, em vez de abandonarem os templos e procurarem alguma outra fonte de sustento, os sacerdotes conceberam uma engenhosa transformação de valores: a vida sem comer, e a negação dos apetites em geral, passou a ser propalada como uma coisa admirável em si, merecedora de veneração e, portanto, de tributo.

Esse, em suma, é o relato estritamente materialista de Naipaul sobre como o *ethos* brâmane de sacrifício e fatalismo, um *ethos* que despreza o empreendimento individual e o trabalho, tornou-se importante na Índia.

Na recriação da história de Venkataraman por Naipaul, um brâmane do século XIX chamado Chandran tem a ousadia de romper com o sistema dos templos. Economiza trocados, viaja até a cidade grande mais próxima – a capital de um dos estados nominalmente independentes do interior da Índia Britânica – e se emprega como escrevente no palácio do marajá. Depois dele, seu filho dá prosseguimento à ascensão da família nas fileiras do serviço público. Tudo parece bem encaminhado: os Chandran encontraram um nicho seguro no qual a família pode prosperar discretamente, sem precisar mais mortificar seus corpos.

Mas o neto (e aqui já estamos na década de 1930) é uma espécie de rebelde. Os ecos de Gandhi e de seu

V. S. Naipaul 353

movimento nacionalista se multiplicam. O Mahatma convoca um boicote às universidades. O neto (a partir de agora chamado simplesmente de Chandran) decide obedecer a seu comando queimando seus livros de Shelley e Hardy no pátio da faculdade (afinal, não gosta mesmo de literatura), e depois espera que uma tempestade desabe sobre sua cabeça. Mas ninguém, ao que parece, dá importância a seu gesto.

Gandhi proclama que o sistema de castas está errado. Mas como um brâmane poderia opor-se ao sistema de castas? Resposta: casando-se com alguém de casta inferior. Chandran escolhe uma jovem feia e de pele escura da sua turma, pertencente a uma casta supostamente atrasada, e a corteja sem muito jeito. Em pouquíssimo tempo, lançando mão de mentiras e ameaças, a moça o obriga a cumprir suas promessas e casar-se com ela.

Caindo em desgraça na família, Chandran é posto para trabalhar na coletoria de impostos do marajá. No serviço, permite-se atos sub-reptícios que prefere definir como desobediência civil, embora seus verdadeiros motivos sejam simplesmente fúteis e mal-intencionados. Quando as confusões que arma são expostas e ele se vê ameaçado com as penas da lei, tem uma inspiração de gênio: refugia-se num templo, onde se protege do que prefere definir como perseguição fazendo um voto de silêncio, o que o transforma num herói local. Muita gente acorre para assistir a seu silêncio e trazer-lhe oferendas.

E é nesse lamaçal de mentira e hipocrisia que o ingênuo ocidental William Somerset Maugham vem enfiar os pés, tentando encontrar a resposta mais profunda que só a Índia poderá nos dar. "O senhor é feliz?", pergunta Maugham ao beatífico Chandran. Usando lápis e papel, Chandran responde: "No meu silêncio, sinto-me livre. E isto é felicidade". *Quanta sabedoria!*, pensa Maugham.

A comédia é rica: a principal liberdade de que goza Chandran é ter se livrado da lei.

Maugham publica um livro sobre sua visita, e em pouco tempo Chandran torna-se famoso em toda a Índia — famoso porque um estrangeiro escrevera a seu respeito. (E Chandran não se limita a ser famoso na Índia: vem integrar uma lista cada vez maior de personagens secundários — e ocorrem-nos Rosencrantz e Guildenstern, ou a mulher de Rochester em *Jane Eyre* — que acabam despojados de seu invólucro literário de origem e recebem papéis bem maiores em outras obras.) Outros visitantes do exterior seguem os passos de Maugham. Para eles, Chandran repete a história de uma carreira brilhante no serviço público sacrificada em favor de uma vida de oração e sacrifício. E em pouco tempo ele próprio acaba acreditando nas suas mentiras. Seguindo os passos de seus antepassados brâmanes, encontra um modo de repudiar o mundo e ainda assim prosperar. E não vê nisso ironia alguma. Pelo contrário, fica admirado: deve estar sendo conduzido por um poder mais alto.

Como o artista da fome de Kafka, Chandran ganha a vida fazendo o que, secretamente, acha fácil: negar seus apetites (embora seus apetites não sejam exíguos a ponto de impedi-lo de gerar dois filhos em sua mulher atrasada). No conto de Kafka, apesar dos protestos em contrário do próprio artista da fome, há um certo heroísmo no jejum, um pequeno heroísmo bem adequado aos tempos pós-heroicos. Em Chandran não há heroísmo algum: o que lhe permite aceitar tão pouco é sua autêntica pobreza de espírito.

Em seu primeiro e mais crítico livro sobre a Índia, *Uma área de escuridão* (1964), Naipaul descreve Gandhi como um homem profundamente influenciado pela ética cristã, capaz, ao cabo dos vinte anos que vive na

V. S. Naipaul 355

África do Sul, de ver a Índia com o olhar crítico de um forasteiro e, nesse sentido, "o menos indiano dos líderes indianos". Mas a Índia força Gandhi a mudar, diz Naipaul: transformando-o num *mahatma*, um ícone, ela se dá ao luxo de ignorar sua mensagem social.

Chandran gosta de ver-se como um seguidor de Gandhi. Porém, sugere implicitamente Naipaul, a pergunta que Chandran se faz continuamente não é a gandhiana "Como preciso agir?", mas a pergunta hinduísta "Do que preciso desistir?". Ele prefere desistir a agir no mundo, porque desistir não lhe custa nada.

Em homenagem a seu patrono inglês, Chandran dá a seu primogênito o nome de William Somerset Chandran. Como o jovem Willie vem de um casamento misto (entre pessoas de castas diferentes), é considerado prudente que seja mandado para uma escola cristã. Previsivelmente, William aprende com os missionários canadenses que lecionam em sua escola que deve aspirar a tornar-se missionário e também canadense. Em suas redações das aulas de inglês, imagina-se como um menino canadense normal, com mãe e pai e um carro da família. Seus professores o premiam com notas altas, embora seu pai fique magoado ao ver-se na composição em que o filho descreve sua vida.

No devido tempo, entretanto, Willie descobre qual a verdadeira intenção dos missionários: obter novos conversos ao cristianismo, destruir a religião pagã. Sentindo-se logrado, ele para de frequentar a escola.

Cobrando antigos favores, Chandran escreve a Maugham e lhe pede que use sua influência em favor do menino. Recebe em resposta uma carta datilografada: "Prezado Chandran, foi muito agradável receber sua carta. Tenho boas memórias do seu país, e é bom receber

notícias dos amigos indianos. Muito sinceramente seu...".
Outros amigos estrangeiros mostram-se igualmente evasivos. Finalmente, alguém na Câmara dos Lordes dá-lhe uma resposta, e Willie, aos 20 anos de idade, vai para a antiga metrópole com uma bolsa de estudos.

O ano é 1956. Londres está rebentando nas costuras de tantos imigrantes do Caribe. Em pouco tempo, motins raciais irrompem na cidade e jovens brancos em pretensos trajes eduardinos percorrem as ruas atrás de negros que possam espancar. Willie esconde-se no alojamento da sua escola. Esconder-se não é uma experiência inédita para ele: é o que fazia na Índia quando ocorriam os motins de casta.

O que Willie aprende em Londres é, principalmente, relativo a sexo. A namorada de um colega jamaicano fica com pena dele e o alivia de sua virgindade. E em seguida lhe faz uma proveitosa explanação intercultural. Como os casamentos na Índia são arranjados, diz ela, os indianos não acham que precisem satisfazer sexualmente as mulheres. Mas na Inglaterra as coisas são diferentes, e ele devia esforçar-se bem mais.

Willie consulta um livro chamado *A fisiologia do sexo* e fica sabendo que o homem médio é capaz de manter uma ereção por dez a quinze minutos. Desestimulado, abandona o livro e recusa-se a prosseguir na leitura. Como é que ele, um incompetente, e ainda por cima tendo começado tarde na vida, vindo de um país onde não se fala de sexo e não existe nada que equivalha a uma arte da sedução, irá arranjar uma namorada?

Como é que posso aprender mais sobre o sexo?, pergunta ele a seu amigo jamaicano. O sexo é uma coisa brutal, responde o amigo; você precisaria ter começado mais jovem. Na Jamaica, acumulamos experiência violando as garotas à força.

V. S. Naipaul   357

Willie reúne a coragem necessária para abordar uma mulher das ruas. Suas relações são humilhantes e sem alegria. "Foda como um inglês", ordena ela quando ele começa a demorar muito.

Chandran, o *sadhu* charlatão, e seu filho, o amante inepto: podem parecer matéria de comédia, mas não nas mãos de Naipaul. Naipaul sempre foi um mestre da prosa analítica, e a prosa de *Meia vida* é limpa e fria como uma lâmina. Os Chandran do sexo masculino são seres humanos imperfeitos cuja incompletude antes assusta do que diverte; a mulher atrasada e a irmã, que cresce e se transforma numa arrogante simpatizante de esquerda, são pouco melhores.

Tanto pai quanto filho acreditam que os outros jamais conseguirão enganá-los. Mas se detectam mentiras e ilusões a toda a volta é só porque são incapazes de imaginar alguma pessoa diferente deles próprios. Sua perspicácia baseia-se apenas num reflexo defensivo de desconfiança. A regra que seguem é sempre escolher a interpretação menos caridosa. São a autoabsorção e a estreiteza de espírito, mais do que a inexperiência, que se encontram na origem dos fracassos amorosos de Willie.

Quanto ao pai de Willie, uma boa medida de sua mesquinharia constitucional é a maneira como reage aos livros. Quando estudante, não "entende" as aulas a que assistia, e especialmente não "entendia" a literatura. A educação a que é submetido, especialmente a literatura francesa ensinada de cor, é certamente irrelevante para sua vida diária. Ainda assim, existe nele um impulso profundo a *não* entender e a *não* aprender. No sentido mais estrito, trata-se de um indivíduo ineducável. Sua fogueira dos clássicos não é uma resposta saudavelmente crítica a uma educação colonial sufocante. Não o liberta para algum tipo diferente e melhor de formação, pois ele não tem ideia do que possa ser uma boa formação. Na verdade, ele não tem ideia nenhuma.

E Willie tem a cabeça igualmente oca. Ao chegar à Inglaterra, logo percebe o quanto é ignorante. Mas, numa reação reflexa típica, encontra alguém para declarar culpado por isso, no caso a sua mãe; não tem curiosidade sobre o mundo porque é filho de uma mulher atrasada. A herança genética é caráter e destino.

A vida universitária lhe revela que a etiqueta britânica, tanto quanto a etiqueta indiana, é extravagante e irracional. Mas essa percepção não marca o início do autoconhecimento. *Eu sei como são a Índia e a Inglaterra,* pensa ele, *enquanto os ingleses só sabem como é a Inglaterra, portanto posso declarar o que quiser sobre meu país e a minha origem.* Inventa-se um novo passado, menos embaraçoso, transformando sua mãe em membro de uma antiga comunidade cristã e seu pai, no filho de um cortesão. O ato de reinventar-se o deixa mais animado e lhe confere uma sensação de poder.

Por que esse pai e esse filho sem atrativos são como são? O que revelam — o que, nas mãos de Naipaul, têm a intenção de revelar — sobre a sociedade que os produziu? A palavra-chave aqui é *sacrifício*. Willie se apressa em identificar a falta de alegria no cerne do tipo de gandhismo seguido por seu pai porque sabe em primeira mão o que significa ser objeto de desistência. Uma das histórias que Willie escreve em seu tempo de estudante fala de um brâmane que sacrifica ritualmente crianças "atrasadas" em troca de riqueza e acaba sacrificando seus dois filhos. E é essa história, intitulada *Uma vida de sacrifício*, com sua acusação mal velada contra ele, que faz Chandran pai — um homem que ganha a vida graças ao que chama de sacrifício – mandar o filho para o estrangeiro. "Esse menino irá envenenar o que me resta de vida. Preciso mandá-lo para longe daqui."

O que Willie detecta é que sacrificar seus desejos significa, na prática, não amar as pessoas que você deveria amar. Chandran reage a essa descoberta levando mais longe ainda o sacrifício sem amor do seu filho. Por trás da invenção de Chandran de que sacrificou a carreira em troca de uma vida de automortificação, há uma tradição hindu corporificada, se não no próprio Gandhi (que Willie e sua mãe desprezam), pelo menos naquilo em que os indianos como Chandran transformaram Gandhi ao torná-lo santo padroeiro do país; corporificada de maneira mais geral numa filosofia fatalista que ensina que quanto menos melhor, que todo esforço para progredir é, no fim das contas, inútil.

Embora entediado por seus estudos, Willie tem um talento claro como escritor. Estimulado por um amigo inglês a quem mostra alguns contos que escreveu na escola, ele lê Hemingway e, usando *Os assassinos* como seu modelo básico e trasladando situações de filmes de Hollywood para cenários indianos descritos em termos vagos, juntando histórias de Londres com histórias indianas de que se lembra, ele se entrega a uma verdadeira fúria de composição. Para sua surpresa, descobre que consegue ser mais fiel aos seus sentimentos quando usa situações muito estranhas à sua experiência e personagens totalmente diversos dele do que quando compõe "parábolas cuidadosas e semiveladas" do tipo que escrevia na escola.

No passado, Naipaul muitas vezes garimpou a própria biografia para criar suas obras de ficção. Em alguns aspectos, o escritor-aprendiz W. S. Chandran baseia-se no escritor-aprendiz V. S. Naipaul. Chandran deve ter lido muito menos que Naipaul na mesma idade (Naipaul podia invocar como modelos literários Evelyn Waugh, Aldous Huxley e, por seu tom caracteristicamente inglês, "sempre distante, insurpreendível, imensamente culto", Somerset Maugham).[4] Por outro lado, ambos encontram inspiração literária em Hollywood; e na descoberta de Willie — de que é mais fiel a si mesmo quando parece mais distante de si — é difícil não ouvir seu autor rebatendo anacronicamente a ortodoxia de que todo escritor precisa escrever a partir de sua posição de nacionalidade, raça e gênero.

Por semanas a fio, Willie se dedica a compor suas obras de ficção. Mas como o que escreve o conduz inexoravelmente a perguntas que não quer enfrentar, ele começa a hesitar e depois desiste. Nunca mais em sua vida — pelo menos na vida que nos é apresentada em *Meia vida* — ele voltará a pegar a pena.

Emerge da tormenta criadora com os originais de 26 contos, que envia a um editor compassivo. O livro, quando lançado, mal atrai qualquer atenção e, àquela altura, de qualquer modo, já envergonhava seu autor. Mas ele recebe a carta de uma admiradora com nome português. "Nos seus contos, pela primeira vez, encontrei momentos que lembram os momentos da minha vida", escreve ela. Sabendo como os seus contos tinham sido criados, Willie acha difícil acreditar no que ela diz. Ainda assim os dois combinam um encontro e se apaixonam. O nome dela é Ana; ela é herdeira de um patrimônio em Moçambique. Num impulso, Willie acompanha

4   V. S. Naipaul, *The Enigma of Arrival*. Nova York: Vintage, 1987. [Ed. brasileira: *O enigma da chegada*. São Paulo: Companhia das Letras, 2001.]

V. S. Naipaul   361

Ana para a África e passa dezoito anos lá sustentado por ela. A segunda metade de *Meia vida* é ocupada pela história desses anos. Por mais profundamente interessante que seja, essa segunda metade não traz nada que se compare, em profundidade de análise, à história dos Chandran pai e filho.

A Índia de Naipaul é abstrata, e sua Londres, um rascunho, mas a Moçambique que ele nos descreve é apresentada de maneira convincente. A Moçambique dos tempos coloniais não produziu escritor nenhum de alguma estatura. O escritor moçambicano mais conhecido dos dias de hoje, Mia Couto, pertence à geração pós-independência, e de qualquer maneira é influenciado demais pela voga do realismo mágico para merecer confiança como cronista do passado do seu país. Assim, Naipaul poderia parecer livre para inventar uma Moçambique própria, de fantasia, dos tempos anteriores à guerra. Mas não é o que ele faz. Seu compromisso é com o real, com a história real da maneira como ocorreu com pessoas reais; e assim a segunda parte de *Meia vida* tem um forte sabor jornalístico, com Willie Chandran usado como meio para vinhetas representando a vida colonial. Essa parte do romance adere na verdade a um modo de composição literária que Naipaul aperfeiçoou ao longo dos anos, em que a reportagem histórica e a análise social fluem entrando e saindo de uma ficção de colorido autobiográfico e de memórias de viagem – um modo misto que pode acabar sendo seu principal legado às letras de língua inglesa.

O quadro que formamos de Moçambique nos últimos anos do domínio português (Willie passa lá os anos entre 1959 e 1977) é vivo e surpreendente. Ana é moçambicana de nascença, de família portuguesa africanizada.

Na escala social, isso a coloca abaixo dos portugueses nascidos na Europa, mas acima dos mestiços, que se situam por sua vez acima dos negros. Para Willie, vindo de uma Índia presa ao sistema de castas, essas gradações sociais minuciosas baseadas no sangue não são, claro, nada estranhas.

O círculo em que Ana e Willie evoluem é constituído por proprietários de terras e administradores rurais; a vida social consiste em visitas aos vizinhos e viagens à cidade para a compra de mantimentos. Willie (que a esse respeito em nada difere do seu autor) disseca o modo de vida colonial sem a condescendência que se poderia esperar de um liberal *bien-pensant* do Ocidente. Na verdade, ele aprova a sociedade local, especialmente pelas oportunidades de variedade sexual que ela lhe fornece. Mesmo quando as forças guerrilheiras fecham o cerco e o fim se aproxima, seus amigos colonos continuam a "aproveitar o presente, enchendo as velhas salas de conversa e risadas, como pessoas que não se importassem, como pessoas que soubessem conviver com a história". "Nunca admirei tanto os portugueses como naquela época", reflete ele mais adiante. "Gostaria que me fosse possível conviver assim tão facilmente com o passado."

A liberdade de nadar contra a corrente aqui exibida é coerente com a atitude de Naipaul em relação ao seu passado colonial, ou seja, que o fato de descender de humildes camponeses indianos presos ao trabalho nas *plantations* não precisa fixar ninguém num nicho futuro em que a condição psíquica permanente é a de vítima. Quando Naipaul examina com olhos de historiador o imperialismo, o colonialismo e a escravidão, vai além apenas das variantes ocidentais. Assim, vê a Índia mais profundamente marcada por sua sujeição aos mogóis muçulmanos que pelo domínio do Império Britânico. Os europeus não foram os únicos estrangeiros que se instalaram na África. O litoral leste africano absorveu tanto árabes e indianos quanto europeus e os africanizou.

Uma das vertentes da complexa autoconcepção e autocriação de Naipaul é como um participante da reconquista da Grã-Bretanha pelos povos que o império antes dominava. "Em 1950 em Londres", escreve ele em *O enigma da chegada*, "eu me encontrei no início daquele grande movimento de povos que viria a ocorrer na segunda metade do século XX – um movimento e uma mistura cultural maiores que os do povoamento dos Estados Unidos". O próprio livro *O enigma da chegada* é a história de um homem que chega à Inglaterra de uma ex-colônia para conhecer melhor o país e, finalmente, instala-se na área rural de Wiltshire, um dos chamados *home counties*, os condados mais próximos a Londres praticamente absorvidos pelo crescimento da capital.

Os migrantes do tipo aqui descrito por Naipaul tiveram na colônia uma educação comicamente antiquada em relação aos padrões da metrópole. No entanto, foi justamente essa formação que os tornou guardiães de uma cultura que decaíra na "pátria-mãe". "Os indianos são os únicos ingleses que sobreviveram", disse Malcolm Muggeridge numa frase famosa.[5] A postura muitas vezes professoral que Naipaul adota em seus livros é mais vitoriana do que qualquer britânico nativo teria coragem de assumir.

As aventuras que Willie Chandran vive na África acabam sendo basicamente sexuais. Suas relações com Ana não

5   Citado em Ashis Nandy, *The Intimate Enemy*. Delhi: Oxford University Press, 1983.

364

permanecem apaixonadas por muito tempo. Logo ele começa a frequentar prostitutas africanas, muitas das quais, pelos padrões ocidentais, ainda são crianças. Da prostituição infantil ele passa a um caso com uma amiga de Ana de nome Graça, e Graça lhe mostra o quanto o sexo pode ser brutal. "Como teria sido terrível", pensa ele mais tarde, "se [...] eu tivesse morrido sem conhecer essa profundidade de satisfação, essa outra pessoa que acabo de descobrir dentro de mim mesmo". Com uma compaixão fora do normal, ele dirige seus pensamentos para seus pais na Índia, para "meu pobre pai e minha pobre mãe que não conheceram nada que se comparasse a este momento".

Ainda resta a Willie mais um degrau em sua escalada sexual. Com uma delicada obliquidade, Ana dá-lhe a entender que Graça é mentalmente instável. E de fato, quando as tropas portuguesas se retiram e os guerrilheiros invadem, Graça recai num comportamento maníaco de autodegradação. Willie começa a entender por que as religiões condenam o extremismo sexual. De qualquer maneira, havia se cansado de sua aventura colonial. Tem 41 anos de idade; metade de sua vida já passou; despede-se de Ana e vai morar com sua irmã nas neves da Alemanha; o livro acaba.

Meia vida é a história da trajetória de um homem entre um início sem amor e um final solitário que pode não ser realmente um final, só um período de repouso e recuperação. As experiências que determinam seu progresso são de natureza sexual. As mulheres com quem as compartilha aparecem como objetos de desejo, repugnância ou fascínio — às vezes os três ao mesmo tempo — relatados com um olhar de lucidez impiedosa.

Na parte do livro passada em Londres, visitamos, pela terceira ou quarta vez na obra de Naipaul, desde *Os mímicos* em 1967, o quarto do segundo piso com uma lâmpada nua e o colchão estendido sobre jornais no chão onde um rapaz experimenta o sexo pela primeira vez. A cada vez a cena é retrabalhada; aos poucos, tornou-se mais bestial e mais desesperada. É como se Naipaul se recusasse a livrar-se da cena até finalmente conseguir espremer dela um último sentido que ela se recusa a fornecer.

Na África, quando toma nos braços sua primeira menina prostituída, os fantasmas do seu passado londrino erguem-se à sua frente. Mas no momento em que está a ponto de desistir, "uma extraordinária expressão de comando, agressividade e vontade assoma nos olhos [da menina], seu corpo todo é tomado pela tensão, e me vi apertado por suas mãos e pernas fortes. Numa fração de segundo – como a decisão quase imediata que tomei olhando pela mira de uma arma – eu pensei: 'É para isso que Álvaro [o amigo que o trouxe ao bordel] vive', e recuperei os sentidos". Depois dessa experiência, "comecei a viver com uma nova ideia do sexo... Era como se tivesse adquirido uma nova ideia de mim mesmo".

No momento com a garota, Willie evoca a outra improvável paixão que desenvolve na África: as armas. Fazer pontaria e puxar o gatilho transforma-se, para ele, na prova existencial da verdade da vontade, num nível além do alcance do controle racional. As mulheres africanas com quem dorme provam a verdade do seu desejo de um modo que igualmente não admite disfarce.

É ao identificar o enlace sexual como a suprema área de testes para a verdade sobre quem é que Naipaul chega mais perto de articular a natureza da jornada espiritual que Willie Chandran vem percorrendo e de medir a sua distância de um modo de vida – representado, ainda que de forma apenas parodística, pelo seu pai – que vê na negação do desejo o caminho para a iluminação. Por mais impessoais que sejam, é por meio de seus encontros sexuais com as mulheres africanas que Willie consegue exorcizar os fantasmas de Londres. Mas o que essas mulheres africanas teriam de tão diferente? Observando um bando de meninas que dança de forma provocadora diante de seus fregueses, ele vislumbra a resposta: elas representam alguma coisa que vai além das suas existências individuais, algum inescrutável "espírito mais profundo". "Comecei a formar a ideia de que, no coração africano, existia alguma coisa que se fechara para o resto de nós, e muito além da política."

Naipaul conhece bem a África. Morou e trabalhou na África Oriental: o conto "Home Again", em *Um caminho no mundo* (1994), baseia-se no tempo que passou lá. *Num Estado livre* (1971) e *Uma curva no rio* (1979) são ambos "sobre" a África. No geral, a visão que Naipaul apresenta da África permanece notavelmente constante e até, pode-se mesmo dizer, rígida. A África é um lugar onírico e ameaçador que resiste à compreensão, que corrói a razão e os produtos tecnológicos desta última. Joseph Conrad, o homem dos confins do Ocidente que se transformou num clássico da literatura inglesa, foi um dos mestres de Naipaul pela vida inteira. Para o bem ou para o mal, a África de Naipaul, com suas imagens de máquinas industriais oxidadas e enredadas por cipós selvagens, vem de *Coração das trevas*.

Meia vida não dá a impressão de ter sido trabalhado com muito cuidado, e as insuficiências técnicas que disso resultam não são negligenciáveis. O plano de Naipaul é apresentar-nos toda a história como se fosse contada por Willie. Mesmo a história de Chandran *père* deveria basear-se no que Willie ouviu da sua boca. Mas o plano só é levado a efeito até certo ponto. Apesar da frieza entre

V. S. Naipaul 367

pai e filho, o pai dá a Willie acesso a seus sentimentos mais secretos, inclusive a repugnância física que sente pela mulher. Em alguns momentos, a suposta condução da narrativa por Willie é totalmente abandonada em favor das intervenções de um narrador onisciente à moda antiga.

E ainda há outras fraquezas. As cenas da vida literária em Londres parecem saídas de um *roman à clef* satírico cuja chave estará fora do alcance da grande maioria dos leitores. O amor juvenil de Willie por Ana passa perto de cair no clichê. E, o que é mais impressionante de tudo, a história de Willie se encerra não só sem uma resolução, mas sem nenhum vislumbre de como poderá vir a ser. Sua *Meia vida* parece a metade inicial arrancada de um livro que poderia chamar-se *Uma vida inteira*.

Mas esse tipo de restrição não afeta Naipaul. A seu ver, o romance como veículo para as energias criativas chegou a seu apogeu no século XIX; escrever romances impecavelmente trabalhados em nossos dias é entregar-se na verdade a uma arte de antiquários. Dados seus sucessos na criação pioneira de uma forma alternativa, fluida e semificcional, essa sua opinião merece ser levada a sério.

Ainda assim, chegamos ao fim de *Meia vida* com a sensação de que não é Willie Chandran, mas o próprio Naipaul, quem não sabe o que virá em seguida. E de fato, o que pode fazer um refugiado de 41 anos de idade que nunca trabalhou e só conseguiu produzir uma única coisa na vida, um livro de contos publicado décadas antes? Quem é Willie Chandran, afinal? E por que Naipaul, um escritor prolífico e famoso, investe suas energias numa anti-identidade cuja única marca de distinção é ter dado as costas ao que podia ter sido uma carreira literária?

Um dos traços mais constantes na maneira como Naipaul conta a história da própria vida é que foi por pura força da vontade que se tornou escritor. Não era muito dado à fantasia; podia recorrer apenas à sua infância na minúscula Port of Spain, e não contava com nenhuma memória histórica mais ampla (e nisso Trinidad deixou-o na mão, e, por trás de Trinidad, a Índia); em suma, parecia não ter assunto. Só depois de décadas de esforços literários é que finalmente chegou à compreensão proustiana de que sempre soubera qual era seu assunto principal, e esse assunto era ele próprio — ele e seus esforços, como cidadão das colônias educado numa cultura que não lhe pertencia (pelo que lhe diziam) e sem uma história (pelo que lhe diziam), para encontrar um caminho no mundo.

Willie não é Naipaul, e o contorno da vida de Willie só corresponde aqui e ali à de seu criador. Ainda assim, nas passagens em que examina o sacrifício e no que uma herança profundamente impregnada de sacrifício se transforma quando ela própria é sacrificada, *Meia vida* adquire os acentos urgentes e inconfundíveis da verdade pessoal.[6] Será possível que o imenso feito de autoconstrução que Naipaul empreendeu durante a terceira e a quarta décadas de sua vida lhe pareça em retrospecto ter cobrado um preço alto demais em sacrifício do corpo e de seus apetites, um preço que equivaleria a nada menos que a metade de uma vida humana?

Na pessoa de Chandran *senior*, Naipaul diagnostica o sacrifício como o caminho da fraqueza pelo qual enveredam os espíritos sem amor, uma forma essencialmente

---

6   As entrevistas notavelmente francas reunidas em *Conversations with V. S. Naipaul*, organizado por Feroza Jussawalla (Jackson: University of Mississippi Press, 1997), sugerem que a história de Willie Chandran em Londres tem um forte componente autobiográfico. Ver especialmente a entrevista de 1994 com Stephen Schiff.

mágica de conquistar a vitória na dialética natural entre um eu desejante e o mundo real que lhe resiste simplesmente suprimindo o desejo. Na história da vida do jovem Chandran, Naipaul acompanha as consequências infelizes de crescer numa tal cultura de sacrifício.

É instrutivo ler a história de Willie Chandran lado a lado com a história que Anita Desai nos conta em seu romance *Fasting, feasting* [O jejum e a festa, 2000], de um jovem que é transportado em circunstâncias similares da sua terra natal indiana para um país onde reina o apetite.

Tal como Willie, o Arun de Anita Desai foi criado sob as ordens de um pai cujos padrões jamais consegue satisfazer. Tal como Willie, Arun obtém uma bolsa de estudos e se descobre mais ou menos sem rumo numa cidade estrangeira, no caso Boston, onde encontra alojamento fora do *campus*, na casa de uma família americana de nome Patton. Seu anfitrião, descobre ele, é um carnívoro contumaz que adora grelhar bifes imensos em sua churrasqueira ao ar livre. As refeições logo se transformam em rituais de constrangimento: as regras da sua casta lhe proíbem o consumo de carne e, embora o tabu não fosse observado em sua casa, Arun sempre achou a carne repulsiva. Seus hábitos dietéticos logo se transformam num pretexto para uma rixa permanente entre os membros da família Patton. A sra. Patton se declara convertida ao vegetarianismo e produz para Arun sua versão de uma dieta sem carne: sanduíches de alface e tomate, flocos de cereal com leite. Mergulhado no sofrimento, ele come, obediente: "Como poderia dizer [a ela] [...] que seu sistema digestivo não tinha como transformar [aquela comida] em nutrição?". Ela o convence até a cozinhar, e com um entusiasmo fingido, engole a pasta nada apetitosa que o menino triste – o qual na Índia nunca vira sequer o interior de uma cozinha, tendo sempre sido servido pelos criados ou as irmãs — acaba preparando.

O sr. Patton e seu filho Rod refugiam-se perplexos nas proximidades da churrasqueira, enquanto a filha da família se esconde no quarto, devorando tabletes de chocolate que depois se força a vomitar, odiando-se o tempo todo. Na garota bulímica, Arun vê uma semelhança impressionante com sua irmã mais velha epiléptica que, incapaz de encontrar palavras para protestar contra o desinteresse por "sua existência singular e suas fomes", recorre a espumar pela boca. Como é estranho, pensa ele, encontrar o mesmo tipo de fome em plena América, "onde tanto é dado às pessoas, onde existe ao mesmo tempo licença e fartura". Quando ele lá chegara, tinha exultado com o anonimato: "sem passado, sem família… sem país". Mas afinal não escapara à família, só encontrara uma "reprodução em plástico" dela. O que ele tinha na Índia era "desprovido de encanto e beleza, contorcido, frágil e condenado". O que encontrou em lugar disso na América era "limpo, reluzente, cintilante, sem gosto, sabor ou substância", e igualmente desprovido de amor.

O excesso impressionante de comida que Arun encontra na América e os hábitos dietéticos totalmente desequilibrados da família Patton têm uma relação clara, embora enviesada, com o festim ou banquete do título de Desai. Mas e o jejum?

Arun é jovem e inseguro demais para repudiar o modo de vida que os Patton exemplificam. Aplicadamente, tenta emular os feitos atléticos de Rod Patton. Mas logo fica claro para ele que "um rapaz miúdo, subdesenvolvido e asmático das planícies gangéticas, criado à base de legumes com *curry* e lentilhas cozidas" jamais poderá competir com um exemplar dos bem nutridos machos americanos. Uma das maneiras de remediar esse estado de coisas seria trocar a dieta indiana por uma americana, deixar de ser um praticante do jejum e sentar-se também à mesa do festim. Mas esse não é um passo que ele se julgue capaz de dar. Arun continua vegetariano por motivos que não são nem religiosos nem éticos e certamente nada têm de sociais. Por temperamento ou talvez simplesmente por sua conformação fisiológica, ele não é carnívoro. A carne e (quando a sra. Patton enverga seu maiô de banho) o excesso de carnes lhe provocam repulsa, não porque seus tabus dietéticos sejam ofendidos ou porque ele seja um puritano moralista, mas porque em seu ser ele é um asceta, assim como no ser de sua irmã epiléptica ela é uma devota religiosa. O *pathos* do rapaz — aquilo que seria difícil chamar de tragédia, já que Desai trabalha com uma paleta deliberadamente comedida — é que ele mal consegue encontrar as palavras para descrever seu sofrimento, muito menos articular seu significado mais amplo, a saber, que o mundo moderno, inclusive a Índia em seu aspecto moderno, mostra-se cada vez menos hospitaleiro ao temperamento dos praticantes do jejum.

Mesmo na Índia, o vegetarianismo de Arun era uma fonte de desentendimentos. Seu pai queria que ele praticasse esportes másculos e, de maneira mais geral, fosse bem-sucedido na vida, entendendo por tal que desejaria que ele fosse menos fatalista e mais empreendedor, menos passivo e mais ativo, menos feminino e mais masculino, menos indiano e mais ocidental. Tendo tentado sem sucesso nutrir a força de Arun alimentando-o com carne, ele interpreta a repulsa do rapaz por esse alimento como um atavismo repreensível, um retorno ao "modo de vida dos antepassados, homenzinhos miúdos e fracos que nunca chegaram a nada na vida".

Curiosamente ou não, Arun e seu pai encarnam assim os dois lados, o tradicional e o progressista, de um debate acerca do caráter nacional que remonta na Índia a meados do século XIX, desencadeado pelos reformadores hindus Swami Dayananda Saraswati (1824-1883) e Swami Vivekananda (1863-1902). Tanto Saraswati quanto Vivekananda julgavam que os hindus do seu tempo tinham perdido contato com os valores masculinos e marciais de seus antepassados; ambos advogavam um retorno aos valores "arianos", retorno que, se necessário, deveria incluir a incorporação dos traços da cultura de seus dominadores coloniais que mais evidentemente respondiam pelo poder dos britânicos. Na esfera da religião, o hinduísmo devia ser organizado nos moldes de uma igreja cristã, com linhas claras de governança interna. No nível filosófico, talvez fosse necessário aceitar que a história é antes linear do que cíclica e portanto que o progresso não é uma ilusão. Num nível mais mundano, certos tabus dietéticos talvez precisassem ser abolidos: num momento que o historiador Ashis Nandy define como "um derrotismo terrível", Vivekananda chegou a defender que os hinduístas recorressem aos "três B's" para a sua salvação: o Bhagavad-Gita, os bíceps e os bifes.[7]

A discordância entre Arun e seu pai em torno do tabu bramânico que veda o consumo de carne é, assim, mais que um simples desentendimento de família. Os dois representam visões opostas quanto ao preço que os hindus — e os indianos — devem estar prontos a pagar — aquilo de que precisam abrir mão — para se transformarem em atores do mundo moderno. Em sua rejeição confusa e nada heroica da fatia de carne que o sr. Patton joga com força no seu prato, em sua relutância em negar o que parece um sacrifício aos estrangeiros e, de maneira mais geral,

7   Ashis Nandy, *The Intimate Enemy*.

V. S. Naipaul   373

em sua incapacidade de considerar o festim do Novo Mundo o tipo de comida que possa alimentá-lo, Arun não só preserva um mínimo de integridade pessoal, como ainda complica e lança dúvidas sobre uma receita como a de Willie Chandran para progredir no mundo. Num nível pré-cultural, o nível do próprio corpo, ele resiste às pressões da assimilação: esse corpo indiano "subdesenvolvido" não é um corpo americano e nunca se transformará num deles.

(2001)

Sobre os ensaios

O ensaio sobre Arthur Miller foi publicado originalmente em *Writers at the Movies*, Jim Shepard (org.). Nova York: HarperCollins, 2000.

O ensaio sobre Robert Musil foi publicado originalmente como introdução a *The Confusions of Young Törless*. Tradução de Shaun Whiteside. Londres: Penguin, 2001.

O ensaio sobre Graham Greene foi publicado originalmente como introdução a *Brighton Rock*. Nova York: Grove, 2006.

O ensaio sobre Samuel Beckett foi tirado da introdução ao quarto volume de *Samuel Beckett: The Grove Centenary Edition*. Nova York: Grove, 2006.

O ensaio sobre Hugo Claus foi publicado originalmente como apresentação à edição encadernada de Hugo Claus, *Greetings: Selected Poems*. Tradução de John Irons. Nova York: Harcourt, 2006.

Todos os demais ensaios foram originalmente publicados, em primeira forma, na *New York Review of Books*.

Índice remissivo de autores e obras

ADAMS, H. 276
  The education of
    Henry Adams 276
ADORNO, T. 69, 85,
  86, 91, 95, 167
AGOSTINHO (SANTO) 335
  Confissões 335
AMICHAI, Y. 171
APPELFELD, A. 171, 309
ARAGON, L. 89
  Le Paysan de Paris 89
ARENDT, H. 96
ARRABAL, F. 211
ARTAUD, A. 211

BALDWIN, J. 320
  Terra estranha 320
BALZAC, H. 252, 255
BATAILLE, G. 68
BAUDELAIRE, C. 78,
  85, 86, 87, 94, 225
  As flores do mal 86
BECKETT, S. 149, 227-231, 375
  Bing 229
  Comment c'est 229
  Companhia 230
  Esperando Godot 149, 227
  Le dépeupleur 230
  Malone morre 227, 228
  Mal visto e mal dito 230
  Mercier et Camier 228
  Molloy 227, 228
  More Pricks than Kicks 227
  O fim 227
  O inominável 227-229
  Primeiro amor 227

Sans 229
Textos para nada 227, 228
Watt 227, 228
Worstward Ho 230
BELLOW, S. 273, 277-281,
  284, 288, 289, 290
  As aventuras de Augie
    March 273, 278-280
  A vítima 284, 289, 290
  Herzog 284
  O legado de Humboldt 273
  Por um fio 273, 280, 284, 290
  Ravelstein 273
BENJAMIN, W. 40, 67-96, 267
  A obra de arte na era
    da reprodutibilidade
    técnica 77, 95
  A Paris do Segundo
    Império em Baudelaire 86
  A tarefa do tradutor 82
  Berliner Chronik 81
  Breve história da
    fotografia 78
  Charles Baudelaire: um lírico
    no auge do capitalismo 87
  Diário de Moscou 72, 81, 89
  Obras escolhidas 68,
    70, 78, 80, 94, 95
  O autor como produtor 74
  O narrador 80, 95
  Paris, capital do século XIX 85
  Passagens 67, 68, 80, 84,
    86-89, 91, 92, 94, 95, 97
  Rua de mão única 72, 73, 74
  Sobre alguns temas em
    Baudelaire 78, 86

Teses sobre o conceito
de história 95
Uma infância em Berlim em
torno de 1900 81, 88, 95
BLOTNER, J. 251, 255, 256,
262, 265, 267, 270, 271
Faulkner: A Biography 251,
255, 261, 262, 265, 267
BORGES, J. L. 93, 201, 316
BRECHT, B. 59, 60,
73-75, 78, 79
BROWNE, T. 201
BUBER, M. 71, 168, 170
BURCKHARDT, J. 275
BYRON, L. 209, 225

CALASSO, R. 153
CALVINO, I. 31, 211, 327
CAMUS, A. 325, 330
A adúltera 325
CANETTI, E. 36, 53
CARLYLE, T. 248
CASEMENT, R. 201
CELAN, P. 160-180
CERVANTES, M. 331,
343-345, 349
Dom Quixote 331,
343, 344, 345
CHAUCER, G. 349
Contos de Canterbury 349
CLAUS, H. 209-213, 375
Dag, Jij 212
Gedichten 1948-2004 209-211
*Het Teken van de
Hamster* 211
*Het Verdriet van
België* 210, 211
CONRAD, J. 201, 224, 252, 367
Coração das trevas 367
O agente secreto 224

DARWIN, C. 20, 21

DERRIDA, J. 231
DESAI, A. 370-372
Fasting, feasting 370
DICKENS, C. 221, 252
DICKINSON, E. 174
DOSTOIÉVSKI, F. 39, 150,
283, 284, 289, 290, 318
Notas do subterrâneo 39, 333
O eterno marido 289
DOUGLAS, C. 93
DREISER, T. 277, 278
An American Tragedy 277
Sister Carrie 277

ECO, U. 31
ELIOT, T. S. 219, 252
EMERSON, R. W. 238, 239, 248
ENZENSBERGER, H. M. 212

FAULKNER, W. 251-271, 312
A cidade 263
A mansão 263
Desça, Moisés 258, 264
Enquanto agonizo 268
Luz em agosto 263
Mosquitoes 270
O povoado 258, 263
Os invictos 258
Palmeiras selvagens 269
Santuário 258
The Portable Faulkner 257
FELSTINER, J. 161-179
FICOWSKI, J. 101, 103,
104, 114, 115
FITZGERALD, E. 201
FLAUBERT, G. 24, 82, 109, 122
Dicionário das ideias
feitas 109
Madame Bovary 122
Um coração simples 122
FORD, F. M. 221
FORSTER, E. M. 224

377

FREUD, S. 17, 18, 20, 24,
  28, 30, 62, 90, 118, 242
  A interpretação dos
    sonhos 17, 30
  O chiste e sua relação com
    o inconsciente 17, 18
  Sobre a psicopatologia
    da vida cotidiana 18
FROST, R. 260, 267

GADDA, C. E. 31
GARCÍA MÁRQUEZ, G. 333-349
  Cem anos de solidão 340
  Crônica de uma morte
    anunciada 341
  La hojarasca 346
  Memórias de minhas putas
    tristes 335, 341, 342, 347
  O amor nos tempos do
    cólera 333, 335, 341
  O avião da Bela
    Adormecida 346
  Viver para contar 346
GESELL, S. 93
GOETHE, J. W. 71, 95, 97,
  106, 146, 152, 281
  As afinidades eletivas 95
  Der Erlkönig 106
GOLL, Y. 160, 161, 172
GOMBROWICZ, W. 109, 110
GORDIMER, N. 317,
  318, 320, 324-332
  A filha de Burger 325
  Algo lá fora 330
  Jump and Other Stories 317
  *Livingstone's
    Companions* 330
  Loot and Other Stories 328
  O conservador 325
  O engate 318, 320, 324-326
  O pessoal de July 324
  Um abraço de soldado 330

GRASS, G. 181, 182,
  187-195, 211, 304
  Gato e rato 187, 194
  O chamado do sapo 194
  O tambor 181, 187,
    192, 304, 305
  Passo de caranguejo 182,
    189, 190-192, 194, 195
GREENE, G. 215, 217-225, 375
  A Burnt-Out Case 223
  A gun for sale 215
  Fim de caso 223
  O cerne da questão 223
  O condenado 215,
    217, 218, 220-223
  O cônsul honorário 223
  O expresso do Oriente 220
  O fator humano 223
  O poder e a glória 223
GRYNBERG, H. 103

HEIDEGGER, M. 170,
  172, 173, 229, 231
HEMINGWAY, E. 82, 360
HESSEL, F. 89
  Spazieren in Berlin 89
HÖLDERLIN, F. 172
HORKHEIMER, M. 85
HOUSMAN, A. E. 252
HUGO, V. 92
JAMES, H. 221-224
JOYCE, J. 19, 24, 26,
  32, 52, 252, 255
  Ulysses 52
JÜNGER, E. 76

KAFKA, F. 39, 40, 69, 73, 81,
  82, 84, 95, 101, 110, 111, 142,
  153, 170, 172, 202, 299, 355
  O castelo 40
  O processo 101, 111
KANT, I. 57

KARL, F. R. 253, 254, 257, 259,
265, 266, 267, 270, 271
*William Faulkner: American
Writer* 253, 259, 268
KAWABATA, Y. 346-349
A casa das belas
adormecidas 347, 348
KRAUS, K. 129
KRÚDY, G. 142

LAWRENCE, T. E. 324
LE CARRÉ, J, 224
LERMONTOV, M. 168
LEWIS, S. 300, 302
Não vai acontecer
aqui 300, 302
LOTZE, H. 92
Mikrokosmos 92
LUBBOCK, P. 221
A técnica da ficção 221
LUDWIG, E. 191
LUKÁCS, G. 85, 152
História e consciência
de classe 85

MAETERLINCK, M. 56
MALLARMÉ, S. 56
MANDELSTAM, O. 168,
169, 170
MANN, T. 146, 153
MÁRAI, S. 135, 139-157
As brasas 135, 136, 138,
139, 140, 141, 153, 155
Confissões de um
burguês 144, 145, 147, 151
Jogo de cena em
Bolzano 154-156
Land, land!... 139,
147, 148, 151
O legado de Eszter 140, 141
MARX, K. 72, 85, 86, 90,
92, 93, 95, 275, 280

O capital 86
MAUGHAM, W. S. 351-356, 361
A Writer's Notebook 351
O fio da navalha 351, 352
Pontos de vista 351
MELVILLE, H.
Billy Budd 290
Moby Dick 252
MILLER, A. 291-293, 296, 375
MOLIÈRE 32
MORANTE, E. 31
MUSIL, R. 55-66, 123, 153, 375
A tentação da silenciosa
Veronika 58
Die Schwärmer 58
O aperfeiçoamento
de um amor 58
O homem sem qualidades 59,
61, 66, 123
O jovem Törless 55,
57, 62, 63, 65
Três mulheres 56, 58
Uniões 58

NABOKOV, V. 334
Lolita 334
NAIPAUL, V. S. 351-370
Meia vida 351, 352, 358,
361, 362, 365, 367-369
O enigma da
chegada 361, 364
Os mímicos 366
Uma área de escuridão 355
NIETZSCHE, F. 57, 62,
139, 231, 275, 280
NOVALIS 82

ORWELL, G. 225, 313
1984 313

PARINI, J. 254-257,
259, 260, 267- 271

A travessia de Benjamin 267
A última estação 267
PIRANDELLO, L. 31
PLOMER, W. 320
POUND, E. 93, 209
Os cantos 93
PROUST, M. 52, 70, 81-89, 331
Em busca do tempo
perdido 52, 70
O caminho de Swann 24

RANKE, L. V. 275
REICH-RANICKI, M. 153
RILKE, R. M. 36, 159,
170, 202, 284
Os cadernos de Malte
Laurids Brigge 284
ROTH, J. 100, 117-133, 153
Abril: história de
um amor 126
A cripta dos
capuchinhos 124, 129
A lenda do santo
beberrão 126
A teia de aranha 121
Das falsche Gewicht 131
Jó: romance de um
homem simples 122
Juventude 130
Marcha de Radetzky 118,
119, 122-125, 127
O aluno brilhante 130
O busto do imperador 128,
129, 130, 133
O chefe de estação
Fallmerayer 126, 130
O espelho cego 126, 130
O Leviatã 126, 129, 130, 132
Rechts und links 126
*The Collected Stories of
Joseph Roth* 125, 126, 130
ROTH, P. 297-314, 316

A marca humana 305, 312
Complô contra a
América 297, 298, 300, 302,
303, 305, 307, 312, 313, 315
O animal agonizante 312
O complexo de Portnoy 303
Operação Shylock: uma
confissão 297
Os fatos 303
O teatro de Sabbath 309, 312
Pastoral americana 299, 309
Patrimônio 302
ROUSSEAU, J.-J. 39
Confissões 39
RUSHDIE, S. 182

SARTRE, J.-P. 284, 330, 331
A náusea 284
Que é a literatura? 331
SCHILLER, F. 46, 47
Die Räuber 46
SCHLEGEL, F. 82
SCHOLEM, G. 70, 75,
81, 82, 95, 170
SCHOPENHAUER, A. 20,
21, 28, 57
SCHULZ, B. 99-115
A mitificação da
realidade 108
As lojas de canela 100-
-102, 105-108, 114
A primavera 112, 113
Estação morta 112
O livro da idolatria 100, 114
Messias 103, 104, 114
Sanatório 100, 101, 114
SEBALD, W. G. 197-208
Austerlitz 201, 202, 206
Nach der Natur 197,
202-208
Os anéis de Saturno 200,
201, 206

Os emigrantes 197, 206
Vertigem 199
SHAKESPEARE, W. 174,
224, 252
SHELLEY, P. B. 235, 354
SMITH, S. 209
SÓFOCLES 346
Antígona 346
SPENGLER, O. 148, 149
A decadência do
Ocidente 148
STANHOPE, H. 324
STEINBECK, J. 267
STENDHAL 122
STEVENSON, R. L. 222
STRINDBERG, A. 141
SVEVO, I. 17-34
A consciência de Zeno 17,
21, 23-25, 28-33
*La novella del buon vecchio e
della bella fanciulla* 27, 29
Rigenerazione 33
Senilidade 19, 22-26, 33
Terzetto spezzato 33
Uma vida 19, 21, 22, 26
SWIFT, J. 228
SWINBURNE, A. C. 252

TCHEKHOV, A. 125, 141, 168
TENNYSON, A. 243, 248, 250
TOCQUEVILLE, A. 275, 305
TOLSTÓI, L. 24, 127, 137, 267
A sonata a Kreutzer 24, 137
TRETIAKOV, S. 74

TWAIN, M. 279, 291

VILLON, F. 211
Testamento 211

WALSER, R. 35, 36, 39-53, 95
A história de Helbling 53
Der Gehülfe 37
Der Räuber 45-49, 52
Jakob von Gunten 37-39, 49
Kleist em Thun 53
Os irmãos Tanner 37
WEBER, M. 90, 275
WHITMAN, W. 233-250
Dias exemplares 235
Folhas de relva 235-
-240, 246, 248-250
*Memoranda During
the War* 234, 235
WILDE, O. 239
WITKIEWICZ, S. 106, 109
WITTGENSTEIN, L. 202
WOOD, J. 280
WOOLF, V. 224
WORDSWORTH, W. 86,
206, 249
O prelúdio 206, 249
WRIGHT, W. H. 254, 255
The Creative Will 254

YEATS, W. B. 213

ZOLA, E. 19, 255, 331
ZWEIG, S. 153

REVISÃO Ricardo Jensen de Oliveira e Paulo Sergio Fernandes
CAPA Estúdio Campo
PROJETO GRÁFICO DE MIOLO Bloco Gráfico

Editorial

DIRETOR EDITORIAL Fabiano Curi
EDITORA-CHEFE Graziella Beting
EDITORA Ana Lima Cecilio
ASSISTENTE EDITORIAL Kaio Cassio
ASSISTENTE DE COORDENAÇÃO EDITORIAL Karina Macedo
EDITORA DE ARTE Laura Lotufo
PRODUTORA GRÁFICA Lilia Góes

Comunicação e imprensa
Clara Dias

Administrativo
Lilian Périgo
Marcela Silveira

Expedição
Nelson Figueiredo

EDITORA CARAMBAIA
Av. São Luís, 86, cj. 182
01046-000 São Paulo SP
contato@carambaia.com.br
www.carambaia.com.br

copyright desta edição © Editora Carambaia, 2020
copyright © J. M. Coetzee, 2007
By arrangement with Peter Lampack Agency, Inc.
350 Fifth Avenue, Suite 5300, New York, NY 10118 USA

Título original *Inner workings — Literary essays (2000-2005)*
[Sydney, 2007]

CIP-BRASIL. CATALOGAÇÃO NA PUBLICAÇÃO
SINDICATO NACIONAL DOS EDITORES DE LIVROS, RJ

C622m
Coetzee, J. M [1940]
Mecanismos internos: textos sobre literatura (2000-2005) /
J. M. Coetzee; tradução Sergio Flaksman.
1. ed., São Paulo: Carambaia, 2020.
384 p.; 21 cm

Tradução de: *Inner workings: literary essays (2000-2005)*
Inclui índice
ISBN 978-65-86398-00-7

1. Ensaios sul-africanos. I. Flaksman, Sergio. II. Título.

20-64575   CDD: 828.99364   CDU: 82-4(680)
Meri Gleice Rodrigues de Souza — Bibliotecária CRB-7/6439

FONTE
Antwerp

PAPEL
Pólen Soft 80 g/m²

IMPRESSÃO
Ipsis

ilimitada